U0930821

广西东南亚经济与政治研究中心《中越关系新时期》课题组

New Era of China and Vietnam Relationship

中越关系新时期

主　编：郭　明
副主编：张　雪　韦树先

时事出版社

前 言

中国东南亚研究会副会长
广西东南亚经济与政治研究中心干事长

张 雪

中国与越南山水相连，中越关系源远流长。地缘、历史、文化和社会因素，使中越不仅是近邻，还是“同志加兄弟”。两国在长期的反抗殖民侵略与压迫、争取民族解放与国家建设的事业中互相支持，互相帮助，结下了深厚的友谊。

20世纪70年代，复杂、急剧变化的国际形势和地区周边形势影响着中越两国的对外战略选择。1978年至1991年，中越交恶，两国关系处于不正常状态。1991年11月，两国关系终于走出了十几年的阴霾，走向正常化，走进互利合作新阶段。

中越关系正常化有着极其深刻的国际背景和国家利益选择。就国际背景而言，在经历了苏联解体、东欧社会主义国家剧变之后，冷战结束，两极对立的格局被彻底打破，和平与对话代替了战争与对抗。世界力量重新分化组合，世界格局趋于多极化，这不但奠定了世界和平与稳定的基础，还使争取和平、促进合作、加快发展成为可能实现的目标。与之相伴的是世界经济全球化和区域一体化的蓬勃发展。在这一背景下，加快发展已上升为中越的国家战略。1978年和1986年，中越两国相继实行内部经济改革与对外开放政策，发展模式由计划经济向社会主义市场经济转变。这一发展模式的选择，在大力发展生产力，增强综合国力，提高人民的生活水平的同时，也选择了稳定而和平的周边环境，选择了实现两国关系正常化，选择了建立“长期稳定、面向未来、睦邻友好、全面合作”的新关系。

关注和研究中越关系，不仅在于稳定周边、合作发展之需，还有中越两国在发展中面对共同挑战与考验之虑。当今时代，冷战结束，但国际共产主义运动并没有结束。中国和越南仍然坚持共产党领导，坚持走社会主义道路。以美国为首的西方国家，必然扩大其在冷战中所赢得的成果，利用经济、人权、宗教、民族等问题干涉社会主义国家的内政，给这些国家的发展设置障碍。因此，中越两国都面临着防止和平演变、坚守社会主义阵地的巨大考验。这将成为中越发展全面合作关系的坚实基石。正如2006年11月，胡锦涛主席访问越南，中越双方发表的联合声明所言：“中越两国在许多重大问题上具有共同的战略利益。”“加强高层往来，深化治党理论和社会主义理论与实践交流，充分发挥外交、国防、公安、安全等部门合作机制的作用，扩大经贸、科技、教育、文化等领域的务实合作，大力开展青少年友好交往，使中越友好世代相传。”

中越关系正常化后的10来年，中越所处的地区形势发生了巨大的变化。以东盟为主导的区域合作框架逐步成型。1995 年，越南成为东盟的成员国。2001 年 11 月，在文莱举行的首届东盟和中国领导人会议上，中国和东盟双方同意在未来 10 年内建立中国—东盟自由贸易区。“10＋1”（东盟分别与中国、日本和韩国的合作机制）、“10＋3”（东盟与中、日、韩的合作机制）、“10＋3＋3”（在“10＋3”的基础上增加澳大利亚、新西兰和印度）等合作机制已经建立，使这一地区成为世界经济最具活力的地区，吸引着各大国在该地区展开激烈的竞争。研究和记载这一时期中越关系的演变，对各位读者了解和展望中越关系的发展，是广西东南亚经济与政治研究中心组织力量编写《中越关系新时期》一书的初衷。《中越关系新时期》完稿于 2003 年，因故至 2007 年才与各位读者见面。虽然 2003 年以来，中越关系又有了很大的发展，但作为中越关系研究领域的阶段性成果，仍有其价值。

2007 年 4 月 20 日于南宁

目　录

第一章
中越两国的传统友谊

一、共同遭遇与革命情谊

中越两国山连水依，共临南海，民风相仿，习俗相近，两国关系源远流长。在古代，中国和越南原是一家人，后来越南成为自主的封建国家。在历史的长河中，尽管中越两国关系经历过一些曲折，但两国人民之间的友好往来和相互帮助始终是历史的主流。

到了近代，随着西方帝国主义的东渐，中越两国人民面临着共同的历史遭遇。16 世纪后期，西方传教士和商人就已相继进入越南。1858 年，法国殖民者借口保护其传教士，与西班牙组成联合舰队，炮击岘港，开始发动对越南赤裸裸的侵略战争。1862 年，法国殖民者强迫越南阮朝缔结西贡条约，割让越南南圻东三省和昆仑岛给法国。五年后，法国殖民者侵占南圻西三省。于是，越南南圻全部落入了法国手中。又过了六年，即1873年，法国殖民者得陇望蜀，进一步入侵越南北圻，妄图吞并整个越南，并进而入侵中国。然而，法国的这一侵略行径，不仅遭到越南人民的反抗，同时遭到中国流寓越南北方的原太平天国时期广西农民起义的余部——黑旗军的有力抗击。此时形成了中国和越南共同抗法的态势。1873年11月，法国殖民当局以“保护通商”为由，命令海军上尉安邺率军强占河内。越南阮代王朝随即派人到保胜向黑旗军领导人刘永福求援。刘永福立刻率千余战士奔赴河内。12月21日，黑旗军和法国侵略军在河内近郊纸桥激战，黑旗军阵斩法军首领安邺，狠狠打击了侵略者。1882年4月，困守在河内的法军头领李威利获悉法国政府将要派船和军队来增援，便重振旗鼓，又一次在纸桥同黑旗军激战。由于黑旗军早有迎战的准备，结果法军大败，被击毙二千余人，法军头领李威利也丧了命。越南朝廷为了答谢和表彰刘永福，封他为“三宣提督”。法国殖民军不断受到重创之后，一面派兵增援入侵北圻的法军，一面加紧利用阮朝内部两派争斗的时机，攻打位于中部的越南首都顺化，迫使阮朝屈膝投降，1884年签订了顺化条约，阮朝接受了法国对越南的“保护权”。

法国殖民者侵略越南的目的，不仅要吞并整个越南，而且妄图进一步入侵中国的南部。1884年法军占领越南北圻之后，很快就把战火烧到中国境内，他们曾一度侵占中国的镇南关。在危急关头，中国两广总督张之洞请出67岁的退伍老将冯子材。冯子材率军奔赴镇南关，在中越边境地区大败法军，歼敌一千多人。在这场战斗中，有一千多越南民众前来参战，又一次形成中越共同抗法的形势。这次战役沉重地打击了法国的侵略气焰，失败的消息传至法国，茹费理内阁因之垮台。可是，清政府昏庸无能，在投降路线的驱使下，反而与法国议和，于1885年同法国签订了丧权辱国的《天津条约》，承认法国对越南的殖民统治，还同意法国在中国的云南和广西开埠通商。

在越南沦为法国的殖民地的前后，中国同样遭受帝国主义的入侵。1840年直至20世纪初，西方列强向中国发动了一系列的侵略战争。例如：1840～1842年的鸦片战争，1894～1895年日本入侵中国的甲午战争，1900年英、美、法、德、俄、日、意、奥8个帝国主义国家组成的侵华联军攻占天津和北京等等……腐败的清政府同列强签订了一系列不平等条约。中国的大片领土被瓜分，大量珍宝、财产被焚烧、掠夺，千百万平民被残杀。中国沦为半封建半殖民地的社会。

中越两国的共同遭遇和肩负相似的历史使命使两国人民紧密地联合起来。19世纪末至20世纪初，中国先后发生了戊戌变法和辛亥革命，这两次历史事件对越南都产生了巨大的影响。在越南的士大夫阶层中，出现了一批爱国儒生，他们受中国戊戌维新运动的影响，希望在越南也进行变革，摆脱法国的殖民统治。他们中突出的代表人物潘佩珠深受中国维新运动和梁启超的影响。例如，1904年，潘佩珠等越南志士在越南广南省发起成立越南维新会，开展资产阶级改良主义的政治运动。1905年，潘佩珠到日本寻求援助。在日本期间，经日本政界人士建议和介绍，潘佩珠拜访了中国民主革命的先驱孙中山，潘佩珠和孙中山就两国革命问题有过两次长谈。当时潘佩珠深受梁起超的影响，主张君主立宪，孙中山则批评君主立宪的虚伪性，向潘佩珠讲述了推翻君主实现共和的民主思想。但潘佩珠认为民主共和在越南还行不通。这两次会谈，虽然两人的政治主张仍有分歧，但对潘佩珠日后由主张君主立宪到主张民主共和的思想转变，产生了较大的影响。随着中越两国革命的实践和发展，特别是辛亥革命推翻了清朝的统治，使潘佩珠以及越南志士大受鼓舞，他们同时完成了由主张君主立宪到主张民主共和的思想转变。1911 年 10 月，中国爆发辛亥革命。1912 年初，潘佩珠等越南革命党人提出取消维新会，成立光复会，“光复会的宗旨：驱除法贼，恢复越南，建立越南共和国。光复会下设三部：总务部、评议部、执行部。显然，越南光复会的宗旨和组织，几乎完全仿照孙中山于 1905 年 8 月在东京创立的中国同盟会的宗旨和组织。中国同盟会的宗旨是驱除鞑虏，恢复中华，建立民国，平均地权。同盟会下设总务部、评议部、执行部”①。可见越南的民主革命受中国民主革命影响之深。

俄国十月革命一声炮响，马克思列宁主义传到中国，也传到越南。中越两国的无产阶级革命者在领导中越两国人民反帝、

① 黄铮著：《中越关系史研究辑稿》，广西人民出版社，1992 年 5 月版，第 69 页。

反封建的民主革命中，结下了战斗的革命友谊。越南无产阶级革命先驱者胡志明同中国革命党人的关系，充分体现了中越两国人民这种革命友谊之深厚。20 世纪 20 年代初，胡志明在法国的时候就同中国革命党人接触，认识了周恩来同志。胡志明曾介绍赵世炎、陈延年、陈乔年、王若飞、肖三五同志加入法国共产党。1923、1924 年，胡志明在莫斯科东方大学学习时，同中国同志的联系更为密切。他经常和中国同志在一起分析被压迫民族解放运动的形势，讨论列宁关于民族殖民地问题的革命理论。期间，胡志明曾主编《中国和中国青年》一书，介绍中国革命和中国青年参加革命的情况，同时还撰写了不少关于中国和中国革命的文章，胡志明的这些著作表达了他对中国人民的命运和革命斗争极大的同情和支持。

1924 年 12 月，胡志明从莫斯科到了广州，在孙中山的苏联顾问鲍罗廷的翻译室里工作，除完成翻译任务以外，胡志明用很多时间和精力联络在广州的越南革命青年，致力于宣传马克思列宁主义，培养越南的革命骨干。与此同时，胡志明也积极参加中国的革命活动，对中国革命作出了贡献。1925 年 6 月，胡志明在广州成立了越南青年革命同志会，随后举办了特别政治训练班。“应胡志明的邀请，中国革命领导人周恩来、张太雷、陈延年、李富春、彭湃以及领导省港大罢工的同志，曾到特别政治训练班讲课。”“周恩来、李富春、陈延年等同志都是胡志明当年旅居法国时就已结识的老朋友，后来又在广州一起干革命，感情更加深厚。”[①] 特别政治训练班为越南革命培养了一批骨干，在越南革命的历史上起到十分重要的作用。

为推动东方被压迫民族共同的反帝斗争，中国共产党倡议成立“被压迫民族联合会”，联合会由各被压迫国家派人共同组成。这一倡议得到国民党左派的大力支持，并于1925年7月9日成立，胡志明成为其中的积极分子。此后，胡志明曾以“被压迫民族联合会”会员的名义，以《中国工人与被压迫民族之关系，以及联合打倒帝国主义之必要》为题，到各区向工友作演讲。胡志明演讲，声音洪亮，号召性强，深受罢工工人的欢迎。

1927年4月12日，蒋介石在上海发动反革命政变，广州的国民党也随之叛变，反动军警对省港罢工委员会和革命组织进行包围，大肆逮捕和屠杀共产党员和革命群众。这时，在中国共产党组织的安排下，胡志明离开广州，经武汉、上海、海参崴到莫斯科。胡志明离开广州后，留在广州的越南革命志士，坚定地同中国人民站在一起，同国民党反动派进行不懈的斗争，他们的行动，体现了崇高的无产阶级国际主义精神。1927年底，中国共产党继领导南昌起义、秋收起义之后，领导了广州起义。这时，在黄埔军校学习的20多名越南青年也参加了起义，同反革命势力进行战斗。广州起义失败后，国民党军警包围了越南青年会总部，正在总部工作的十多名越南革命者被捕入狱。后来经海外华侨会等团体奔走营救获释，但被当局驱逐出境。他们从广州到香港后，继续进行革命活动。“参加武装起义的有越

① 黄铮著：《胡志明与中国》，解放军出版社，1987年4月版，第26页。

南青年冯志坚、黎铁雄、张云岭、方士雄等人，在起义失败后，他们随同工人赤卫队撤至东江。其中一些人后来参加中国共产党领导的创建革命根据地的武装斗争，继续为中国人民的革命事业作出贡献。”①

20世纪20年代末，越南有印度支那共产党、安南共产党和印度支那共产主义联盟三个有共同理想的革命组织。对此，共产国际认为，把三个组织统一组成一个无产阶级政党才能更有效地肩负领导越南人民进行革命的重任，并于1929年派胡志明到香港以“共产国际东方部委员和东南亚司负责人”的资格召集会议，将越南三个共产主义组织统一成一个组织。在香港，依靠中国共产党秘密组织的帮助，胡志明顺利地做好会议的筹备，并于1930年2月3日在香港九龙召开“统一会议”。经过会议代表的讨论和协商，一致同意把三个组织合并为一个组织，取名为“越南共产党”。同年10月在香港召开第一次会议，改名为印度支那共产党（沿称越共）。此后，每年的2月3日便成了越南共产党的建党纪念日。胡志明在香港进行革命活动期间，曾于1931年6月被香港英国当局逮捕，后经红色国际救济会营救，才于1933年初获释。后来，胡志明乘船到上海依靠中共组织的帮助，由上海经海参崴去莫斯科。

1938年秋，正当中国人民进行抗日战争的时候，胡志明又一次来到中国。他从莫斯科抵中国抗日战争圣地延安后不久，就同叶剑英同志南下到广西桂林。胡志明以八路军身份住在八

① 黄铮著：《胡志明与中国》，解放军出版社，1987年4月版，第38、39页。

路军办事处。在那里，胡志明担任救亡室的领导工作。他一边忙于救亡室的工作，一边关注着越南革命。他用法文打字机打出许多文稿，送回越南供越共领导下的报刊发表，以指导越南革命。胡志明在桂林期间，还为《救亡日报》撰写了不少文章。这些文章有的是国际评论，有的是对中国抗日战争和中越关系的论述。文章表达了越南对中国抗日战争的支持，体现了越中两国人民战斗的深情厚谊。

1939年，在中国共产党的协助下，胡志明在桂林、贵阳、重庆等地活动。1939年夏、秋，胡志明曾在湖南衡山的南岳游击干部训练班工作。在这期间，胡志明对中国的抗日战争有了进一步的了解，从而丰富了斗争的经验。

1940年2月，在中国共产党的帮助下，胡志明在昆明同越共接上了关系。在胡志明的直接指导下，越共在中国云南和广西更有成效地为越南革命开展活动。与此同时，越共广泛发动旅居中国的越南侨胞支持中国的抗日战争。

为了更好地领导越南革命，1940年12月，胡志明和一些越南革命党人来到中越边境地区的中国靖西县，并在那里成立了“越南民族解放委员会”。接着，他们在靖西县吞盘乡灵光村举办训练班，培训越南干部。1941年1月28日，胡志明和几位越南革命干部回到越南，这是胡志明1912年离开越南以后第一次回到自己的祖国。① 此后，越南的革命一方面在中国广西边境一

① （越）《越南共产党历史教程》，河内：越南国家政治出版社，2004年1月，第96页。

带进一步巩固和发展海外基地，一方面在紧靠中越边境越南一侧的高平省河广县北坡村建立党的领导机关，在那里培训干部，发展组织，建立根据地，着手组织武装，开展游击战争。

从1941年至1945年，胡志明和越南革命领导人经常往返于中国广西和越南同中国毗连的省份进行活动。在这期间，胡志明和越南其他革命领导人同中国广西靖西、那坡、龙州等县的许多边民建立了深厚的感情。中国边民极为同情和支持越南的革命事业，他们在十分困难的情况下，全力为越南革命者提供食宿，担任交通联络、递送信件、安全掩护、协助购买武器弹药和医药等等。按照当地的习俗，胡志明和越南革命者曾同广西靖西一些边民杀鸡饮血，结拜兄弟，表示风雨同舟，患难与共。在这期间，曾发生胡志明被国民党乡警逮捕和监禁一年多的事件。1942年8月下旬，胡志明从越南北坡经108号界碑进入中国靖西县境内，他这次过境是准备到重庆会见中共代表团负责人周恩来，交换对时局的看法。由中国一青年农民杨涛带路，二人行至德保县足荣乡时被国民党的乡警扣留，后被监禁在柳州国民党军队的扣留所里。在狱中，胡志明用中文作了一百首诗，这就是脍炙人口的“狱中日记”，诗中叙述了胡志明在监狱中的生活，同时表达了这个革命家的坚强意志和崇高情操。在重庆的中共组织获悉胡志明被捕后，周恩来同志立即亲自找了国民党爱国将领冯玉祥，要求设法营救，冯玉祥为此又找了李宗仁一同去见蒋介石，要求释放胡志明，这对促使蒋介石下令释放胡志明起了重要作用。1943年9月，胡志明获释。与胡志明一起坐牢的中国边民杨涛，由于狱中的折磨，获释后不久即病逝。1963 年 8 月，胡志明在会见被邀请到河内作客的广西边境县支援过越南革命的人物和他们的亲属的时候，曾紧握杨涛的弟弟杨胜强的手深情地说：杨涛同志是为我们越南革命牺牲的，他死得光荣，越南人民永远不会忘记他。

1944 年秋，法、日帝国主义为了扑灭越南正在蓬勃发展的革命火焰，加紧对越南革命根据地的扫荡。在北坡的越共中央机关曾一度被迫撤走，转移到广西镇边县（今那坡县）平孟弄依屯，得到弄依屯农会骨干苏忠良等的帮助，在弄依屯附近的岩羊坳山口左边石壁旁，靠着大木古树搭起茅草棚，作为胡志明临时居住的地方。越共中央临时联络站也设在此处。胡志明在那里领导越南革命达半年之久。

在国际反法西斯军队取得节节胜利的鼓舞下，越南的革命运动进一步蓬勃发展。1945 年 8 月，越南人民在印度支那共产党的领导下，成功地发动了“八月革命”。同年 9 月 2 日，胡志明在河内巴亭广场发表“越南独立宣言”，宣告越南民主共和国诞生。胡志明对中国人民怀有极其深厚的感情，“在宣告越南独立的那一天，他也不忘记邀请河内市华侨代表郭推排和曾广泉两人参加这一越南举国欢庆的盛典。”① 接着在同一天，胡志明发表《致华侨兄弟书》，文中充满了他对中国的友好情谊，把华侨看作越南的兄弟，说“中越原是一家人”，并宣布立即“解除

① 陈贻泽：《越南北方华侨历史演变概况》，《广东文史资料》，第 39 辑。

过去法国所加诸于华侨身上之各种苛法恶律，确定保护华侨生命财产之安全与自由为基本政策，欢迎华侨与越南人民共同建设新越南”。①

1945 年 8 月日本投降后，根据“同盟国”达成的协议，中华民国政府派出军队进入印度支那北纬 16 度以北地区接受日军投降；英国政府派出军队进入印支北纬 16 度以南地区接受日军投降。在英军的支持下，法国侵略军于 9 月 23 日重新占领西贡，以后逐步由南向北进犯。1946 年初，出于发动内战的需要，国民党军队决定撤出越南。同时，中华民国政府同法国政府签订了“中国驻越北军队由法国军队接防”的换文。同年底，法军不断强化侵越战争。1946 年 12 月，法国侵略军向河内、海防、南定等城市发动大规模进攻。胡志明主席于 12 月 20 日发表告全国人民书，宣布越南全国开展抗击法国侵略的战争。

二、越南抗法战争时期的中越关系

（一）抗法战争初期的中越关系

越南抗法战争初期，国际上尽管战后社会主义和人民民主力量不断发展壮大，民族解放运动风起云涌，但革命力量的中心还远离越南本土，中国人民正在进行解放战争，也未能为越

① 黄铮著：《中越关系史研究辑稿》，广西人民出版社，1992 年 5 月版，第 220、221 页。

南的抗法斗争提供很多的支援。在敌强我弱的情况下，越南革命力量的处境十分困难。由于越共的正确领导和越南人民艰苦卓绝的斗争，越南的反侵略战争不仅能够坚持下来，而且革命的武装力量还有所发展壮大。到 1948 年，法国侵略军只占据越南的主要城市和控制主要的交通要道，而广大农村则为越南武装力量所控制。尽管如此，20 世纪 50 年代初以前，由于法国侵略军有英美列强的支持，敌强我弱的态势仍然没有改变。在中国方面，中国解放战争的重大战役在长江以北，因此 1949 年以前，与越南接壤的中国广东、广西和云南三省在军事上还处于敌强我弱的状态。在这种艰苦的日子里，中越两国人民在战斗中互相支持、互相帮助，继续谱写革命友谊的新篇章。

1946 年 4 月，中国国民党军队纠集重兵“围剿”游击区，中共领导的广东南路原抗日解放军（习称老一团），在征得越共的同意后，进入越南解放区，老一团在越南期间，尽管越南当时的物质条件十分困难，越南指战员的生活极为艰苦，胡志明和越共同志仍然尽可能为老一团 600 多人提供较好的生活条件。老一团在越南解放区一方面休整，一方面积极协助越共做好华侨工作。经过近一年半的休整，养精蓄锐之后，于 1947 年 9 月，老一团回到中国，成为一支活跃在滇桂黔边区的重要武装力量。

在解放战争的艰苦岁月里，中越边境地区的中共组织和武装力量的处境甚为困难，他们往往以越南北部靠近中国的地区作为自己的基地和后方，在边境的中国一侧开展革命活动。

1946年、1947年，中共桂越边境临时工作委员会（后改称左江工委）就在越南境内成立，多次在越南高平召开会议，作武装起义的准备，[①] 并于1947年7月在边境中国一侧三处同时举行起义。广西的党组织在越南境内举办过6期各种干部训练班，培训了近千名干部。在这期间，培训班的生活得到越共组织和越南群众的帮助。1946年6月，中共领导的龙州县大队曾到越南境内整训。同年8月，国民党军队扫荡龙州春秀根据地，一千多名群众被迫跟随部队转移到越南，越南同志为此成立了专门机构来安顿中国的部队和群众达4个月之久。1949年下半年，越共通过中国粤桂边区人民解放军第三支队驻越南支冷区联络站向该支队提供许多武器，“这些武器有火箭筒、炮弹、地雷、手榴弹、机枪弹、步枪弹等共60多担（每担约五、六十市斤）”。

1949年6月，为配合中国人民解放军渡江作战，在龙州县水口，中共广西地下游击队左江支队展开围歼敌军保安六团的战斗。胡志明获悉，立即派出卫国团高平中团前往支援，两国战士紧密协作，浴血奋战，终于取得全歼守敌的胜利。“在这一战斗中，广西龙州县民主政府副县长虞克韩等同志壮烈牺牲，越南革命武装也有22名同志光荣牺牲。”解放后，“为悼念革命烈士，发扬中越两国人民的战斗友谊，广西壮族自治区人民政府拨出专款，修建水口中越烈士墓园，以彪炳英烈，昭示后人”。[②]

---

① 《战斗在十万大山》，载黄东：《战斗在越南支冷区交通站中》，广西民族出版社，1995年10月版，第930页。

② 《广西日报》，1997年10月14日，记者王燕。

在越南人民进行艰苦的抗法战争的日子里，到过越南的中国革命武装以及许多当地的越南华侨坚决支持和积极参加越南的抗法战争。上文提到的曾在越南整训的中国“老一团”，他们到越南不久，为了宣传和组织华侨支援越南抗法，成立了华侨工作委员会，经越共同意，华侨工委在华侨聚居的地区组织抗法自卫武装。后来正式成立越南北部东北区华侨民众自卫团，隶属中共越南华侨工委领导。到1947年9月，“老一团”奉调回国，经越共中央的要求，越北华侨自卫队第一支队的部份人员以及广西地下党组织在北江省组建的一个大队共300余人留了下来，继续帮助越南进行抗法斗争和做华侨工作。这支队伍按照越南人民军的建制，统编为越南国家军队独立中团。中团既受越南人民军总司令部及其委托的第一战区司令部指挥，又受中共桂滇边工委领导。中团除承担抗法任务外，还负有支援祖国边区斗争的责任。1949年初，部队发展到1200余人。“这支华侨武装，对敌作战350余次，摧毁、拔除大小据点三四十个，歼敌600余人，缴获轻重机枪20多挺，长短枪1200多支。它依靠广大华侨和越南人民，并得到当地越共组织的支持，建立了广（安）、北（江）、海（宁）、康（海）4省区边境18个县市的敌后燕子山抗法根据地。”① 1949年3月，中共和越共双方有关方面负责人就两国边境地区军事斗争的相互配合和支援问题进行洽谈的时候，也谈及独立中团（华侨团）回国参加解放

① 《战斗在十万大山》，载张贤：《海外赤子 挥戈报国》，广西民族出版社，1995年10月版，第686页。

战争的问题，并达成一致意见。是年6月，独立中团回到中国防城，编入粤桂边区人民解放军第三支队，这些华侨子弟回国后继续为祖国的解放战争作出贡献。

（二）边界战役与中越关系

1949年10月1日，中华人民共和国成立，五星红旗插遍了辽阔的中国大地。中国革命的胜利，沉重地打击了帝国主义在亚洲的势力，进一步推动了世界民族解放运动，特别是极大鼓舞了越南人民抗击法国侵略者的斗志。

1950年1月18日，中华人民共和国政府和越南民主共和国政府建立了外交关系，中国成为世界上第一个承认越南新政权并与之建交的国家。接下来的10多天时间里，苏联、朝鲜、东欧和中欧各人民民主国家先后承认越南民主共和国政府并与之建立外交关系。这根本改善了越南民主共和国的国际处境。后来，越南政府决定把1950年1月18日中越建交日定为外交胜利日。中越建交，使中越关系在两国共产党和人民之间在革命斗争中相互支持和帮助的关系基础上添加了国家邦交关系，进入了在各自共产党执政条件下迅速发展全面友好合作的新阶段。

1950年1月底，胡志明秘密访华，代表越共中央向中共中央提出援越抗法的要求。当时，尽管中华人民共和国刚刚成立不久，百业待兴，困难重重，但为了履行无产阶级国际主义义务，中国方面同意了胡志明的要求。正如毛泽东主席在北京对援越顾问团所说："到越南去当顾问，是执行光荣的国际主义任务。中国革命已经胜利，人民已经得到解放，但越南人民还在法国殖民者的铁蹄下受苦受难，大家不但应当同情他们，还应当伸出双手援助他们。胡志明主席和许多越南人，曾经参加和援助过中国的革命斗争，有的还流血牺牲了。现在大家援助他们的抗法斗争，是完全应该的。"①

1950年4月起，中国的援越物资运进越南北部根据地，同时越军主力部队也开始进入中国云南接受装备和训练。为了阻遏中国对越南的援助，法国侵略军加强了对越中边界的封锁。为此，中越两党商定，首先发动边界战役，扫除边界的法军，打开中国通往越南的交通线。为此，中共中央决定，成立支援委员会，由广西军区副司令员李天佑任主任，负责领导筹集和运送战役所需的粮食、弹药、药品等物资，还在边界中国一侧设立野战医院，专门收治越军伤员。同时，指派西南军区副司令员兼云南军区司令员陈赓以中共中央代表的身份赴越，协助越军进行边界战役的组织指挥。

陈赓一行20多人于7月初离开云南，在赴越南根据地途中，陈赓一边走一边向越军干部、地方干部和群众了解情况，调查研究，逐步形成对边界战役作战方案的设想，并报告中共中央。7月下旬，陈赓一行抵达越共中央所在地，受到胡志明和越共中央领导人的热烈欢迎。当晚，胡志明等越共领导人即和

① 韩怀智、谭旌旗主编：《当代中国军队的军事工作》（上），中国社会科学出版社，1989年6月版，第519页。

陈赓一起研究边界战役问题。在研究边界战役作战方案的过程中，曾有人主张先攻打法军较大的据点高平。陈赓根据自己所作的调查和多年的作战经验，提出“围城打援”的意见，认为越军尚缺乏攻坚的经验，宜于先攻打高平、谅山之间较小的据点东溪，拦腰切断4号公路，孤立高平守军，迫使谅山法军出援，然后在运动战中消灭他们。胡志明等越共中央领导人完全赞同和采纳了陈赓的意见。

9月16日拂晓，边界战役打响，越军向东溪发起攻击。18日，越军全歼东溪守敌270余人，解放了东溪县城。东溪被越军攻占后，法军的动向不出陈赓所料。9月30日夜，七溪的法军勒巴兵团出动，妄图重占东溪。10月3日拂晓，高平法军沙格东兵团开始弃城南撤。在运动作战中，在陈赓的出色协助下，在胡志明对前线官兵的鼓励下，越军发扬了不怕疲劳、不怕牺牲的精神，连续作战7昼夜，先后全歼勒巴兵团4个营和沙格东兵团3个营共3000余人，上校指挥勒巴和沙格东等军官全部被俘，高平解放了，接着七溪也被越军攻占。驻河内的法军司令部惊惶失措，紧急下令那岑、同登、谅山、老街、太原等重镇守军撤退。至此，法国殖民者费尽心思构筑的越中边境封锁带全线崩溃，边界战役宣告结束。边界战役的胜利，是越南人民军建军以来取得的一次空前巨大的胜利。这一胜利，标志着越南人民抗法战争由被动防御转入主动进攻的阶段，加快了抗法战争胜利的进程。这一胜利，粉碎了法国侵略军对中越边界的封锁，为中国有成效地支援越南的抗法战争铺平了道路。

（三）奠边府战役与中越关系

边界战役后，陈赓奉命调回中国。这时，中国正在肩负抗美援朝的国际主义义务。美国为了反对新中国，把法国的侵越战争看作是配合美国的侵朝战争。1950 年 12 月，美法签订《美法相互防卫协定》，根据协定，美国加强对法国的军事援助。1951 年初，美国军事顾问团进入西贡市（今胡志明市）。在这样的形势下，尽管中国需要大量人力、物力投到抗美援朝战场，仍然竭尽全力支援越南的抗法战争。1950 年 8 月被派往并已进入越南帮助越军建军和传授作战经验的中国军事顾问团，在陈赓同志调离越南后，一直肩负协助越军组织作战的任务。中国军事顾问团共 179 名顾问和随团工作人员，由韦国清任团长，梅嘉生、邓逸凡任副团长。越南人民军在越共的领导下，在中国的援助和中国军事顾问团的协助下，从 1950 年底至 1952 年底，取得了中游战役、宁平战役、西北战役、上寮战役等一系列战役的胜利，使法军的有生力量大批被消灭，使解放区不断地扩大，从而为抗法战争取得全面的胜利创造了条件。

为了挽回败局，1953 年上半年，法国政府调兵易将，由亨利·纳瓦尔接任印度支那远征军总司令一职，同时从法国本土和非洲等地抽出兵力调往越南。纳瓦尔上任后即拟定“纳瓦尔计划”。根据该计划，美国提供武器和军费，法国出人，集中机动部队，组织主力集团作战，从 1953 年秋到 1954 年春，在几个主要战场发动进攻，最后以全部兵力在越北同越军主力决战，夺取决定性的胜利。但这一计划实施不久，法军在几个主要战场都遭到惨败。于是，纳瓦尔决定在奠边府构筑现代化的集团防御据点群，以改变被动的局面。

奠边府位于越南西北莱州以南约 75 公里，靠近越南与老挝的边界，南北长约 18 公里，东西宽 6—8 公里，奠边府早已为越军所解放，是越军的后方，战略地位十分重要。法军认为，占领和长期固守奠边府，就可以进攻解放区，扰乱越军的后方，从而牵制越军在各个战场的攻势，甚至妄图进而包围、歼灭越军。1953 年 11 月，纳瓦尔派出 6 个机动营空降占领奠边府，截至 1954 年 3 月，法军在奠边府集中了步兵和伞兵 17 个营，一个工兵营，一个坦克连，一个空军飞行队，一个运输连，40 多门各种大炮，总兵力 16200 人。在奠边府，法军构筑 49 个大小防御据点，分成 8 个据点群，还建有两个野战机场。法国国防部长和有关高级将领视察奠边府后一致认为，这是“不能攻克的堡垒”，是东南亚的“凡尔登”。① 情况表明，不拔除奠边府这个法军的集团据点，就无法粉碎法、美拖延和扩大印度支那战争的计划，也无法夺取抗法战争的胜利。为此，中国军事顾问团和胡志明研究后，决定攻打奠边府。1953 年 12 月 6 日，胡志明主席主持召开越共中央政治局会议，通过了发起奠边府战役的决议及作战方案。同时决定成立奠边府前线党委和指挥部，任命武元甲为前线党委书记兼总指挥，中国军事顾问团团长韦国清为前线总顾问。经过几个月的准备，

① 凡尔登是第一次世界大战时法国的著名要塞。

越南人民和军队翻山涉水，克服了千辛万难，修筑道路和桥梁，源源不断地把粮食、弹药、武器送到指定地点。越军的参战部队也于1954年1月中旬全部到达了集结位置。在这期间，越军解放了莱州市，从北面迫近奠边府，形成了对法军阵地的包围圈，法军为了固守奠边府，每天从河内、海防出动数十架次飞机，对越军阵地和运输线进行轰炸、扫射，同时不断地为被包围的法军空运武器弹药、粮食和水等物资。对此，中国顾问团建议，一面组织地面炮火抑制法军的飞机起飞和降落，一面组织高炮、高射机枪以及步兵火器对空射击，打击法军飞机的空中活动。越军采纳了这一建议后，击落击伤法机50多架。法军飞机的轰炸和扫射，不仅难以奏效，而且为法军阵地投下的物资大多落到越军阵地上。由于法军的食品和水的补给减少，其士气日益低落。

在各项准备工作完成以后，1954年3月13日，奠边府战役打响了。经过激战，越军攻占了外围据点，同时占领了芒清机场，切断了法军的中心区与南分区的联系，法军初败失利。为了守住孤立的中心阵地，结果几乎动用了印度支那所有的战斗机和运输机前来支援，同时在上寮空降机动部队，妄图解奠边府之围。此外，美国也加紧对法军的援助，除向法军紧急提供一批飞机以外，还派出两艘航空母舰进入北部湾，举行大规模军事演习。接着，美军参谋长联席会议主席雷德福发出战争叫嚣，扬言准备动用先进战略轰炸机大规模轰炸包围奠边府的越军。也正是在这段时间里，雨季来临，地面到处泥泞，战壕里有齐腰深的积水，部队行动困难，在敌人加强防守和天气不利条件的情况下，有人主张在河水泛滥之前撤离奠边府，理由是部队连续作战太疲劳，雨季行动太困难，中国军事顾问团及时与越军前指一起分析形势，认为越军已具备全歼守敌的条件，不能功亏一篑，坐失良机，而应发扬大无畏的革命气概，克服困难，勇往直前，去夺取胜利。越军前指经过慎重考虑，决定在河水泛滥之前向奠边府法军中心阵地发起总攻击。与此同时，中国的援越军事物资继续源源不断地运到，“在中国境内装备训练的越军 75 无后坐力炮和火箭炮各一个营也相继赶到。中共中央军委指示顾问团，为了全歼守敌，取得战役的全部胜利，应很好组织发扬炮火，不要吝惜炮弹的消耗。我们将供给、运送足够的炮弹”。①

5 月 1 日午夜，越军在强大炮火掩护下向奠边府发起总攻击。6 日，越军炮火更为猛烈更为集中地轰击法军的中心据点，经过激烈的战斗，7 日，越军攻克奠边府，全歼法军 16000 多人，举世瞩目的奠边府战役以越军的全胜而结束。

奠边府战役的胜利，有力地配合了当时正在日内瓦举行的关于印度支那问题的会议。越南在战场上的胜利迫使法国在日内瓦协议上签字，接着是越南北方获得解放。因此，奠边府战役是越南抗法战争具有决定全局意义的战役。奠边府战役的胜利，是越南人民在以胡志明为首的越共中央的领导下万众一心、

① 韩怀智、谭旌旗主编：《当代中国军队的军事工作》（上），中国社会科学出版社，1989 年 6 月版，第 533、534 页。

浴血奋战的结果。事实证明，站起来了的被压迫民族是不可被战胜的，越南人民为争取民族独立与自由的这种不屈不挠的坚强意志是不能被挫败的。

奠边府战役的胜利，同时也是中国援助越南抗击法国侵略的结果。除了以上简略提到的中国军事顾问团在战役中所起的作用以外，战役所需的全部武器、弹药和军需用品几乎全由中国提供，而当时中国是唯一向越南提供援助的国家。中国对越南的军事援助是全面的，中国顾问不仅协助越军组织一系列战役，还在相当长一段时间里，帮助越军加强军队建设。这些工作包括：帮助越军制订精简整编方案和制订各项机关工作条令、条例，如《内务条令》、《纪律条令》、《队列条令》、《政治工作条例》、《后勤工作条例》等等；帮助越军进行政治整训，加强军队的政治工作；帮助越军进行军事训练，着重训练攻坚战、运动战、夜战等战术，提高干部的指挥能力和部队的军事素质。

在越南抗法战争中，中国对越南的援助遍及许多领域。应越南方面的要求，1953 年，中国派出土改顾问团赴越帮助开展土地改革；此时前后，中国派出财政经济、组织工作等重要方面的专家顾问，协助越南培养党政干部、整顿财经工作。越南实行土改后，进一步提高了农民参军、参战和参加民工支援前线的积极性，使革命力量更加迅速发展，使抗法战争顺利进行。

在国际上，中国大力支持和积极配合越南为维护国家主权、独立和统一而进行的正义斗争。1954 年 4 月下旬至 7 月下旬，在日内瓦召开了讨论解决朝鲜问题和印度支那问题的会议，会议讨论了朝鲜问题之后，于 5 月 8 日开始讨论恢复印度支那和平的问题，会议经过两个多月激烈复杂的斗争，在中、苏、越三国代表团的合作，尤其是中越双方的努力下，终于 7 月 21 日达成了关于恢复印度支那和平的《日内瓦协议》。协议的主要内容是：法国承认越南、老挝、柬埔寨三国的主权、独立、统一和领土完整；法国从印度支那撤军；在印度支那全境停止敌对行动；印支三国将分别在规定期限内举行普选，产生三国各自的新政府。协议不仅使印支三国恢复和平，而且使越南整个北方获得解放，接着越南北方成为争取祖国统一的坚固根据地。《日内瓦协议》的签订，标志着法、美西方列强的侵略势力和战争势力的惨重失败，同时标志着被压迫民族争取民族解放的伟大胜利。

（四）经济文化关系

自古以来，中越两国人民之间在经济和文化方面就有着密切的关系。但在越南抗法战争时期，这种关系有其不同的情况和特点。中越建交后，随着边界通道的打开，在新的情况下两国开始了经济文化的交往。1950 年至 1954 年，由于艰苦的战争环境，越南物资供应和财政收支遇到极大的困难，对外经济交往只有同中国进行。在这种情况下，中国为了支援越南人民进行反对外侵的正义战争，中越贸易的最大特点是“寓援助于贸易之中”，这包含两个方面：一是只要越南需要，中国迅速运往越南；越南向中国出口，只要拿得出，中国都接受，尽管有部分商品品质规格低，加工包装简易，中国也不在意。二是进出口不平衡，贸易差额转为援助项下解决。对此，越南《商业学习》杂志也说：“抗战期间，与中国进行的贸易具有特殊的性质，它完全越过了两国之间普遍的国际贸易性质。中国愿意接受我国所能出口的各种货物，并卖给我国所需要的各种货物。这种无私的援助，是世界上任何国家的贸易史上从来没有的。”①

1951 年，为支援越南抗法，中国采取单方面出口，运往越南总值 221 万元人民币的物质。1952 年 4 月，中越两国政府签订第一个货物交换议定书，以后每年两国都签订年度贸易协定。中越的经济贸易发展很快，两国贸易总额，“1952 年为 12.7 万美元，1953 年为 35 万美元，1954 年为 1744 万美元”。② 中越贸易的发展，对越南来说，满足了抗法战争中人民的生活用品的需要，同时也逐步恢复荒芜已久的茶山、漆树园、木材采伐和矿山开采等行业的生产。对中国来说，在两国的贸易中也取得一些原材料和农产品，有利于社会主义建设和改善人民的生活。

在越南抗法战争期间，中越两国之间的文化交流的一个突出现象是，越南大量翻译出版毛泽东、朱德和刘少奇的著作以及中国革命文献。“从 1945 年‘八月革命’到 1953 年，仅北越

① 越南《新越华报》，1956 年 9 月 8 日，转引自《现代中越关系资料选编》(上)，时事出版社，1986 年 4 月版，第 302 页。

② 《中国对外经济贸易年鉴》编辑委员会：《中国对外经济贸易年鉴》，中国社会出版社，1984 年版，第 849 页。

国家出版局就出版了中国革命文献 47 种，印行 193880 册，其中毛泽东主席的著作 17 种，印行 57305 册。”① 50 年代越南的有关著作和文章屡有颂扬毛泽东思想和学习中国革命经验的内容。1951 年，在越南抗法战争艰苦的日子里，中国帮助越南在南宁、桂林和芦山等地成立育才学校，在南宁的育才学校，越南称“中央学社区”，“学社区”里先后设有高等基础科学学校、高等师范学校、中等自然科学师范学校、中等社会科学师范学校、初级师范学校、中文学校和普通中、小学校。“学社区”的全部费用，由中国援助解决。为配合越南开展教育工作，中国先后派去 200 多人到“学社区”工作。其中有顾问组若干人，主要任务是介绍中国的教育经验，提供咨询意见，协助办好学校；20 多名教师分别在中文学校教授汉语和在各分校教授体育、音乐和舞蹈；还有 100 多名干部和工人承担“学社区”的后勤工作，先后在“学社区”学习过的越南学生有 6000 人次，他们毕业后回国大多成为越南科技和教育部门的骨干。也是在战火纷飞的 1951 年，中国和越南的电影工作者合拍了一部大型纪录片《抗战的越南》，这部影片在国际上影响很大，“曾获第七届国际电影节‘劳动人民争取和平斗争奖’”。②

1954 年 7 月关于印度支那停战问题和政治问题达成协议以后，法国侵略军撤出印度支那地区，越南北方获得解放，这标志着越南抗法战争的胜利，同时标志着越南进入为恢复北方

① 《人民日报》，1954 年 1 月 23 日。

② 黄国安：《中越关系史简编》，广西人民出版社，1986 年 2 月版，第 200 页。

的经济建设，为巩固和平和争取祖国统一而斗争的历史新时期。

三、越南抗美战争时期的中越关系

（一）抗法战争胜利后的越南局势

根据“日内瓦协议”，法国从印度支那撤军，两年后即1956年7月越南举行全国选举，产生统一的新政府。形势表明，若如期实施日内瓦协议，越南革命领导人胡志明很有可能获得大多数选票而取得胜利。因此，美国极力破坏日内瓦协议，一方面支持南越当局单方面进行选举，成立所谓“越南共和国”；一方面同一些国家签订集体防务条约，把南越划为它的“保护地区”。与此同时，美国取代了法国殖民者，妄想把越南南方变成美国的新型殖民地和军事基地。美国对日内瓦协议的破坏和对南越的侵略图谋，自然遭到南越人民的反抗。为了扑灭南越人民的斗争烈火，美国政府积极武装其扶植的“越南共和国”，并派出大量军事顾问，发动一场美国出钱、出武器，利用越南人打越南人的所谓“特种战争”。南越政权依靠美国的援助，大力扩充军队，到1970年，伪军多达110万人。利用这些军队，南越政权疯狂地镇压南越人民。然而，镇压愈凶残，迎来的反抗烈火愈旺盛。终于美国不得不亲自出马，1964年8月7日，美国借口其两艘驱逐舰在北部湾遭北越鱼雷艇攻击，派出60多架飞机轰炸北越，制造了“北部湾事件”。1965年2月起，美国对北越进行轰炸的同时，其地面部队进入南越参战，这标志美国在南越推行的“特种战争”的失败，同时使侵越战争演变为以美军为主体，以“南打北炸”为特点的“局部战争”。从此美国派往南越的军队人数逐年增加，到1969年多达543400人，加上所谓盟军62400人，外国军队共605800人。这些军队，对南越游击区和人民进行疯狂的扫荡和惨无人道的残害。对北越进行狂轰滥炸，投下760万吨炸弹，比第二次世界大战期间盟军投下的炸弹数量还多好几倍，造成北越人民的无数伤亡和无法估量的财产损失。

在越南方面，抗法战争胜利后，越南北方解放之初，面对饱受长期战争蹂躏的经济，越南政府一方面集中更多的精力来恢复和发展经济，提高人民的生活水平。在中国和苏联的帮助下，越南北方的经济得到恢复和发展并取得显著的成效。另一方面，越南政府和人民为实现“日内瓦协议”进行不懈的斗争。越南南方人民面对美国破坏“日内瓦协议”的实施和南越当局对爱国志士残酷的镇压，被迫拿起武器进行战斗。1960年12月20日，越南南方民族解放阵线成立。从此，南方人民坚密地团结在阵线的周围，坚持斗争，不断地更有效地打击敌人。自从美国把战火蔓延到越南北方以后，全体越南人民高举胡志明“决战决胜”的旗帜，开展“保卫北方，解放南方，统一祖国”的抗美救国战争。在中国和苏联等国的援助下，在全世界人民包括美国人民的支持和声援下，越南人民的抗美战争取得节节胜利，迫使美国于1968年5月在巴黎同越南开始谈判。接下来是谈谈打打，在战场上美国屡遭挫折，在政治上不得民心，在外交上日益孤立，最后不得不于 1973 年 1 月 27 日在巴黎签订“关于在越南结束战争、恢复和平的协议”。根据协定，美国和所谓盟国的全部武装于 1973 年 3 月底撤出越南南方。但美国仍留下一批顾问以支持南越当局破坏巴黎协定，不断地向解放区进攻。对此，越南人民奋起反抗，1975 年 3 月发动了春季总进攻，4 月 30 日解放了西贡，5 月 1 日解放了整个南方，越南的抗美救国战争以完全胜利而结束，一年以后越南实现了南北统一。

（二）中国对越南抗美战争的支持和援助

经济方面，越南抗法战争结束初期，越南北方面临恢复和发展受长期战争破坏的经济。经过若干年的努力，当经济有所恢复并走向发展之时，1964 年 8 月，越北又遭受美国七八年断断续续的狂轰滥炸，经济建设又受到严重的摧残。在这期间，即从 1954 年下半年以后的 20 多年间，中国向越南提供全面的无所不包的经济援助，援助的内容从农业到工业、水利、交通运输业；从帮助设计到提供设备、帮助施工、指导生产。已建成的援助项目共 339 个，这些项目工业方面包括钢铁工业、采矿工业、造船工业、冶金工业、电力工业、机械工业、纺织工业、造纸工业等等；交通运输方面包括铁路、公路、电讯、海运、航空、机场、桥梁等等，还有农业和水利等一些项目。中国的经济援助，对越南医治战争创伤，恢复和发展经济，改善人民生活以及保证战争的需要起了重要的积极作用。

政治方面，支持被压迫民族的解放运动，是中国共产党和中国政府的一贯态度。对越南反对美国破坏日内瓦协议以及反对南越吴庭艳集团迫害南方爱国志士所进行的斗争，中国政府和人民始终给予有力的支持。每当越南抗美战争的转折关头或发生的重大事件，如：1964 年 8 月美国制造的“东京湾事件”；1965 年 2 月以后美国飞机对北越的轰炸；美国军队进入南越参战等等……中华人民共和国都即时通过政府发表声明、国家领导人对外讲话、群众团体致电及群众集会等方式支持越南人民的抗美救国斗争。例如，1966 年 7 月 22 日，中华人民共和国刘少奇主席发表声明，最坚决、最热烈地支持越南民主共和国主席胡志明 7 月 17 日发表的《告全国同胞书》。同时重申：“中国七亿人民，是越南人民的坚强后盾。中国辽阔的国土，是越南人民的可靠后方。”① 接着北京和全国 19 个城市有 600 多万群众举行集会和示威游行，坚决拥护刘少奇主席的声明，坚决支持越南人民抗美救国的正义斗争。又如 1970 年毛泽东主席发表“5.20”声明后一周内，中国全国有 4 亿多人次举行示威游行。如此声势浩大的群众运动，无疑极大地鼓舞了越南人民的斗争意志。

军事方面，中国认为，援助越南进行抗美战争，是中国人民应尽的义务，而援助的方针则是完全根据越南的需要，即凡越南需要，中国尽力援助，主动权掌握在越南手里。据此，“在

---

① 《人民日报》，1966 年 7 月 23 日。

越南抗美战争时期，中国为越南提供了大量的武器装备和其他作战物资；帮助越军培训了数千名干部和技术人员，数千名汽车司机和修理工；协助越军组建了首批航空兵歼击机团，并培训了200余名飞行员和机务人员；及时安全地转运其他社会主义国家的援越物资达179列5750车皮。”[①] 1965年6月至1973年8月的8年间，中国人民解放军还先后派出防空、工程、铁道、后勤、扫雷等部队到越南北方担负防空作战和国防建设及海上扫雷等任务。中国赴越轮战的高炮部队和防空部队共15万余人。这些部队在越南北方防空作战取得了辉煌的战绩，“在越南3年零9个月的时间里，共作战2153次，击落美机1707架，击伤1608架，俘虏美军飞行员42名”，[②] 沉重地打击了美国军队，有力地支援了越南的抗美救国战争。

中国支援越南的抗美战争是始终如一的。但有人曾对1971年以后中美关系的改善不理解，同时怀疑中国对越南统一事业的支持。事实是，1971年7月，美国国家安全事务助理基辛格访问北京，同中国周恩来总理会谈之后，周恩来总理即亲赴河内向越南领导人通报会谈情况。1972年2月21日至28日，美国总统尼克松访华，经过多次会谈，在上海发表了中美联合公报。接着周恩来总理再次赴越通报中美会谈的情况。此后中国一如既往支援越南的抗美救国战争，实现南北统

① 《当代中国军队的军事工作》，中国社会科学出版社，1989年6月版，第540页。

② 韩怀智、谭旌旗主编：《当代中国军队的军事工作》（上），中国社会科学出版社，1989年6月版，第552页。

一。从1964年8月美国对越南北方进行大肆轰炸到1975年4月底越南南方完全解放的10年零8个多月里，中国政府共签订并执行了30个向越南提供无偿的经济技术、军事物资援助的协定。其中从1971年7月美国基辛格访华，中美关系开始改善到1975年4月底仅3年零9个月中国就签订了上述30个援越协定中的13个。据统计，这13个援越协定的合计金额占30个援越协定的总金额的53.9%。可见，中美关系改善后的时间比上段时间还要短，但中国对越南援助的数量比前一段时间还多。又如，1972年5月9日，美国突然恢复对北越的大规模轰炸，并在沿海重要港口及内河航道布设水雷，实施海上全面封锁，妄图切断越南所需的粮食、石油等战略物质的进口渠道，迫使越南在巴黎谈判桌上让步。应越南的要求，中国再次开通中越隐蔽的海上航线，向越南运送粮食和其他物资。同时，中国人民解放军还协助越南军队扫除美军布设的水雷和铺设野战输油管。从1972年8月4日至1973年5月17日的一年零三个月的时间里，中国海军扫雷工作队在越南共"出海586艇次，航程2.78万余海里，其中扫雷526艇次，航程近1.75万海里，扫除各种水雷46枚"，"扫清面积达201平方公里"，[①] 为越南人民打破美军的海上封锁作出了巨大的贡献。"从1972年5月31日至1973年2月12日，中国军队先后抽调部队、民兵8000余人次，配备大批机械、车辆，在凭祥至

① 韩怀智、谭旌旗主编：《当代中国军队的军事工作》(上)，中国社会科学出版社，1989年6月版，第555页。

友谊关、防城港至滩散两地段，铺设了5条援越野战输油管，总长159公里，连同新建扩建的油库、泵站、通信设施和铁路专线等工程，共完成土石方10多万立方米。”① 从1972年6月至1976年6月“4年间，中国通过输油管向越南输送的汽油、柴油总计近130万吨”。② 以上是中美关系趋于改善后中国援越的有关数据和部分援越工程的简况。

此外，在这段时间里，中国还向越南提供具有战略意义的看法。1973年1月巴黎协定签订后，在会见越南领导人的时候，毛泽东主席和周恩来总理曾明确表示：“即使美军撤出越南南方，阮文绍还有几十万军队，最后解决问题还是要靠武装斗争，中国将继续向越南提供援助。”③ 上文提到的中美关系改善后中国签订的无偿援越的13个协定中，有6个协定是1973年以后签订的，“其中有3个协定分别于1973年7月19日、1973年11月20日和1974年12月28日签订，是援助越南南方的。”④ 这怎能说中国不同情越南的统一事业呢？即使越南南方解放了，中国仍然向越南提供经济援助。1975年9月26日越南《人民报》发表题为《中国继续支持和援助我国》的社论就说：“在这场斗争中，特别是二十多年来的抗美救国战争中，我国人民一向得到中国共产党、政府和兄弟的中国人民的大力和有效的支

① 王贤根著：《援越抗美实录》，国际文化出版公司，1999年6月版，第256页。

② 王贤根著：《援越抗美实录》，国际文化出版公司，1999年6月版，第256页。

③ 《人民日报》，1979年11月21日。

④ 《人民日报》，1973年7月20日、1973年11月21日、1974年12月29日。

持和援助”，“在革命的新阶段中，我国人民面临着重建遭受战争破坏的极其困难的任务”。“最近在北京签订的关于中国向越南提供经济援助的协定书和1976年中国向越南提供物资的议定书，表明了中国共产党、中国政府和人民继续给我国人民极其宝贵的支持和援助；体现了两国人民的兄弟般的团结和友谊合作关系日益美好发展。我国人民真诚地对中国共产党、中国政府和兄弟的中国人民再一次表示感谢。”事实表明，中华人民共和国在对外关系中是坚持原则和言而有信的国家。1971年以后，中国同美国关系的改善是中国对外工作的需要，这丝毫没有改变中国支持民族解放运动包括支援越南的抗美救国战争这一战略方针。

综合28年间中国向越南提供军事、经济技术和各种物资的援助，“总值超过200亿美元”。“派出专家、顾问2万余人”，① 派出防空、工程、铁道、后勤保障等支援部队先后“达32万余人，最高年份达17万余人”，② “为了援越抗美，中国人民解放军的优秀指战员，有4200余人在越南身负重伤，近1100人壮烈牺牲并安葬在越南的土地上”。③

（三）越南对中国的支持和援助

1954年日内瓦会议以后到1978年，中越关系的主流是友好

① 《国际问题研究》1981年第2期，第4页。

② 《人民日报》，1979年11月21日。

③ 韩怀智、谭旌旗主编：《当代中国军队的军事工作》（上），中国社会科学出版社，1989年6月版，第557页。

合作。在这期间，越南在许多问题上也支持和援助了中国。

1. 谴责美国侵犯中国领土主权

1958年9月10日，越南总理范文同发表声明说："台湾和澎湖列岛自古以来就是中国的领土"，"美国使用武力侵占台湾和澎湖列岛，是侵犯中国的主权和领土完整，是完全违背联合国宪章和国际法的"。"越南民主共和国政府和越南人民坚决反对美国侵犯中华人民共和国的主权和领土完整的一切行为。"① 为此，同年9月21日，越南各阶层人民5万多人在河内举行反美和支持中国人民大会，并通过决议严厉谴责美国侵犯中国领土主权的行为。② 在美国大举轰炸越南北方期间，美机曾多次入侵中国领空。对此，越南外交部、越南南方民族解放阵线中央外联委也多次发表声明和一些报纸发表评论，对美国侵犯中国主权的行为进行谴责。

2. 支持中国在西藏平息暴乱

1959年10月26日，越南总理范文同就联合国大会通过所谓"西藏问题"的决议对越南通讯社记者发表谈话，他谴责联合国第14届大会在某些大国的压力下通过了所谓"西藏问题"的决议。他严正指出："西藏是中国领土不可分割的一部分；在西藏平息叛乱和进行民主改革，完全是中国的内部事务，任何国家都无权干涉。""联合国宪章已经明确规定不允许任何国家、任何组织干涉别国内政。"上述所谓"西藏问题"决议"是对联

① 越南《人民报》，1958年9月11日。

② 《新越华报》，1958年9月22日。

合国宪章的严重违反，是对中国内政的粗暴干涉”。“越南民主共和国政府和人民完全支持中华人民共和国政府 1959 年 10 月 23 日的声明”，“认为所谓关于‘西藏问题’的决议是非法的和毫无价值的”。[①] 此前，4 月 3 日越南《人民报》曾发表题为《中国人民伟大的民族团结的胜利》的社论，支持中国在西藏平息暴乱和实行民主改革。10 月 23 日，越南《人民报》又发表评论，谴责联大通过所谓“西藏问题”的决议。

3. 支持中国在中印问题上的立场

为了缓和中国和印度在中印边境的紧张局势，中国于 1962 年 10 月 24 日发表声明，提出 3 项建议。为了实现这 3 项建议，进而和平解决中印边界问题，于同年 11 月 21 日，中国政府又发表声明提出如下措施：（1）从 1962 年 12 月 1 日起，中国边防部队在中印边界全线主动停火。（2）从 1962 年 12 月 1 日起，中国边防部队将从 1959 年 11 月 7 日存在于中印双方之间的实际控制线主动后撤 20 公里。（3）为了保证边境地区人民的正常往来和维持边境的秩序，中国将在实际控制线本国一侧设立一些检查站，并将这些检查站的位置通知印度政府。

对上述中国政府 11 月 21 日发表的声明，越南政府及越南保卫世界和平委员会、越中友协、越南妇联、青联等群众团体分别发表声明；越南《人民报》、《人民军队报》、《前锋报》和《新越华报》发表社论或评论；胡志明主席就中印边界问题致函中印两国领导人；越南范文同总理就中印边界问题致函周恩来

① 越南《人民报》，1959 年 10 月 27 日。

总理，一致支持中国政府在中印边界问题的正义立场。越南政府1962年11月22日发表的声明说："越南人民和越南民主共和国政府欢迎中国的诚意，支持中国政府在1962年11月21日声明中所提供的各项措施。……希望印度政府对中华人民共和国政府为解决中印边界问题所作的努力作出积极的响应。"① 胡志明主席在致中印两国领导人的信中说："我谨代表越南人民对中国政府最近所作出的决定和正在中印边界实施的极其正确和适时的措施表示热烈的欢迎。这是中国人民对印度人民的传统友谊的光辉表现。这是反对殖民主义和帝国主义的一切黑暗阴谋、维护和巩固亚洲和非洲各国人民团结的愿望的真诚表现。""我认为中国政府最近为了通过和平方法解决中印边界问题所作的决定和正在实施的措施是最合理的。"② 1965年9月，越南《人民报》还就印度在中印边境对中国的侵犯和挑衅发表评论说："越南人民坚决支持中国保卫自己的领土完整的正义立场，要求印度必须放弃侵占中国领土的意图，必须把印度所劫去的中国边民交还给中国，并且退还印度劫去的牲畜；必须在整个中印边界上停止一切挑衅活动。"③

4. 支持恢复中华人民共和国在联合国的合法权利

1971年8月20日，中国外交部就中国在联合国合法权利问题发表声明，再次重申中华人民共和国对台湾拥有的主权，要求把蒋介石集团驱逐出联合国，并恢复中华人民共和国在联

① 越南《人民报》，1962年11月23日。
② 越南《人民报》，1962年11月26日。
③ 《人民日报》，1965年9月30日。

合国的一切合法权利。8月23日和24日，越南外交部发言人和越南南方共和外交部发言人先后发表声明，坚决支持中华人民共和国外交部20日发表的声明，越南南北两个声明中一致指出，“只有一个中国，这就是中华人民共和国。台湾是中国领土不可分割的一部分”。① 同年10月25日，联合国大会第26届会议压倒多数通过了阿尔巴尼亚、阿尔及利亚等23个国家提出的要求恢复中国在联合国的一切合法权利，并立即把蒋介石集团的代表从联合国及其所属一切机构中驱逐出去的提案。4天后，10月29日，越南总理范文同和越南南方共和临时革命政府主席黄晋发致电中国周恩来总理表示热烈祝贺。贺电指出：“中华人民共和国在联合国合法地位的恢复，是中国人民在各社会主义国家和世界进步人民的积极支持下，坚持不懈进行斗争的结果。”②

纵观中越的传统友谊，在古代，越南民族和中华民族本来就有着悠久的历史渊源关系。到了近代，随着西方帝国主义的入侵，中越两国面临共同的历史遭遇，两国人民共患难，同命运，在民主革命的潮流中，互相支持和帮助。俄国十月革命一声炮响，把马克思列宁主义传到东方，中国共产党和越南共产党于20世纪二三十年代先后诞生，两国的无产阶级革命者的关系更为密切，在一起进行革命活动，互相支持，互相鼓舞。到了现代，20世纪40年代，越南民主共和国和中华人民共和

① 《新越华报》，1971年8月24、26日。
② 越南《人民报》，1971年10月30日。

国相继成立。新中国的诞生使中越关系进入一个崭新的时代。1949 年 10 月至 1975 年的 20 多年里，越南经历过抗法战争后半期和抗美战争时期，中国全力支援越南的抗法和抗美战争。

中越的传统友谊是由如下历史背景而形成：一是中越两国有共同的遭遇和面临共同的历史使命。帝国主义东渐以后，中国沦为半封建半殖民地的社会，越南也沦为半封建和殖民地的社会，两国人民都负有反帝、反封的资产阶级民主革命的任务；二是中越两国的共产党在执政以前，两国革命者在长期的共同斗争中就已结下了极其深厚的战斗友谊。越南革命者曾为中国革命流血牺牲。越南抗法初期，中国旅越华侨曾组织武装，同越南人民一道抗击法国侵略者。这里要特别提到的是，越南人民的伟大领袖胡志明主席在 20 世纪 20 年代至 40 年代多次来到中国，并在相当长一段时间同中国革命者并肩战斗，为中国人民的解放事业作出了贡献。因而他对中国国情了解至深，又有深厚的中文功底，他酷爱中国旧诗艺术。曾用中文写了 100 首以上的诗篇，这些诗篇充溢着他感人的炽热的中国情，这一情怀使中越的传统友谊更深一层；三是中国大力援越抗法、抗美。中国解放后，尽管经济困难和担负艰巨的抗美援朝任务，仍然全力援助越南抗击法国的侵略，直到取得胜利。当时中国是唯一援越抗法的国家。越南北方解放以后，中国继续大力援助北越进行经济的恢复和发展。由于中越两国国情相近，中国经济援助的效果更为显著；四是越南在外交上、道义上给予中国多方面的支持和援助；五是，当时中国的安全受到美国的威胁，期间，美国在中国的东面和南面采取对中国围堵和经济封锁的政策。因此，当时中国支援越南抗美救国战争不仅是中国支持民族解放运动的一贯立场，而且具有反对共同敌人的性质，因而越南人民英勇抗击美国的入侵，也是对中国人民的支持和援助。

中越的传统友谊极其深厚，胡志明主席誉为“同志加兄弟”。这一传统友谊是两国老一辈革命家所精心培育，应该详实载于史册，并教育两国的青少年，从而加深和扩大当今中越的友好合作关系，使两国的传统友谊和友好合作一代一代传下去，更好地造福于两国和两国人民，造福于亚洲和世界的和平与发展事业。

第二章 正常化初期的中越关系

（1991年末—1995年）

中越关系曾经历过一段关系不正常的年月（1978—1991年）。随着冷战结束，柬埔寨问题的解决，国际形势发生了重大变化，世界格局向多极化发展，国际上各种力量进行新的分化和组合，和平与发展成为当代的主题。中越两国领导人审时度势，顺应潮流，从两国人民的利益出发，实现了两国关系正常化，开辟了中越关系发展的新时期。

1990年秋，中越两国领导人在中国成都市举行秘密会晤，双方就柬埔寨问题的政治解决和恢复两国关系正常化问题交换了意见并取得了共识。在柬埔寨问题政治解决连续取得重大进展的同时，实现中越关系正常化的进程也加快了。越共“七大”刚闭幕，越南就派副外长阮怡年、外长阮孟琴相继访华，同中国副外长徐敦信、外长钱其琛就越南领导人访华问题进行磋商，并取得一致。在准备工作就绪以后，应中共中央总书记江泽民和中华人民共和国国务院总理李鹏的邀请，越共中央总书记杜梅和越南社会主义共和国部长会议主席武文杰率领越南高级代表团于1991年11月5日至10日对中华人民共和国进行正式友好访问，中越两国领导人举行高级会谈，10月10日发表联合公报，双方宣布，这次中越高级会晤标志着中越两国和两党关系已实现正常化。

一、中越政治关系

中越关系正常化，标志着两国在新的历史条件下实现中越两国关系的定位。这是中越关系向稳定发展的新起点。

（一）两国领导人密切互访

1991年11月至1995年7月，中越两国最高领导人进行了5次互访，双方就双边关系等问题交换了意见，发表了三个联合公报。中越领导人保持定期互访，经常就双边关系问题和重大国际问题交换看法，并达成广泛共识，为中越关系的新发展指明了方向。

1. 第一次高级会晤

1991年11月5日至10日，应中共中央总书记江泽民和中华人民共和国国务院总理李鹏的邀请，越共中央总书记杜梅和越南社会主义共和国部长会议主席武文杰率领越南高级代表团正式访问中国。越南两位党和国家领导人同时访问一个国家在世界上是少有的，可见此次访问非同一般。访问期间，杜梅总书记和武文杰主席同江泽民总书记和李鹏总理举行高级会谈，中国国家主席杨尚昆会见了杜梅和武文杰。中越两国领导人在友好坦诚的气氛中就中越两国关系正常化和共同关心的问题深入地交换意见，并达成一致。会谈结束时，两国政府签署了《贸易协定》和《关于处理边境事务的临时协定》，11 月 10 日发表了中越联合公报。这一次高级会谈在如下问题上取得共识：

（1）中越关系发展的基本原则。中越两国是山水相连的邻邦，在政治、经济、文化以及风俗习惯上都有密切联系，两个民族有着久远的渊源关系，在漫长的历史进程中形成了悠久的传统友谊。在争取国家独立、民族解放的革命斗争中，两国人民相互同情，相互支持，相互帮助，结成了深厚的友谊。新中国和新越南成立后，在 20 多年的时间里，中越两国人民在反对西方列强侵略和社会主义建设事业中，相互学习，相互援助，互相促进，建立了友好合作的关系。但此前的十几年里，两国关系曾出现曲折的经历，呈现出不正常状态，恢复中越友好关系是两国人民的共同愿望，也是中越两国领导人的共同责任。双方希望通过这次党和国家最高领导人的会晤，结束两国之间的不正常状态，实现关系正常化，恢复两国老一代革命家培育的中越友谊。这是两国领导人的共同心愿。在这次具有重大意义的会谈中，双方真诚地交换了看法，对中越关系正常化后两国关系发展的原则取得了重要共识。这些重要共识从大的方面来归纳有以下几个方面：

第一，“结束过去、开辟未来”。江泽民总书记在会谈中指出：“在两国关系经历一段曲折之后，中越两国领导人今天坐在一起举行高级会晤，具有重要意义。这是一次结束过去、开辟未来的会晤。它标志着两国关系的正常化，它必将对两国关系的发展产生深远的影响。”① 双方认为，中越关系不愉快的事情已成为过去，双方表示都要向前看，携手合作，共创两国关系美好的未来。

第二，两国两党关系发展的原则。关于国家之间的关系，《联合公报》指出：“中越两国将在互相尊重主权和领土完整、互不侵犯、互不干涉内政、平等互利、和平共处各项原则基础上发展睦邻友好关系。”两国领导人认为：“中越两国处于对抗状态是不正常的，但回到过去五六十年代的那种状况也不现实。”② 由此可见，在新的历史条件下，中越两国关系的基础是和平共处五项原则。也就是说，在国家和民族存在的条件下，正确处理国家与国家之间的关系，是关系到各国革命和建设乃至世界和平的大问题。长期以来，世界各国先后提出处理国与国之间的关系准则，其中，和平共处五项原则已得到国际社会广泛认同，作为当代处理国与国之间关系应该遵循的国际准

① 《人民日报》，1991 年 11 月 6 日。

② 《人民日报》，1991 年 11 月 6 日。

则。在这个原则指导下，到 1995 年中国已同世界上 150 多个国家建立了外交关系，与 200 多个国家及地区开展经贸、科技、文化交流与合作，同所有邻国和周边国家建立了睦友好关系，同绝大多数邻国解决了历史遗留问题。几十年的实践证明，“处理国与国之间的关系，和平共处五项原则是最好方式。其他方式如‘大家庭’方式，‘集团政治’方式，‘势力范围’方式都会带来矛盾，激化国际形势。总结国际关系的实践，最具有强大生命力的就是和平共处五项原则”。[①] 在国际关系中，遵守这五项原则，既有利于促进世界和平与稳定，也有利于各国共同发展。它不仅适用于社会制度不同的国家，也适用于社会制度相同的国家，理所当然也适用于中国和越南之间的关系。中越同属社会主义国家，在社会主义现代化建设和国际事务中有许多共同语言，但因为两国国情不同和不同时期国家利益的差异，所以中越两国将会不可避免地存在一些矛盾和分歧，在处理两国关系中所有问题都必须以和平共处五项原则为指导，中越睦邻友好关系就能够长期稳定地发展下去。关于中越两党之间的关系，《联合公报》指出：“随着两国关系的正常化，两党也将遵循独立自主、完全平等、互相尊重、互不干涉内部事务的原则恢复正常关系。”这就是说，自从国际共产主义运动产生以来，各国共产党在不同时期提出处理发展党与党之间关系的新原则，其中上述四项原则得到越来越多的赞赏，恪守这四项准则，有利于发挥各国党的积极性和创造性，有利

① 《邓小平文选》第 3 卷，人民出版社，1993 年版，第 96 页。

于各国党与党之间的团结与合作，在平等的基础上开展交往与交流，为各自国家的利益服务，最终为共产主义的共同事业作出贡献。

第三，关于一个中国的原则。众所周知，世界上只有一个中国，中华人民共和国政府是唯一合法政府，台湾是中国领土不可分割的一部分，这是中国政府和全体中国人民坚定不移的立场。因此，对台湾问题采取什么立场，是外国与中国建立外交关系的基本原则问题。《联合公报》指出："越南方面重申，越南承认中华人民共和国政府是代表全中国的唯一合法政府，台湾是中国领土不可分割的一部分。中国方面对越南方面的上述立场表示赞赏。中国方面重申，坚决反对与其建立外交关系的国家同台湾建立任何形式的官方关系，或进行任何具有官方性质的往来。中国方面对越南同台湾只进行非官方的经济贸易往来表示理解。"

第四，关于国际问题。在《联合公报》中，双方声明："中越关系正常化不针对第三国，不影响各自同其他国家业已存在的友好合作关系。"① 这就是说，中越关系正常化不以牺牲第三国为条件，不损害其他国家的利益，也不妨碍对方同其他国家的友好合作关系，更不是联合起来对付其他国家，而是睦邻友好，互助合作，共同发展，有利于维护本地区和世界和平。当今世界并不太平，霸权主义和强权政治始终是世界和平与发展的主要障碍，不断干扰国与国之间的正常关系，制造地

① 《人民日报》，1991年11月11日。

区冲突，有损世界和平与安宁。《联合公报》宣布："中越两国都不在本地区谋求任何形式的霸权，也反对任何谋求霸权的企图。双方主张用和平方式解决本地区各国之间存在的分歧和争端。"中国是维护世界和平稳定的坚定力量，中国不同任何国家或国家集团结盟，不参加任何军事集团。中国永远不称霸，不谋求霸权，不搞扩张。两国领导人对建立平等、公正的国际新秩序有一致的看法，即"国际新秩序应符合联合国宪章的宗旨和原则，应建立在和平共处五项原则基础上。各国的事务应由各国人民自己决定，国际间的事务应由各国商量解决，任何国家都不应把自己的意识形态、价值观念和发展模式强加于别国。"① 同时希望联合国在建立国际新秩序中发挥重要作用。

（2）双方提出发展关系的措施。经多次友好交谈，中越关系的发展方向已经确定。但正常化初期要使中越各个领域的关系发展起来要做大量工作，需要双方通力合作，密切配合，才有可能恢复和发展两国在各个领域的关系。经过商议，双方共同采取如下有效措施：

第一，开展经济合作。这是发展中越关系的重要组成部分。双方本着互惠互利的精神，不断扩大和发展两国经贸合作，使两国经济互相促进，共同发展，共同繁荣，为两国睦邻友好关系建立牢固的经济基础。为此，双方商订尽快贯彻落实两国贸易协定，恢复贸易关系。为便利双边的贸易往来，双方还"实行现汇贸易，双方在征收进出口商品关税及办理海关管理规章

① 《人民日报》，1991年11月11日。

手续方面将互相给予最惠国待遇”。[①] 正当边境贸易蓬勃开展之际，双方认真研究了共同管理好边境贸易问题，使边贸市场逐步规范化，以利两国边境地区的经济发展。

第二，两国、两党交流经验。双方认为，两国、两党在国家建设和经济改革等方面互相交流情况和经验是有益的。虽然冷战结束，但西方某些势力仍然不放弃冷战思维，推行霸权主义和强权政治，试图把西方的人权、民主等价值观强加给发展中国家，对社会主义国家推行“和平演变”战略。面对西方“和平演变”的威胁，中越两国同样受到来自这一外部的压力。在这种严峻的形势下，中国和越南均不能孤军作战，应携手并肩，互相支持，共同应对这种挑战。在物质文明和精神文明中互相学习，互相借鉴，使社会主义制度不断巩固。在经济全球化的今天，经济因素在国际关系中的影响和作用日益增强，世界绝大多数国家都把发展经济放在首位，争取经济较快发展，以利增强本国经济实力。中国和越南要想在当今以至未来国际关系中有立足之地就要加速发展经济，增强综合国力。要加快发展经济就要进行经济改革。中国自 20 世纪 70 年末以来，一直强调以经济建设为中心，不断深化经济改革，加速建立市场经济体制，促进经济发展。越南也在 80 年代中期宣布革新开放，把经济建设作为工作重心，开始进行经济体制革新。经过多年的探索，各自找到适合本国经济发展的道路，取得令人瞩目的成就。这是前人没有做过的事情，社会主义国家在改革道

① 《人民日报》，1991 年 11 月 8 日。

路上会碰到意想不到的困难和问题，需要深入研究寻找克服困难的办法，不断深化经济改革，为经济发展创造新动力。在改革过程中会出现千变万化的情况，如何因势利导，各自都有经验，应该互相交流。为了顺利推进经济改革，两党、两国应经常互访，互相交流情况和经验，这样做对双方的社会主义事业大有裨益。

第三，维护边境安宁。双方认为，两国政府签署的边境事务临时协定，对维护边界地区生产及其他活动作出了规定，为边界安宁提供了保障，双方应尽快组织落实，使中越边界成为和平友好的边界，鼓励双方边民恢复传统友好往来。双方还商定，在中越边界逐步开放 21 个对边境口岸，以利于边民开展边境贸易和探亲访友。

第四，边界领土问题通过谈判解决。经过会谈，双方同意，两国间存在的边界等领土问题将通过谈判和平解决，这是中越两国解决边界领土分歧的前提。中越两国存在边界领土分歧主要有：陆地边界、北部湾划分和海上岛屿归属问题。对这些分歧，双方表示要着眼于维护两国和平稳定的大局，以友好协商、和平谈判方式解决，有的分歧一时解决不了，暂时搁置起来，等将来有条件再继续谈判逐步解决，不因存在分歧而影响双边关系的正常发展。

中越关系正常化的实现具有重大意义：

第一，符合时代潮流。20 世纪 90 年代初，东欧六国发生剧烈变化，苏联解体。随着冷战结束，世界向多极化发展，国际形势趋向缓和，广大发展中国家的人民要求平等相待、友好相处的呼声日益高涨。要和平，谋发展，求稳定，促合作汇聚成当今时代的潮流。中越关系正常化的实现，正是符合这一时代的发展趋势。

第二，有利于坚持社会主义事业。东欧国家的剧变与苏联的解体，社会主义运动顷刻陷于低潮。苏联——这盏十月革命亮起的社会主义明灯，在世界风云变幻中熄灭了，这是一桩不幸事件，给社会主义运动带来重大损失。这一来，世界上社会主义国家所剩无几，现存为数不多的几个社会主义国家中，中越两国是较早建立社会主义制度的国家，有责任把社会主义旗帜更高地举起，让这面红旗继续在世界上飘扬。因此，中越两国关系的改善，有利于社会主义事业持之以恒，不断巩固和发展。

第三，体现中越两国和平的对外政策。为争取世界和平，为改革开放和社会主义现代化建设争取有利的国际环境，中国长期“坚持独立自主的和平外交政策，积极发展同一切国家的友好关系，特别是保持和发展同周边国家的睦邻友好关系，加强同第三世界国家团结和合作。在国际事务中，中国永远不谋求霸权，坚持反对任何形式的霸权主义和强权政治，反对使用武力和以武力相威胁，主张通过和平协商解决国际争端，维护世界和平”。中国“要同世界各国一道，为在和平共处五项原则基础上建立国际政治和经济新秩序，做出积极的贡献”。[①] 中国

① 《江泽民在庆祝中国共产党成立70周年大会上的讲话》，《人民日报》1991年7月2日。

周边邻国和周边地区国家有 20 多个，加强同周边国家的睦邻友好关系是中国对外政策的重要方面，也是中国一贯奉行的政策。中国致力保持和发展同周边国家的睦邻友好关系，当然包括中越睦邻友好关系。中越既是邻国，又同属社会主义国家，建立和发展彼此之间的睦邻友好关系是两国的共同需要。越共“六大”后越南对外政策促进越中改善关系。为了适应国际形势的变化，越共“六大”调整了内外政策。在对外政策方面，越南提出，为维护世界和平，扩大友好合作关系，为建设祖国和保卫祖国争取有利的国际条件。在对华政策上，在越共“六大”政治报告中谈到，“越南人民和中国人民有着悠久的友好关系”。“为了两国人民的利益，为了东南亚和世界和平，越南随时准备在任何时候、任何级别和任何地方同中国谈判，以便实现两国关系正常化。”[①] 在越共代表大会上如此阐述，反映越南希望同中国改善关系的迫切心情。此外，越南还提出要“发展同印尼和东盟各国的友好合作关系”。这里表明越南注意睦邻政策，同周边国家友好相处。1986 年实施革新开放以来，越南更加深刻认识到稳定周边环境是进行经济革新的重要条件。为此，越共“七大”更加重视改善周边环境，明确提出“促进同中国关系正常化进程，逐步扩大越中合作，通过谈判解决两国间存在的问题”，加强与东南亚国家友好合作，并宣布，“为了和平、独立和发展，越南希望成为国际社会所有国家的朋友”。越共总书记杜梅在越共七届三中全会上表示：“在尊重独立主权、领土完

① 越南《人民报》，1986 年 12 月 16 日。

整、互不干涉内政、平等互利、保卫和发展经济、维护和发展民族文化的传统与美好本色的基础上，从政治、经济、文化和科技方面，以及在党、国家、人民团体和非政府组织方面，扩大对外关系，使之多样化和多方化。”① 这就是越南首次提出“开放化、多样化、全方位”的对外政策。越南主张在和平共处五项原则基础上同世界各国发展互利合作关系，从而融入国际社会。(4) 符合两国人民加快经济发展的迫切要求。中越都属发展中国家，两国人民历史上曾有过相似的遭遇，经济落后，生活水平低。今天都面临发展经济、建设现代化和改善人民生活的任务，现在和将来都要集中力量发展经济，以不断提高人民的生活水准。而发展经济要有和平的国际环境，特别是周边和平环境。因此，中越恢复友好合作关系，符合两国人民安居乐业，振兴经济的迫切愿望。(5) 有利于地区的和平、稳定及发展。中国与东南亚各国相邻，越南在东南亚地区是一个有影响的国家。显然，中越关系的正常化对东南亚乃至亚洲的和平、稳定与发展有着重要意义。

这次两国领导人高级会晤是历史性会晤，确定中越新型的睦邻友好关系。这是一项双赢互利的选择，符合两国人民的根本利益。尽管双方存在着亟待解决的分歧，但彼此都不希望扩大分歧引发争端。事实证明，随着双方交往增多，相互了解、信任程度日益增加，分歧问题也随之逐渐减少，中越关系则越来越好，并朝着长期稳定的方向发展。

---

① 新华社河内1992年7月9日电。

2. 第二次高级会晤

1992 年 11 月 30 日至 12 月 4 日，中华人民共和国国务院总理李鹏应越南社会主义共和国政府总理武文杰的邀请，对越南社会主义共和国进行为期 5 天的正式友好访问。这是中国已故周恩来总理 1972 年访问越南以来，中国总理首次访问越南，也是对 1991 年 11 月越南高级代表团访问中国的回访，这是中越关系正常化后，中越两国领导人第二次高级会晤。这次会晤同样受到国际舆论的广泛关注。访问期间，李鹏总理与武文杰总理举行了会谈，越共中央总书记杜梅、国家主席黎德英分别会见了李鹏，李鹏会见了越共中央顾问阮文灵、范文同；李鹏还参观了胡志明故居、河内三·八纺织厂、郊区多逊乡农业合作社和中国在河内举办的贸易展览会。两国政府签署了《投资保护协定》、《经济技术合作协定》、《科学技术合作协定》和《文化协定》，12 月 4 日发表了中越联合公报。

中越关系正常化一年后，在双方共同努力下，中越关系在各个领域都得到恢复和发展，总的情况是好的，但双方在尚待解决的分歧问题上也出现了某些争执。这些争执包括在南沙某些岛屿修建码头、外国公司在南沙勘探石油、在北部湾进行科学考察以及陆地边界问题等。李鹏总理是在中越两国的经贸和文化关系恢复和发展的同时又存在上述分歧的背景下对越南进行访问的。两国领导人在会谈中，本着积极开辟未来的精神，为进一步巩固和加强两国的友好合作关系达成如下共识：

（1）采取有效措施，加强双边经贸方面的合作。在中越关系正常化后的一年里，两国在经贸、科技和文化等各个领域的交流与合作逐步得到恢复和发展。同时中越两国都重视经济建设，实行改革开放，双方在经济上有互补性，加上其他有利条件，经贸合作的前景甚为广阔。双方根据平等互利原则，最大限度地利用地缘关系和经济互补的优势，积极寻找有合作前景的领域开展合作，为此，两国领导人强调，双方要采取有效措施，使这次签署的四项协定及此前签订的贸易、处理两国边境事务、经济合作、互免签证、国境铁路、海运、邮电、航空等八项协定得到全面落实。以便促进两国在各个领域进行稳定和有效的合作。在经贸合作方面，双方采取的措施有：第一，两国政府发动各自经贸部门积极探讨合作形式，为公司、企业提供咨询服务，促进两国经贸关系发展。第二，两国贸易促进会定期或不定期到对方国家举办大型贸易博览会，介绍各自的产品，以利推动双方经贸技术合作。第三，相互开放市场，双方对对方商品实行开放政策，为今后两国贸易合作注入新的活力。第四，鼓励双方企业加强来往，开展多层次、多形式和多途径的经贸合作。第五，双方密切配合打击走私活动。保护正当的贸易往来，推动贸易健康发展。这些措施对此后双方的经贸合作起着有力的推动作用。

（2）双方为解决边界领土问题的原则达成谅解。对解决分歧问题，这次两国高级会晤强调，要遵循 1991 年 11 月两国高级会谈达成的协议，通过谈判和平解决两国间存在的边界领土争议问题。在此基础上，双方进一步深入探讨，并认为“中国和越南之间的共同点多于分歧点”。为了弥合分歧点，双方就分歧问题坦诚地交换意见，阐述各自对领土争议的立场，认为很快解决这些分歧有一定困难，因此双方同意首先就解决这些问题的原则达成谅解。这些原则谅解有：第一，对陆地划界问题，双方同意本着互谅互让的精神加以解决。北部湾是中国和越南共有的海湾，双方同意进行划界谈判，在划界问题解决之前，双方都不得进入争议地区进行开发活动。至于海上有关问题，双方愿意作出努力，寻求某种彼此都能接受的临时解决办法。第二，对一些难度较大的问题如群岛归属问题，中方提出了搁置争议，共同开发的主张。双方同意根据联合国宪章和国际法准则通过和平谈判方式解决。在谈判解决之前，双方都采取克制态度，不采取使争端复杂化的行动，不采用激化矛盾的措施。双方都表示不因存在争议而影响中越关系在其他各领域的正常发展。由于有些问题很复杂，因此双方表示不能着急，要有耐心，同时双方同意以积极的态度，加快谈判进程。第三，在继续进行专家级谈判的同时，尽早开始政府级谈判，以利于逐步解决有可能解决的争议问题。

（3）两国领导人对东南亚形势的基本看法和中国对东南亚的一贯政策。双方认为，进入 90 年代以来，被冷战时期掩盖的各种矛盾陆续浮现，世界很不平静，经济竞争日趋激化。但亚太地区相对稳定，经济保持着增长的势头，尤其是东南亚各国经济始终保持着较快的发展速度，充满着活力和希望。保持本地区的和平、稳定，加强各国的经济合作，符合本地区各国人民的根本利益。李鹏总理重申，中国作为发展中国家，一贯奉行独立自主和平外交政策，愿在和平共处五项原则基础上，同世界所有国家发展友好合作关系，特别是同周边国家发展睦邻友好合作关系。“中国永远不称霸，永远不搞扩张，同时反对霸权主义和强权政治。”“中国有限的国防力量完全是防卫性的，我们绝不会去威胁任何国家，也不会去填补什么‘真空’。”上述共识和中国的立场，使中越相互了解增加了，误解减少了。有利于促进两国边界领土争端的谈判进程和问题的解决，同时有利于地区的和平与稳定。

李鹏总理此次访越时间虽短，但意义重大。通过中越领导人直接对话，双方的分歧不是扩大了，而是缩小了，两国关系前进了，而不是后退了。对此，当年 11 月 30 日，越南《人民报》社论指出：李鹏总理对越南正式友好访问，“标志越中友好合作关系新的发展”，为睦邻友好关系开辟了新天地。12 月 5 日，越南《人民报》评论谈到，李鹏总理访问的成功“为越中友好合作关系创造了新的转折点”。为两国“结束过去、开辟未来”作出新的贡献。

3. 第三次高级会晤

1993 年 11 月 9 日至 15 日，应中华人民共和国主席江泽民的邀请，越南社会主义共和国主席黎德英对中国进行为期一周的正式友好访问。黎德英这次访华是 1955 年以来，越南国家主席首次访华，也是 1991 年 11 月中越关系正常化后，两国领导人的第三次高级会晤。越南领导人这次访华是在中越两国的友好合作关系发展迅速和边界问题谈判获得进展的情况下进行的。访问期间，黎德英主席同江泽民主席举行了会谈，中国总理李鹏和人大委员长乔石分别与黎德英会见和会谈。两国领导人就两国关系和国际及地区形势问题广泛地交换了意见，从大的方面来看，可以说这次会晤在两个问题上取得了共识。

(1) 肯定中越两国的友好合作关系的良好发展和边界谈判的进展。表现之一是：两国政府及其业务部门签署的 14 个协定已经或正在落实，两国在政治、经济、科技和文化等各个领域的友好合作正在扩大。表现之二是：此前不久（1993 年 10 月）正式签署的《关于解决边界领土问题的基本原则协定》是一个良好的开端，具有积极意义，为此后通过谈判公平合理地解决两国存在的边界问题提供了条件，奠定了基础，对维护两国友好大局，不断巩固和发展睦邻友好关系具有重要作用，这些成绩的取得是双方共同努力的结果。

(2) 重申要把两国经贸合作更快地促上去。在会谈中，江泽民主席针对两国经贸关系中还没有充分发挥潜力，而且有一些需要解决的问题提出新建议：第一，相互开放市场，注意发挥大公司大企业的主渠道作用，努力发展大宗贸易；第二，共同加强边境管理，整顿边贸秩序，打击走私活动；第三，广开渠道，采取灵活多样的贸易方式；第四，增辟通商口岸；第五，鼓励和支持双方企业开展多种形式的经济技术合作。对此，黎德英表示赞同。这五点共识，已成为此后推动两国经贸关系进一步发展的动力。

4. 第四次高级会晤

1994 年 2 月 21 日至 3 月 1 日，应中国全国人大常务委员会的邀请，越南国会主席农德孟率领越南国会代表团对中国进行为期 10 天的正式友好访问。这是中越关系正常化后，越南国会代表团第一次来华访问，也是中越两国领导人第四次高级会晤。访问期间，乔石委员长和江泽民主席分别与农德孟国会主席进行了会见和会谈，越南国会代表团与中国全国人大代表团就两国议会合作与交流进行磋商，双方对进一步巩固和发展两国睦邻友好与互利合作关系取得了一致看法。

中越双方在会谈中，互相介绍了各自国家的经济建设和改革开放以及法制建设的情况，双方表示，两国应互相学习，互相借鉴，互相交流经验，相得益彰，加强合作，把各自国家的现代化建设搞得更好。访问取得了丰硕的成果，正如农德孟所说，这次访问不仅能增进越中两国人民的了解和友谊，开辟了越南国会和中国全国人大之间友好合作新阶段，而且能够更多地了解中国改革开放的经验，促进两国在各个领域的合作。

5. 第五次高级会晤

1994 年 11 月 19 日至 22 日，应越共中央总书记杜梅和越南社会主义共和国主席黎德英的邀请，中共中央总书记、中华人民共和国主席江泽民对越南进行为期 4 天的正式友好访问。这是中国共产党最高领导人第一次访问越南，是继国家主席刘少奇 1963 年访问越南以来中国国家主席对越南的首次访问，也是自 1991 年中越实现正常化后两国领导人第五次高级会晤，越方很重视。访问期间，江泽民同杜梅、黎德英举行会谈，江泽民还分别会见了越南政府总理武文杰、越共中央顾问阮文灵、范文同以及越南其他领导人。会谈结束时，双方签署了《关于成立经济贸易合作委员会协定》、《汽车运输协定》和《关于保证进出口商品质量和相互认证协定》，11月22日发表了中越联合公报。

中越关系正常化三年后，双方在经济文化方面的关系不断发展的同时，在海上问题和北部湾捕鱼问题上发生一些争执和摩擦。江泽民总书记是在这样背景下，怀着解决问题、进一步发展两国关系的愿望而访越的。在会谈和会见中，双方在双边关系尤其是海上问题和双方感兴趣的其他问题上广泛深入地交换了意见。双方就解决一些分歧的原则和其他合作问题达成如下共识：

（1）希望两国关系在新的历史条件下有新发展。在中越关系正常化后三年里，两国在政治、经济、科技和文化等各个领域的交流与合作得到了全面的恢复和发展。事实说明，中越两国领导人高级会晤为中越关系的顺利发展指明了方向。为使中越睦邻友好关系在新的历史条件下保持新的发展，与时俱进，两党领导人重申各自国家对中越关系的政策。江泽民指出，巩固和发展同越南友好关系是中国党和政府坚定不移的政策，“中越两国完全应该和可以互相尊重，真诚相待、求同存异、共同发展老一代领导人缔造的友好关系”。杜梅表示赞同说，不断发展与中国的传统友好关系是越南的长远政策。这一共识和政策，表达了两国领导人对发展双边关系的共同愿望。双方还表示面向21世纪，中越两国应建立长期稳定的睦邻友好关系。

（2）在新的形势下，继续加强两国经贸合作。双方商定采取有力措施，使1991年以来两国历次高级会晤所达成的共识和已签署的有关贸易及经济技术合作协定得到全面实施，扩大合作范围，尽快提高双边贸易额和双向投资额，以加深两国的经济关系。

（3）从维护中越友好大局出发，协商解决陆地边界及北部湾划界问题和海上问题的原则。中越两国有许多共同利益，中越友好是两国人民的共同愿望，双方应坚持经过耐心协商，寻求妥善解决存在问题的办法。两国关系正常化后的三年里，双方不仅推动两国在各个方面关系的发展，而且，还积极认真处理存在的分歧问题，使之一步一步地朝着解决的方向发展。第一次高级会晤（1991年）产生第一个联合公报，双方同意通过谈判和平解决边界领土争议问题，并签署了处理边界事务临时协定，它是中越“结束过去、开辟未来”的开始。随即两国在贸易、文化等方面开展交流与合作。一年后，第二次高级会晤（1992年）重申，遵循前一年联合公报达成的协议，双方就解决彼此分歧问题达成原则谅解，使两国解决遗留问题前进了一步。此后，中越关系发展迅速，迫切需要政府部门因势利导，于是1993年10月两国签署解决边界领土问题的“基本原则协议”，同年11月越南国家主席访华实现第三次高级会晤，两国领导人充分肯定“基本原则协议”的重要意义，要求双方有关部门立即组织实施。1994年初，双方同意1991年的处理边界事务临时协定再延期两年，以利维护边界安宁，为人民友好往来和解决边界争议创造和平环境。这次江泽民主席访越，经过会谈，双方强调，应根据中越签署的《关于解决两国边界领土问题的基本原则协议》，争取早日解决陆地边界和北部湾划界问题。与此同时，继续就海上问题进行谈判，以便寻求双方都可以接受的基本和长久的解决办法。双方还商定，在已有的陆地边界工作组和北部湾工作组的基础上，再成立海上问题工作组，为解决海上问题进行对话和磋商，使谈判逐步推进。在问题得到解决之前，双方都不采取使分歧复杂化和扩大化的行动，不诉诸武力或以武力相威胁。双方对新发生的分歧应及时磋商，以冷静及建设性的态度，求同存异，友好协商，妥善处理，不让分歧影响两国关系的正常发展。这是中越两国关于谈判解决海上问题的大原则。在这个原则指导下，此后双方在海上的摩擦明显减少，问题的解决朝着友好协商的阶段发展。

（4）中国欢迎越南与东盟关系的新发展。这是中国在1994年11月的中越联合公报中明确表示对越南与东盟关系的态度。东盟作为一个区域性组织，自1967年成立以来，政治和经济影响不断增强，已成为亚太地区和国际舞台上一支重要力量。为了在地区和国际事务中发挥更大作用，东盟计划将该组织扩大到整个东南亚。可是冷战时期，苏美对抗，东盟扩大的目标难以实现。进入90年代，随着冷战结束和柬埔寨问题的解决，东盟与印支国家之间的对立消失，为东盟扩大开辟了道路。东盟利用地缘关系，率先提出把印支战场变成市场的口号，通过扩大组织把经济合作延伸到印支地区。东盟认为，越南是印支地区较大较强的国家，首先考虑将越南纳入东盟的经济发展轨道，利用越南市场、资源和劳力扩大和发展经济。当时，越南刚摆脱战争的困扰，急于发展经济。东盟经济繁荣对越南有强大的吸引力，越南想借助东盟的资金、技术和管理经验加速自身的经济发展，同时提高越南的国际地位。1991 年 10 月，越南官员开始访问东盟各国，磋商印支与东盟改善关系。1992 年 7 月越南成为东盟观察员。此后越南与东盟经常接触，双方关系日益密切。越南与东盟关系的发展有利于越南和区域的经济发展，有利于亚太地区和平与稳定，符合世界多极化趋势的潮流。

这次江泽民主席访问越南是中越友好关系史上的一件大事，是中越关系发展道路上的里程碑。访问达到如下目的：扩大了中越在各个领域的合作范围；在解决双方存在的分歧方面有实际进展，把正常化以后中越关系推向一个新的发展阶段。事实证明，这次高级会晤为中越两国的友好合作谱写了新的篇章。

（二）两国的友好交往频繁

中越两国领导人互访对推动两国睦邻友好关系的发展有不可替代的作用，每次高级会晤都促进双边关系的发展，而两国较高级别人士的交往对落实两国领导人高级会晤所达成的共识和协议也是非常重要的。从1992年至1995年7月，仅两国较高级别代表团互访就有42个，其中越方到中国访问的代表团有27个，中方到越南访问的代表团有15个。现将部分情况简述如下：

（1）中越两党的互访。1992年至1995年7月，越南方面应邀率团到中国访问的有：越共政治局委员、中央组织部部长黎福寿率领代表团访问中国，这是中越关系正常化后越共派出第一个党的代表团访问，标志着中越两党已完全恢复正常往来。来华访问的还有：越南共产党中央委员会顾问阮文灵，越共政治局委员、书记处书记阮德平，越共政治局委员、河内市委书记范世阅，越共政治局委员、书记处书记红河，越共中央检查委员会主任杜光胜，越共中央科教部部长阮庭肆。中国方面应邀率团到越南访问的有：中共中联部对外办公室主任傅嘉平、中共中央纪律检查委员会副书记侯宗宾、中共中联部部长李淑静，中共中央政治局委员、书记处书记丁关根。

中越两党有长期交往的历史，有着相互支持、相互学习的传统。两党都珍惜中越两国人民的传统友谊和重视发展两国睦邻友好关系。自两党实现关系正常化以来，两党遵循党际关系四项准则开展了正常交往与交流。两党经常相互沟通情况，交流经验，促进了两党两国关系的发展，有利于两党自身建设和社会主义制度的巩固，为共同的事业作贡献。

（2）两国政府部门的互访。1992年至1995年7月，中国方面应邀率团到越南访问的有：中国国务委员兼外交部长钱其琛赴越访问，这是中越关系正常化后，中国派出访问越南的第一个政府代表团，也是中越两国外交部长首次会晤，标志着中越两国完全恢复外交关系，表示中越两国走向友好合作新阶段。还有中国外交部副部长徐敦信、中国外交部副部长唐家璇两次率团访问越南、中国国家旅游局局长刘毅、中国水利部部长钮茂生。越南方面应邀率团到中国访问的有：越南交通运输邮电部部长裴名流、越南原部长会议副主席武元甲及夫人、越南外交部副部长武宽、越南政府副总理潘文凯、越南外交部长阮孟琴。

中越两国政府机关官员互访是落实两国领导人高级会晤所达成的共识和各项协议，将中越关系发展指导原则付诸实施，逐步推动两国在各个领域合作关系得到切实的恢复和发展。通过互访，增进相互了解和相互信任，有利于加强全面合作，密切配合，共同致力促进中越友好合作关系朝着健康稳定的方向发展，为发展两国人民的友谊起到积极的推动作用。

（3）军事部门的互访。1992 年至 1995 年 7 月，越南方面应邀率团到中国访问的有：越共政治局委员、越南国防部长段奎大将率领越南军事代表团，这是中越关系正常化后，越南派出第一个军事代表团来华访问。还有越南老战士协会主席陈文光上将，越南人民军总参谋长陶庭练上将，越共政治局委员、越南人民军总政治部主任黎可漂上将。中国方面应邀率团到越南访问的有：中国国务委员兼国防部长迟浩田上将、中国人民解放军总政治部主任于永波上将。

在中越关系正常化后，中越两国军队恢复友好交往，交流经验，互相学习，互相借鉴，有利于各自的军队建设。中越两国军队接触交流，不仅增进两国军队友好关系，团结互助，而且有利于巩固和发展两国睦邻友好关系，也有利于维护本地区和世界的和平与稳定。

（4）两国人大、政协和其他部门的互访。1992 年至 1995 年 7 月，越南方面应邀率团到中国访问的有：越南国会卫生和社会委员会主席阮氏亲，越南最高人民法院院长范兴，越南祖国阵线副主席兼秘书长范文秸，越共中央委员、越南马列主义和胡志明思想研究院院长邓春琦，越南胡志明国家政治学院院长陈玉轩，越南国会外委会主任黄碧山。中国方面应邀率团到越南访问的有：中国《人民日报》副总编辑武春河，中国全国人民代表大会常务委员会副委员长王汉斌。

加强两国人大、政协、社科和新闻等部门之间的接触与交往具有重要意义。这些部门之间建立密切关系，友好交流，有助于双方增进更广泛的相互了解。加深友谊，扩大合作，有利于推动两国和两国人民之间的友好关系进一步巩固和发展。

通过中越两国较高级别人士的友好交往，相互沟通，增进了了解，发展了友谊，扩大了合作。1992 年 4 月 1 日，中越陆地边界最大口岸友谊关正式恢复开关。这象征着中越两国完全步入由非正常转到正常化的良性运行轨道。同年 6 月 28 日，北京至河内国际航线开通。1993 年 5 月，中国驻越南胡志明市总领事馆正式开馆，越南在中国广州市总领事馆也相应恢复。同年 6 月 4 日开始，中国方面在广西段中越边境展开排雷活动，为双方边境地区人民生产生活营造和平环境。中越两国边界问题专家级谈判小组从 1992 年 10 月 12 日开始工作以来，已进行了多次会谈，仅中越陆地边界工作组到 1995 年 5 月止已进行了第 5 轮谈判，并取得了积极进展，为解决两国边界领土问题创造了条件。1995 年 1 月 18 日，是中越建交 45 周年，中越总理和外长互致贺电，以示友好。同年 2 月 3 日，是越南共产党成立 65 周年，中共中央向越共中央发贺电，祝贺越南共产党成立 65 周年。北京与河内、上海与胡志明市结为友好城市，两国一些相应的省建立了合作关系。在国际事务中，中国和越南协调一致，双方合作日益加强和密切配合，共同维护地区与世界的和平和稳定。

二、中越经济关系

中越两国政府都十分重视双边经贸合作，从 1991 年 11 月至 1995 年 5 月，两国政府签定了 16 个有关经贸合作和与经贸合作相关的协定，这些协定为双方发展合作、互利、双赢、共荣的经济关系提供了法律依据。

(一) 关于双边贸易

中越贸易合作包括边境贸易和国家贸易。中越关系正常化初期，中越贸易往来始于边境贸易，并以边境贸易带动国家贸易发展，边贸、国贸同时开展，国贸日渐凸显。一是边贸先行，形势喜人。20世纪80年代后期，中越边境紧张局势有所缓和，双方边民为了恢复互市传统，自发地在中越边境中方一侧较为安全的地段开办“草皮街”。当时这种交易有利于边境地区人民的生产、生活，于是一传十，十传百，前来参加交易的双方边民与日俱增，交易量逐渐增多，但数额有限。中越关系正常化后，越南为了克服经济困难，缓解国内物资短缺，改善人民生活；中国为推进改革开放事业，促进边境地区经济发展。中国把在中越边境一线的“草皮街”从偏僻山脚下逐步转到传统口岸，使之成为较固定的边境贸易点。越南也相应在边境一带开辟贸易点。中国与越南接壤的边境地区，经常开展边贸的地段，从东到西有广西的北海、钦州、防城港、南宁、百色5地市9县（市），云南省的文山、红河、思茅3州5县；越南与中国相邻的广宁、谅山、高平、河江、老街、莱州6省31县。在两国共同边界线上有5个国家级口岸（中国的东兴、凭祥、友谊关、水口、河口与越南对应的芒街、同登、友谊关、驮隆、老街）和10个省级口岸。这些传统口岸和传统互市点都成为两国边民开展交易的边贸点。由于两国政府重视，陆续作出有关规定，派出人员加强对边贸市场的管理，促进边贸步入规范化经营轨道，交易兴隆，日益兴旺。中越边境贸易的重点是广西段，据统计，广西与越南边贸额，1991年为18.9亿人民币，1992年为26亿人民币，1993年为26.03亿人民币，1994年为26.4亿人民币，1995 年为 26.5 亿人民币。发展边贸对促进中越边境地区的经济建设，增加人民收入，提高生活水平，当地政府增加财政收入都起到了积极作用。二是国贸跟上，发展迅速。从 1991 年底恢复中越两国贸易合作以来，双边贸易从小到大，逐步发展，保持增长的势头，年年创新高。特别是 1993 年越南国家主席黎德英应邀访华，中国国家主席江泽民同黎德英主席就两国经贸合作问题进行会谈所达成的五点共识，推动两国贸易合作更快发展。据越南海关统计的双边贸易额“1991 年为 0.377 亿美元，1992 年为 1.274 亿美元，1993 年为 2.213 亿美元，1994 年达 4.399 亿美元，1995 年增至 6.916 亿美元”。为了改变边境贸易额与国家贸易额的比重，两国政府在积极引导边贸朝着规范化方向发展的同时，大大加强发展国贸，促进边贸向国贸转化，取得了明显效果。在双边贸易往来中，国贸所占的比重逐年增大。大公司大企业的主渠道作用日益增强。在越南出口贸易中，1994 年中国是越南第三大出口国，1995 年为第四大出口国；在中越贸易合作中，1991 年至 1995 年占越南对外贸易额 6%～7%，中国成为越南第 6 大贸易伙伴，而越南成为中国第 29 位贸易伙伴。三是双方交换的商品多样化。中国向越南出口的商品有 200 多种，分五大类：（1）机械类：立窑水泥设备、制糖设备、纺织机械、农业机械、医疗器械、仪器仪表、运输工具；（2）建材类：钢材、玻璃、水泥、瓷砖、铝材、水管；（3）化工类：化工原料、燃料、染料、农药、医药、化肥、药材；（4）消费品类：电子产品、家用电器、成衣、纺织品、电子玩具；（5）食品类：面粉，白糖、成品油、水果、鲜鸡蛋。越南向中国出口的商品有100多种，分四大类：（1）原燃料类，包括煤、各种矿产品、药材、橡胶及其制品、废钢铁、藤条；（2）农产品类，有大米、豆类、木茹干片、腰果、香蕉、芒果、椰子；（3）水产品类，有鲜活鱼虾、冷冻水产品；（4）消费品类，有鞋类、肥皂、木制品、椰子油、棕榈油、洗发精。双方交易的商品都是两国人民急需的生活和生产资料。中越两国贸易合作有利于双方经济互通有无，调剂余缺，促进发展，共同繁荣。

（二）关于经济合作

在双边贸易发展的带动下，双方经济合作有一定进展。据统计，1991年至1995年，“中国有39家公司企业在越南设立办事处，经多次考察论证，中国已在越南投资的项目有：1991年有一个项目，1992年有9个项目，1994年有22个项目，注册资金2400万美元；1995年增至34个项目，注册资金6200万美元。在越南投资的51个国家和地区中，中国排第22位”。[①] 中国在越南投资项目大多数是小规模项目，“投资金额在100万美元以下的项目占60%”，[②] 大多数为联营项目；较大合资项目是中国电气进出口公司和越南胡志明市工业园区开发公司联营兴办的灵中出口加工区，投资总金额1400万美元，1994年12月

① 越南《中国研究》，1996年第3期，第37页。

② 《中国东南亚研究会通讯》，1998年第2期，第31页。

动工兴建。中国对越南投资领域主要是轻工业，如饮食酒店、立窑水泥厂、油毛毡和食品、饲料、香烟过滤嘴、矿泉水、饮料、卫生纸、木材等加工项目。投资期限较短，平均不到20年，多数项目是10年到15年，20年以上的项目不多。由于经济发展档次不同，这里讲的经济合作是中国单方面向越南投资，到1995年止越南尚未向中国投资。

（三）关于承包工程

伴随着贸易和投资合作的发展，中国利用本身较具优势的技术，主动参与越南日渐形成的工程承包招标市场。这方面合作最初在靠近中国边境省进行，然后向越南纵深地区发展。具有地理优势的广西企业首先参与工程承包业务。例如，1990年广西东兴边贸公司承包越南广宁省海宁县从芒街至万柱的柏油公路修建。东兴方面包工包料，越方用橡胶补偿。1991年至1995年中国在越南开展业务的公司主要有：广西、中建、路桥、哈尔滨等公司。实施大型承包项目有，越南河北氮肥厂技改项目、协福电厂项目。广西经济技术合作公司承包越南河北氮肥厂技改工程，项目总金额1750万元人民币。1995年哈尔滨电站工程公司承包越南协福电厂项目，安装3台机组，项目总金额为8711万美元，中方提供卖方信贷4.98亿元人民币，工程进展顺利。

（四）关于经济援助

1992年12月，李鹏总理访越期间，“中国向越南提供了

8000 万元人民币无息贷款”。[1] 1994 年 8 月 20 日两国政府换文确认，将这笔贷款用于以下项目：“河北氮肥厂、三·八纺织厂、金星橡胶厂、海防搪瓷厂、海阳陶瓷厂和越南北部 5 省 1 5 县小水电建设。”[2] 1994 年 9 月越南副总理潘文凯访华期间，中国宣布向越南提供 1.7 亿美元的优惠贷款，用于太原钢铁厂的技改工程。[3]

（五）关于旅游合作

1994 年月 8 日，中越两国签订旅游合作协定，为促进两国旅游业的发展，加强两国旅游方面的合作提供了法律保护。该协定为双方在互相尊重和平等互利基础上开展长期合作发展旅游业创造有利条件，支持两国旅游公司组织本国和第三国游客赴对方国家旅游，鼓励两国旅游企业建立和发展业务联系，积极开展旅游项目的合作与投资。几年来，中越旅游合作主要形式：一是边境旅游合作。1992 年 7 月开始，中越边境省旅游部门就开始组织中越边境旅游。例如，广西与越南开展凭祥至谅山一日游，东兴至芒街一日游，防城至鸿基三日游，南宁至河内四日游。中越边境旅游以对等交换为主，不动用外汇，并按

---

① 周雅育：《中越经贸关系发展前景》，《东南亚纵横》，1998 年第 4 期，第 4 页。

② 周雅育：《中越经贸关系发展前景》，《东南亚纵横》，1998 年第 4 期，第 4 页。

③ 越南《青年人报》，1994 年 9 月 29 日，转引自《越南经济的发展》，中国华侨出版社，1995 年 6 月版，第 228 页。

有关规定办妥出入境手续。据《广西日报》1999年11月5日报道，1993年至1998年，广西和越南边境旅游合作共接待旅客1279万人次，其中中国游客818万人次，越南游客461万人次。二是境内旅游合作。随着中越改革开放或革新开放促进各自国家经济发展，两国人民生活水平逐年提高，人们不同程度地富裕了，希望能到较远的地方旅游，曾到过边境旅游的旅客也要求到对方国家内地去游览，以便领略异国他乡的自然美景和民族风情。鉴于此，两国边境地区旅游部门为满足游客的求知欲望，在保持边境旅游合作发展的同时，1993年开始尝试内地旅游合作，组织少量游客到对方内地旅游。1994年有了旅游合作协定，两国旅游企业积极组织本国和第三国游客到对方国内旅游。据资料报道，中国大陆游客去越南旅游的人数越来越多，“1993年有17509人次，1994年为14381人次，1995年达62640人次。越南游客到中国旅游平均每年有20000人次以上”。[①]三是投资兴办旅游事业。根据旅游合作协定的精神，“中国向越南旅游景点、旅游饭店领域投资有7个项目，总金额为2800万美元。如加上中国香港特区共34个项目，投资总金额为4.529亿美元”。[②] 这是双方旅游合作新发展的良好开端，为今后更大合作打下基础。中越旅游合作不仅获得直接的经济效益，满足人民的精神文化需求，而且对第三产业的发展有促进作用。随着

① 越南《越中经济文化关系现状及前景》，中国社会科学出版社，2001年2月版，第252、253页。

② 越南《越中经济文化关系现状及前景》，中国社会科学出版社，2001年2月版，第246页。

国际旅游重心东移，旅游业已成为亚太地区新的经济产业，因此中越旅游合作有广阔前景。

（六）中越经贸合作存在主要问题

这阶段双方贸易不平衡，中方顺差较多，越方逆差较大；边贸有违章经营和走私现象；双方交换商品质量有待提高；相互投资少，规模小；多种形式经济合作没有充分发挥；在经营活动中缺乏仲裁机构，产生问题得不到及时处理。

（七）中国香港、台湾地区与越南的经济关系

1991 年到 1995 年，随着越南国内形势稳定和投资环境的改善，港、台商界人士纷纷进入越南经商，进行直接贸易和转口贸易，双边贸易发展相当快。据香港贸易署统计，香港与越南贸易额，1991 年达 5.51 亿美元，1992 年 1 月至 10 月达 9.57 亿美元（74 亿港元）。[①] 香港在越南的投资也在不断发展，截至 1994 年 10 月止，有 158 个项目，合同金额为 14.2 亿美元。[②] 台湾地区利用越南对外开放的机会，于 20 世纪 80 年代末，台湾地区经济界人士开始步入越南进行经贸活动，但到 90 年代初，台越双边经贸合作才发展起来，且发展速度很快，双边贸易额

① 赵和曼著：《越南经济的发展》，中国华侨出版社，1995 年 6 月版，第 217 页。

② 赵和曼著：《越南经济的发展》，中国华侨出版社，1995 年 6 月版，第 202 页。

逐年增加，1991 年为 2.3235 亿美元，1992 年为 4.0137 亿美元，1993 年为 6.5541 亿美元，1994 年为 9.6151 亿美元，1995 年为 12.8391 亿美元。①

三、中越文化关系

中越两国有上千年文化联系的历史，中越关系正常化后两国签署的文化协定，为中越两国文化交流的历史翻开新的一页，把两国悠久传统文化关系推向新的时期。

（一）关于文化交流与合作

1992 年，中国总理李鹏访越期间，中越两国政府签署了文化协定。在中越文化协定中规定，在平等原则基础上，鼓励交流。双方在文化、艺术、体育、新闻、广播电视、电影、书刊、文物等领域加强合作关系；在艺术表演、展览、出版文学作品、业务干部互访等方面开展交流。继文化协定之后，1993 年至 1995 年，中越两国政府又签订了“文化协定实施计划”。在这些文件精神指导下，中越两国文化合作与交流得到逐步推进。1. 文化管理部门代表团互访。1992 年至 1994 年，两国有 8 个代表团互访，其中，越方有 4 个代表团访问中国，中方也有 4 个代表团访问越南。1992 年 4 月，由文化部长陈环率领的越南文化

① “台湾关税总局”2002 年 6 月 4 日。

代表团对中国进行了友好访问，双方就两国文化交流计划进行商谈；同年4月，由副部长阮克连率领的越南新闻出版界代表团访问北京，双方交流新闻出版工作经验。1993年上半年，以才其青为团长的中国新闻出版界代表团访问越南，彼此交流情况，商量新闻出版合作事宜；同年10月，以潘光为团长的越南之声电台代表团访问中国中央广播电台，双方就两国广播部门的合作问题进行磋商；同年12月，越南文化通讯部副部长阮科恬、阮廷光访问中国，双方商量制作主题“胡志明主席与中国”的影片，中方同意协助越方制作该片。1994年2月，由对外联络局局长吴春德率领的中国文化代表团访问越南，双方就两国前段时间的文化合作情况进行总结，拟定下一步合作计划；同年11月，由文化部文物局副局长闫振堂率领的中国文化部代表团到越南访问，双方就文物保存问题交流经验。2. 文艺代表团互访。1992年2月越南艺术代表团应邀参加在昆明举办的第三届中国艺术节。这是中越文化关系中断13年之后，越南艺术团首次访问中国，到中国进行友好演出，受到中国观众的热烈欢迎。此后，越南的杂技团、轻音乐歌舞团、万春歌舞团、朔庄艺术团等先后来中国访问演出。中国方面有东方歌舞团、新疆艺术团、云南艺术团、山东艺术团、吉林艺术团到越南访问演出。中国和越南边境地区的县市经常举行文艺联欢会。如中国的东兴、凭祥、河口市的文艺团体与越南的芒街、谅山、老街市文工团每逢喜庆节日都举行文艺联欢会，活跃边境文化生活。3. 体育代表团互访。1994年11月15日，中越签订体育合作协议，加强两国在体育设施建设和体育器材生产方面的合作。根据协议精神，双方体育代表团已逐步开始交流，特别是足球队已交流多次。两国边境地区的中国东兴足球队与越方芒街足球队经常开展交流，活跃边境地区体育活动。近年来，越南还选派一些足球队、排球队、举重队、武术队等到中国集训，中国派教练员帮助越南训练，训练效果相当好。此外，中国还为越南完善训练场设施及建设运动场。如中国帮助越南河内体育场建立记分显示牌，中国健力宝集团为河内巴亭俱乐部建设一个具有国际标准的网球运动场和赠送一批体育器材，基本能够满足各年龄段运动员同时训练。4. 广播影视合作趋向活跃。中国中央电视台和越南电视台分别设有向本国观众介绍对方国家经济、科技成就的节目；从 1995 年初开给，越南电视台专设教中文的栏目，让更多越南人学习中文，以便与中国人交流；中国各种题材的影视片，如《唐明皇》、《渴望》、《情满珠江》、《一村之长》等等，在越南电视台和电影院播放，其中有部分影视片是中国驻越使馆免费提供的。中国电视台有时也播放越南影片，如《胡志明》和《胡主席与毛主席及其他中国领导人会晤》的影片，中越两国电视台在相互信任的基础上建立合作关系。越南之声、越南电视台及河内电视台与中国国际广播电台、中国中央电视台、上海电视台和广西电视台建立合作关系，每年双方定期互访，交流业务工作经验。

（二）关于教育合作

首先是两国教育部加强交往，1993 年 2 月，越南教育培训部部长陈红军率领越南教育代表团访问中国，中越两国教育部长就双方开展教育合作问题举行了会谈，对所谈问题达成一致，并签署了1993年教育合作“会谈纪要”。同年12月，由副部长（当时教委副主任）张天宝率领的中国教育代表团访问越南，为推动两国教育合作进一步发展，双方签订1994年至1996年教育合作“会谈纪要”。在“会谈纪要”中确定教育合作的内容包括代表团互访、交换教师、留学生，开展科研合作，组织学术活动，鼓励基层教育单位和学校直接合作等。二是交换留学生。根据两国教育部“会谈纪要”精神，从1993年开始，每年中国接收45名越南留学生（包括留学生、研究生、进修生）到中国各院校深造，并负责提供全部助学金；越南也每年接收5至10名中国留学生到越南语言文化大学学习，同样负责提供全部助学金。三是其他教育方面的合作。经两国协商一致，中国同意越南将中国有关历史、文学、科学、经济、商业等的各种书籍译成越文，向越南读者推荐，让越南人进一步接触中国文化，了解中国情况。1995年4月中国大百科全书出版社为纪念胡志明主席诞辰105周年，出版发行了《胡志明主席与中国》大型画册，画册内有470幅照片，生动形象地介绍了胡志明主席在半个世纪的革命活动中，与中国人民和中国领导人的亲密感情和深厚友谊，教育两国人民要珍惜中越传统友谊。

（三）关于科技合作

根据1992年中国李鹏总理访越期间中越两国签署的“科学

技术合作协定”的精神，中越两国科技部门已共同探讨合作程序：第一步，商议签订各种科技合作议定书。1993 年 4 月 6 日在北京签订第一个议定书，1995 年 12 月 12 日在河内签订第二个议定书。第二步，调查了解情况。两国领导人均重视科技领域的合作，相信通过两国科技部门共同努力，这方面的合作将会取得新的进展，为两国睦邻友好关系增添光彩。

四、中越关系正常化初期的特点

中越关系正常化初期发展的特点是：既有许多共同点，又存在一些遗留问题和分歧点。共同点是主要的，友好是大局，是主流。共同点是中越友好关系得以迅速发展的基础，这些共同点是：1. 毛泽东主席和胡志明主席精心培育的中越友谊是中越两国的共同财富，也是中越两国睦邻友好与互利合作关系的政治基础。2. 两国面临相同的任务：对内加快发展经济，搞好社会主义的现代化建设，尽快增强自身的经济实力，增加人民收入，提高人民生活水平，进一步巩固共产党领导的社会主义建设。3. 对外反对霸权主义和强权政治，同时面临西方“和平演变”的威胁。4. 双方都需要和平的周边环境，以利发展经济。5. 双方都致力于扩大改革开放的成果。中越两国都进行改革开放或革新开放，经过前一时期的探索，各自均找到了适合本国发展的路子，并已取得举世瞩目的成就，有了成功经验。双方皆珍惜来之不易的成果，需要相互学习与交流，不断丰富这些经验。充分利用当前有利时机，抓紧时间深化改革，不遗余力地发展和扩大改革成果，促进社会主义的发展。6. 两国都有维护本地区和平、稳定的共同责任。中越两国保持和平友好是维护本地区和平与稳定的重要因素，两国应为本地区和世界和平作出应有贡献。中越两国领导人每次会晤都强调这一点，并愿作出努力。

为了维护两国的共同利益，中越两国政府把发展中越关系作为各自的国策，并建立了高层领导人互访、外交磋商、政府沟通、专家谈判和经贸合作等各层次机制。事实证明，这样的多领域、多渠道、多形式、多层次、官民并举的对话局面，极为有利地推动了中越睦邻友好关系的巩固和发展。

毋庸讳言，中越之间也存在一些分歧，这是历史遗留下来的。中越关系正常化初期有时由于遗留问题而产生某些摩擦是不可避免的。但在两国领导人的努力下，每次出现分歧都得到妥善处理并朝着解决的方向发展。因而，这一阶段的中越关系的发展过程是：共同点不断在扩大，分歧点不断在缩小，中越两国的友好合作关系不断在加强，并朝稳定、深入的方向迈进。

第　三　章
越南加入东盟后的中越关系

（1995 年 7 月—1999 年）

一、关于越南加入东盟

越南于 1995 年 7 月加入东盟，一个社会主义国家加入一个意识形态截然不同的区域集团，这在冷战时期是不可想象的事。对此，当时国际舆论、中越两国的有关学者都较为关注，有的持积极的看法，认为这是好事。但有人则疑虑重重，认为此后越南将与东盟在某些问题上共同对付综合国力日益增强的中国；还有的认为，在政治上，社会主义越南将被东盟“同化”。越南加入东盟后的事实说明，越南加入东盟对越南国家和民族的利益，对地区的经济发展，对中越在新的条件下扩大友好合作关系，对推动中越在区域性国际机制的合作以及发展中国与东盟的关系都具有十分重要的意义。因此，在论述当代中越关系时，必然涉及越南加入东盟、越南同东盟的关系以及中国同东盟的关系问题。

（一）东盟的成立与组织

1. 东盟的成立

东盟的前身是马来西亚、泰国、菲律宾 3 国于 1961 年 7 月 31 日在泰国首都曼谷成立的东南亚联盟。1967 年 8 月 6～8 日，东南亚 5 国印度尼西亚、泰国、新加坡、菲律宾外长和马来西亚副总理在泰国首都曼谷举行会议，8 日，发表了《东南亚国家联盟宣言》（即《曼谷宣言》），正式宣布成立东南亚国家联盟，取代 1961 年成立的东南亚联盟，简称“东盟”，英文为 Association of Southeast Asian Nations，缩写为 ASEAN。

东盟成立后经过了初期的缓慢发展，到 20 世纪 90 年代，组织不断扩大。1984 年 1 月 7 日文莱加入成为东盟第六个成员国。1992 年越南和老挝成为东盟观察员并申请加入东盟。1994 年 5 月东盟提出成立包括东南亚 10 国的“东南亚共同体”倡议。1995 年 7 月 28 日，越南正式加入东盟，成为东盟第七个成员国。1997 年 5 月 30 日，东盟外长特别会议决定接收老挝、柬埔寨、缅甸为成员国，1997 年 7 月 23 日，老挝和缅甸正式加入东盟，因当时柬埔寨国内政局动荡而暂缓其入盟。1999 年 4 月 30 日，柬埔寨入盟成为东盟第十个成员国。一个拥有 10 个成员国、450 万平方公里土地，近 5 亿人口的大东盟形成[①]。

根据1967年8月8日东盟成立时发表的《东南亚国家联盟宣言》，东盟的宗旨和目标是：以平等与协作精神共同努力促进本地区的经济增长、社会进步和文化发展；遵循正义、国家关系准则和联合国宪章促进本地区的和平与稳定；促进经济、社会、文化、技术和科学等问题的合作与互相支援；同具有相似宗旨和目标的国际或地区组织保持密切关系和互相合作，探寻与其更密切合作的途径等。

东盟成立以来，国际形势和地区形势不断发生变化，为了顺应形势的变化，东盟在各个发展阶段中提出了不少主张，但是实现东南亚地区的和平与稳定，开展区域内的经济、社会与文化合作都是始终不渝的两个奋斗目标。它以维护本区域内各成员国的共同利益为宗旨，并把这一宗旨贯穿于东盟活动的各个方面。1998年12月在越南首都河内举行的第六次东盟首脑会议通过的《东盟2020年展望》表示，要将东盟建设成为一个充满“关爱的社会”，将“不分性别、种族、宗教、语言及社会和文化背景，所有人都享有平等的机会发展权”，东盟将成为“亚太地区乃至世界上一个有效维护和平、公正和现代化”的组织。

2. 东盟建立的历史背景

首先是摆脱大国控制和干涉，维护东盟各国安全的需要。20世纪60年到70年代初，美国、苏联在国际上，特别是在东

① 《人民日报》，1999年6月11日。

南亚地区的斗争日益激烈。中苏两国关系因意识形态的分歧也日趋恶化，两国在国际社会中的矛盾日益激烈。这个时期，中国的对外政策深受这一国际关系的影响。1964 年，中国成功地试制出原子弹后，军事实力大为增强，这使中国在地区安全方面的作用显著提高，并且在开展抗衡美苏和支持第三世界国家人民的反帝反殖斗争中更具有信心。对于当时的东南亚国家来说，中国影响的扩大，使它们有所“担忧”。与此同时，1965 年美国发动越南战争后，中国和苏联都直接支持越南，导致东南亚地区的国际形势更加复杂。中、美、苏 3 国在东南亚地区的高度对抗，无疑造成该地区处于一种紧张不安的状态之中。弱小的东南亚国家出于自身的安全考虑，认为有必要成立一个联合组织，维护各自国家的安全利益。

其次，阻止共产主义运动的发展和巩固自身政权的需要。由于受国际共产主义运动的影响，当时，东南亚一些国家内部出现了共产党组织。这些组织的目标是推翻私有制，建立公有制。当地共产党领导群众开展反政府活动。这些东盟国家认为，共产党的这一举动，严重威胁着东南亚国家执政者的统治地位。在这种情况下，阻止共产主义运动的发展和巩固自身政权是促使东盟成立的又一个重要因素。

第三，自 20 世纪 60 年代中期起，东盟创始 5 国都把发展经济作为国内政策的最优先目标。而它们在实践中逐步认识到，实现这一目标不能完全依赖发达国家的援助，更重要的是要立足自己的努力和区域范围内的合作。

第四，为了寻找一条多边协商的有效途径来解决地区内国家之间的纷争。1961 年 7 月，由菲律宾、马来亚和泰国 3 个东南亚国家发起建立东南亚联盟。当时东南亚各国的政治观点和对外政策的重心不一致，而 1963 年马、菲两国在沙巴领土归属问题上发生了争执和冲突，两国终止了外交关系。这使该组织成员国关系破裂，东南亚联盟名存实亡。1963 年 8 月，出现了第二个以平等协商为基础的东南亚区域合作组织——马、菲、印（尼）联盟。但 1 个多月后，马来西亚联邦成立，印尼与马来西亚的对立关系达到了高潮，菲律宾同马来西亚的关系也急剧恶化。该联盟随之瓦解。尽管东南亚联盟和马、菲、印（尼）联盟这两次东南亚国家多边合作的尝试都以失败告终，但东南亚国家却由此获得了相互合作的经验，同时也增强了相互合作的意识和信心。1966 年在泰国的调解下，马来西亚和菲律宾达成谅解，恢复了外交关系。同年 6 月，印尼与马来西亚也签订和平协议，结束了对抗。与此同时，印尼还表示承认新加坡独立，愿与新加坡在平等的基础上建立外交关系。1967 年，印尼同马来西亚和新加坡完全实现了关系正常化，为当时东南亚地区建立一个新的合作组织创造了前提条件。东南亚国家联盟就是在上述因素的促进之下应运而生的。

3. 东盟的组织机构和主要会议

东盟的组织机构由三部分组成：一是日常办事机构；二是决策机构；三是非决策机构及其会议。东盟总部设在印尼首都雅加达。

(1) 日常办事机构

东盟秘书处即为东盟的行政总部。1976 年在印尼巴厘岛举行的第一次东盟首脑会议同意在雅加达设立东盟秘书处，该处为东盟的中央办事机构，负责东盟的日常事务工作。东盟秘书长由东盟各成员国根据资历和条件轮流提名担任，任期 5 年。

东盟常务委员会。目前东盟的最高执行机构为常务委员会，其主要职责是筹备和主持召开外长会议，会议后负责督促执行外长会议的决议，并有权代表东盟发表声明。常务委员会实行轮换制，每年更换一次，成员由外长会议东道国外交部长和其他成员国驻东道国的大使组成。常务委员会的主席由东道国的外交部长担任，并担任东盟的政治发言人。除处理外长会议休会期间的日常工作外，常务委员会还处理那些不能留待外长会议来解决的问题。常务委员会每年大约召开 6 次会议，其承担的任务是将常务委员会的年度报告连同各东盟常设职能委员会、特别委员会和专家委员会的报告和建议呈送外长会议讨论研究。现常务委员会设有两个经济委员会：东盟高级经济官员委员会和东盟自由贸易区委员会。东盟高级经济官员委员会向经济部长会议负责，其成员为各成员国的高级经济官员，具体负责东盟的经济合作事务。东盟自由贸易区委员会也向经济部长会议负责，其职责是监督、协调和审查为东盟自由贸易区制定的有效普惠关税协定的实施情况，专门负责推动东盟自由贸易区计划的实施。为有效地推动东盟自由贸易区建设，东盟自由贸易区委员会的成员级别定为部长级，各国派出的代表或是财政部长，或是工商部长，或是商业部长。

(2) 决策机构及其会议

东盟首脑会议，东盟的最高权力机构。东盟首脑会议每年召开一次非正式会议，每3年召开一次正式首脑会议，就重大问题和发展的方向做出决策。其职能是：决定东盟政治、经济、安全等领域合作的大政方针，对东盟的发展起到全局性的作用。东盟首脑会议于1976年2月在印尼巴厘岛举行了第一次会议，到2007年1月13日在菲律宾宿务市举行第十二次东盟首脑会议，31年来共举行了12次正式首脑会议，作出的主要决定有：第一次首脑会议签署了《东盟协调一致宣言》、《东南亚友好合作条约》两个重要文件；1987年12月在菲律宾马尼拉举行的第三次首脑会议发表了《马尼拉宣言》，宣言强调要在经济合作的各个领域提高合作水平和层次，签署了《改进东盟特惠贸易协定关税议定书》和《关于东盟国家降低关税壁垒的备忘录》；1992年1月在新加坡举行的第四次首脑会议签署了《新加坡宣言》、《东盟经济合作框架协定》和《共同有效优惠关税协定》等三项重要文件，批准第二十三届东盟经济部长会议作出的15年内建立东盟自由贸易区的建议；1995年12月在泰国曼谷举行的第五次首脑会议签署了《东南亚无核区条约》，正式确立了东南亚无核区的目标以及“东盟地区论坛”的地区安全合作框架，宣布在2003年建成“东盟自由贸易区”的决定，同意接纳老挝、缅甸、柬埔寨在2000年以前加入东盟，将东南亚组成一个共同体，形成一个大东盟，接收印度为对话伙伴，拟定东盟各国领导每年举行一次非正式会晤，开始着手湄公河流域的开发与合作；1998年12月在越南首都河内举行第六次首脑会议通过了《河内宣言》、《河内行动计划》、《东盟2020年展望》决议；2001年11月在文莱举行的第七次首脑会议就恐怖主义问题和艾滋病问题分别发表东盟领导人宣言，并接受了中国提出的建立经济合作框架和建立东盟—中国自由贸易区的建议；2003年10月7日，第九次东盟领导人会议通过了标志东盟在政治、经济、安全、社会与文化全面合作进入历史新阶段的《巴厘第二协约》，提出在2020年建立类似于欧盟的“东盟共同体”，包括安全共同体、经济共同体和社会文化共同体。

东盟外长会议。外长会议是东盟重要的磋商和决策机构，由东盟成员国外长组成，每年举行一次，轮流在成员国举行年度会议。东盟自1967年8月成立至2007年1月11日共举行了39届东盟外长会议。东道国的政府首脑必须出席并主持外长会议开幕式和致开幕词，这已成为外长会议的惯例。外长会议的职能是就东盟的政治、经济和安全等方面的重大问题作出决策。东盟外长会议签署的宣言，通过的决议对东盟的发展和东盟与区域外各国关系有着重大影响作用。如1971年11月举行的东盟外长特别会议通过的《东南亚中立宣言》（即《吉隆坡宣言》）、1994年第二十七届东盟外长会议通过的《关于南中国海问题宣言》和1995年第二十八届东盟外长会议通过的关于提前5年即到2003年建成东盟自由贸易区的决议都产生了重大影响。

按照惯例，紧接着每年一度的东盟外长会议之后举行与对话国部长级会议，讨论政治、经济、东盟与对话伙伴的合作等问题。中国从1991年起参加东盟外长会议。

东盟经济部长会议。由东盟各成员国的经济部长组成，主要讨论东盟经济形势和经济合作问题。每年不定期召开1～2次会议，以研究和协调东盟的经济政策。为了实现对口领导，提高工作效率，东盟还把旅游和贸易，粮食、农业和林业，财政和银行，工业、交通和电讯，矿业和能源5个原属于东盟外长会议管辖的委员会改由经济部长会议来管理。1992年1月在新加坡举行的第四次东盟首脑会议后，东盟对常设职能委员会进行了大幅度的调整，现在经济部长会议直接领导的执行机构只有高级经济委员会和东盟自由贸易区委员会。经济部长会议的决策职能非常专业化，只就东盟经济合作方面的重大问题进行决策，如东盟自由贸易区的具体实施计划、减税方案，例外商品确立方案等问题，一般交付经济部长会议讨论，研究并作出决议。

(3) 非决策机构及其会议

东盟议会组织。东盟议会组织成立于1997年9月，宗旨是加强东盟成员国议会之间的合作与交流，该组织现有8个正式成员，即菲律宾、马来西亚、泰国、印度尼西亚、新加坡、老挝、越南和柬埔寨。文莱和缅甸是该组织的特别观察员。该组织不是东盟的决策机构，每年举行1～2次会议。参加会议的除成员国和特别观察员的代表外，还邀请亚太地区一些国家参加。

2001年9月3日在泰国曼谷举行的第二十二届东盟议会组织大会就有中国在内的10个观察员国的代表。该组织只讨论本地区的问题和提出建议，不作任何决议。

东盟地区论坛。1993年7月，在新加坡举行的第二十六届东盟外长会议提议成立东盟地区论坛。1994年7月25日，在泰国首都曼谷正式成立东盟地区论坛（ARF），并举行首届会议，18个国家和国家集团的外长出席了会议（6个东盟国家：新加坡、马来西亚、文莱、印度尼西亚、菲律宾、泰国；7个对话国：美国、加拿大、澳大利亚、日本、韩国、新西兰、欧盟；3个观察员国：越南、老挝、巴布亚新几内亚；2个协商伙伴：中国、俄罗斯）。会后发表的主席声明强调“东盟地区论坛在促进信任机制建设和预防性外交以及东南亚地区国际争端的和平解决方面将发挥十分重要的作用”。至2007年1月22～23日，论坛会议共举行了13届，成员增至23个：除东盟10国外，有东盟的对话伙伴（澳大利亚、加拿大、欧盟、新西兰、日本、韩国、美国、中国、印度、俄罗斯）以及观察员（朝鲜、蒙古、巴布亚新几内亚）。

论坛运行方式：东盟地区论坛每年举行一次，一般接着在东盟外长会议后举行。论坛采取协商对话形式进行，而不是采用有宪章约束的欧安会形式。它是一个公平讨论问题的场所，而不是一个制度化的地区安全组织，更不是一个多边性的军事同盟。

论坛讨论的主要问题：亚太地区安全形势；核不扩散问

题；裁军问题；南中国海争端；朝鲜半岛问题；建立信任措施和开展预防性外交；开展军事交流；缉毒、打击海盗等其他安全问题。

论坛的特点：一是成员国的多元性。该论坛已有23个国家参加，既有世界上的发达国家，又有本地区各种类型的发展中国家；二是对话性。该论坛目前仅仅是一种对话体制，会议的进行方式一般是有关国家独立地就区域内的事务表达自己的看法，互相交流，磋商安全问题；三是非强制性。东盟地区论坛一般不作出强制性的决议或协议，主要通过发表主席声明来表明各方协调一致的态度，作为各方合作、努力的原则和方向。主张各国自愿参加论坛提出的各项决定或协议规定的集体行动，如自愿提供各国《国防白皮书》等；四是平等性。东盟地区论坛成员国无论大小、强弱，都可在论坛会议上自由发表自己对地区安全的观点和看法，不以大国的意志而改变论坛性质；五是渐进性。东盟地区论坛各个成员国都不要求把该论坛发展成为一个具有强制性、约束力的正式的地区安全架构，而是突出东盟地区论坛的非正式性。

东盟—中国（“10＋1”）领导人非正式会议。1997年12月6日，首次东盟—中国（也简称“10＋1”）领导人非正式会议在马来西亚首都吉隆坡举行，中国国家主席江泽民出席。会上江泽民主席发表了题为《建立面向21世纪的睦邻互信伙伴关系》的重要讲话。会议结束后，双方发表了《中华人民共和国与东盟国家首脑会晤联合声明》。此后，双方领导人在每年“10＋3”

领导人会议期间定期以“10+1”形式举行会议。

1998年12月16日，第二次中国—东盟（“10+1”）领导人非正式会议在越南首都河内举行，中国国家副主席胡锦涛出席。双方领导人回顾了1997年首次领导人非正式会议以来双边关系的新进展，并对今后双方关系的发展进行了讨论。双方同意通过全面对话合作框架，开辟多种合作渠道，坚持通过平等友好协商，妥善处理彼此间存在的一些分歧和争议，进一步推进睦邻互信伙伴关系的发展。

1999年11月28日，第三次中国—东盟（“10+1”）领导人非正式会议在菲律宾首都马尼拉举行，中国国务院总理朱镕基出席。会上朱总理提出了中方对在新世纪加强与东盟睦邻互信伙伴关系的主张和具体建议，表示中国将继续深化与东盟国家和东盟组织在各个领域、各个层次的对话与合作，尤其是在经贸、科技和金融等领域的合作。东盟国家对中国发展建设所取得的成就表示赞赏，高度评价中国在亚洲金融危机中给予东盟国家的支持和援助。

2000年11月25日，第四次中国—东盟（“10+1”）领导人非正式会议在新加坡举行，中国国务院总理朱镕基出席。朱镕基总理在会上积极评价中国与东盟的双边关系，并就今后一段时间双方在政治领域、人力资源开发、加强湄公河流域基础设施建设、高新技术领域、农业、贸易与投资等方面的合作提出了具体建议。从第四次会议起，改称中国—东盟领导人会议。

2001年11月6日，第五次中国—东盟（“10+1”）领导人非正式会议在文莱斯里巴加湾市举行，中国国务院总理朱镕基出席。双方一致同意今后 10 年内建立中国—东盟自由贸易区，并就新世纪初重点合作领域达成共识。

2002 年 11 月 4 日，第六次中国—东盟（“10＋1”）领导人非正式会议在柬埔寨首都金边举行，双方领导人签署了《中国与东盟全面经济合作框架协议》，决定到 2010 年建成中国—东盟自由贸易区。

2003 年 10 月 8 日，第七次中国—东盟（“10＋1”）领导人非正式会议在印度尼西亚巴厘岛举行。中国国务院总理温家宝与东盟 10 国领导人签署了《中华人民共和国与东盟国家领导人联合宣言》，双方宣布建立面向和平与繁荣的战略伙伴关系。中国正式加入《东南亚友好条约》。温家宝在会议上建议从 2004 年起每年在广西南宁举办中国—东盟博览会，同时还建议举办中国—东盟商务与投资峰会，得到了东盟各国领导人的普遍欢迎。

东盟—中国、日本、韩国（“10＋3”）领导人非正式会议。1997 年，为了应对亚洲金融危机，东盟提出在东盟成员国召开由东盟国家主持的东盟—中国、日本、韩国领导人会议，以建立一个旨在加强东南亚地区合作的对话机制。东盟的建议得到了中国的全力支持。同年 12 月，首届东盟—中、日、韩领导人非正式会议在马来西亚首都吉隆坡举行，中国国家主席江泽民出席了会议，并发表了题为《携手合作 共创未来》的讲话。此后，中国和东盟领导人为这一对话制度的发展提出了一些新构想，并在某些方面达成了一致。人们把这一个合作机制简称为

“10＋3”（下同），也就是东盟 10 个成员国加上中、日、韩 3 国领导人出席会议。在东盟领导人会议结束后举行。“10＋3”与“10＋1”每年举行一次，先举行“10＋3”会议，接着举行“10＋1”会议，为期各一天。至 2007 年 1 月共举行了 10 次“10＋3”领导人会议。2003 年 10 月又增加了东盟与印度“10＋1”领导人会议。除了“10＋3”领导人会议会议外，东盟与中、日、韩在“10＋3”框架下陆续建立了外交、财政、经贸、农林、劳工和旅游共 6 个部长级会议机制，从 2000 年起每年召开了一系列的“10＋3”会议，如外长会议、财长会议、经济部长会议、旅游部长会议等，就地区安全、经济发展、交通便捷化、旅游合作等领域进行了卓有成效的交流与合作。

东盟经济部长会议。由各成员国的经济部长组成，主要讨论经济形势和东盟经济合作等问题。1975 年 11 月在印尼首都雅加达举行首次东盟经济部长会议，此后每年定期举行一次。2003 年 9 月 2 日，在柬埔寨首都金边举行了第三十五届东盟经济部长会议。

东盟经济顾问委员会会议。始于 2003 年 4 月，主要任务是促进东盟私人企业家参与东盟的经济合作。第一届东盟经济顾问委员会会议于 2003 年 4 月在印尼首都雅加达举行，2003 年 12 月举行了第六届会议。

东盟投资区理事会。由东盟各成员国经济部长和东盟秘书长组成，其任务是检查东盟各国所提出的行动计划。

东盟自由贸易区理事会议。由东盟各成员国经济部长和东盟秘书长组成，负责处理东盟自由贸易区的相关问题。

此外，东盟还召开有关领域的部长会议，如东盟卫生部长会议、东盟环境部长会议、东盟交通部长会议、东盟旅游部长会议等，探讨相关领域的合作问题。

4. 东盟的活动原则

东盟成立以来在对内对外活动中坚持了如下三项基本原则：

（1）“不干预原则”。东盟 1967 年成立以来，一直奉行“不干预原则”，即对成员国的内政不指手画脚，不公开进行批评，更不能进行政治、经济或军事方面的干预。1976 年，东盟第一次首脑会议将“不干预原则”正式写入《东南亚友好合作条约》。这一原则强调东盟各国在尊重独立和主权，互不干涉内政、和平解决争端的基础上进行有效的合作。这一原则成为东盟各国发展关系的指导方针，对维护东盟的团结起到了一定的积极作用。

（2）平等一致的原则。即不管任何提案都只能在所有成员会议上不被反对才能通过，同时，只能依靠协商和寻求共同点来排除反对意见。东盟在其发展过程中，尽管在团结合作的旗帜下，取得了不少成就，但各成员国之间还存在不少矛盾和分歧，既有历史上遗留下来的民族、宗教、领土争端，也有进行合作中的政治、经济等领域中的意见分歧。对此，东盟各国都坚持了平等一致的原则，以地区利益为重，按照和遵循东盟组织内部的协调机制来办事，当分歧和争端出现时，便通过平等的、反复耐心的磋商，求同存异，取得一致的意见。东盟重要政策的决定，一贯遵循全体成员国一致同意的原则，只要有一个成员国不同意就不能作为联盟决议交付实施。这是东盟合作取得成功的首要的前提条件。

(3)“独立自主”的原则。东盟是一个有特殊性的组织，不设立超国家领导机构，每一个成员国都有独立自主权，当讨论与本组织或与各国外组织有关的重要问题和提案时，仍允许各成员国考虑其利弊而保持自己的立场。

5. 东盟自由贸易区

1991 年 6 月，泰国临时政府总理阿南·班雅拉春在访问新加坡时提出建立东盟自由贸易区的建议，同年 7 月举行的东盟外长会议及同年 10 月举行的东盟经济部长会议通过了建立东盟自由贸易区的设想。1992 年 1 月举行的第四次东盟首脑会议正式批准建立东盟自由贸易区。在这次会议上，东盟各国签署了《新加坡宣言》、《东盟加强经济合作的框架协定》和《东盟自由贸易区共同有效优惠关税协定》等 3 个重要文件。这些文件对东盟自由贸易区的目标、实施机制、地理和产品范围、关税减让日程、消除非关税壁垒、原产地原则、例外商品等问题作出了明确的规定。成立东盟自由贸易区的核心问题是实现使成员国之间的贸易关税减少至 0%～5%的普惠计划，在东盟内部实现普惠关税制度，将享有优惠关税的商品扩大到 300 种，以鼓励区内各国间的贸易活动。此计划启动于 1993 年 1 月 1 日，计划在 15 年内实现自由贸易。1994 年 9 月，在泰国首都曼谷举行的第二十六届东盟经济部长会议达成协议，决定将建成东盟自由贸易区的时间提前 5 年完成，即到 2003 年建成东盟自由贸易区。1998年举行的第六届东盟首脑会议，批准了加速实现地区贸易自由化的计划。2002年1月，东盟又决定文莱、印尼、马来西亚、菲律宾、新加坡、泰国等原东盟6国仍按计划于2003年将关税减至0%～5%，而越南可到2006年，老挝和缅甸到2008年，柬埔寨到2010年实现这一目标。

（二）越南加入东盟与东盟对越南的接纳

1. 越南加入东盟

（1）越南与东盟关系的回顾

按照地理位置，越南属于东南亚国家。但由于历史原因，越南与东盟关系却经历了对立和接纳两个时期，最终成为合作伙伴。越南加入东盟是一个较长的过程，主要体现以下几个阶段：

第一阶段，从1967年到1975年：越南与东盟的关系处于对立状态。

东盟成立之初，正是全球冷战激烈之时，以美国为首的西方资本主义国家和以苏联为首的社会主义阵营之间在全世界范围内进行激烈的争夺。以意识形态来划分势力范围是当时国际关系的主要特征。东南亚也由于冷战的影响分裂为以东盟国家为一方与以越南为代表的印支国家为另一方的两个对立集团。1967年8月8日由印度尼西亚、泰国、新加坡、菲律宾和马来西亚5国建立的东盟属于资本主义意识形态的国家，自然会受到美国的竭力支持，美国利用东盟的地理位置向越南、老挝、柬埔寨进行政治军事渗透，挑起了第二次印支战争，特别是利用越南南北分裂的状态发动了大规模侵略越南的战争。而此时，由越南劳动党领导的越南民主共和国为了越南民族的生存和统一，领导全国人民进行了一场持久的抗美救国战争。越南由于在地缘上与中国大陆邻近和接壤，同属于共产党领导的社会主义国家，中国为了履行国际主义义务，不惜巨大代价支持越南人民进行抗美救国战争。在中国、苏联等社会主义国家的支持下，越南人民经过长期艰苦卓绝的战斗，于 1975 年 4 月 30 日解放了南方，取得了抗美救国战争的最后胜利，实现了国家南北统一。在这一时期，中国、美国、苏联在东南亚地区进行着高度对抗，而越南在中苏两国的支持下反抗美国的侵略，在这种历史背景下，当时的东盟不可能吸收越南加入东盟，越南也就没有考虑加入东盟，除了与印度尼西亚于 1964 年 8 月 10 日建立外交关系外，越南与其他东盟各国没有外交关系。

第二阶段，从 1975 年至 1978 年，越南与东盟成员国的关系得到发展。

1975 年 5 月越南取得抗美战争胜利，接着柬埔寨、老挝也先后取得了抗美战争胜利，标志着美国撤出了在印支地区的势力。当时的东盟也不得不承认已取得民族独立的印支 3 国，越南与东盟关系相对缓和，双方在政治外交和贸易方面的关系得到恢复和发展。

恢复政治外交关系和经贸关系。由于越南与东盟各国同属东南亚地区，因此，越南历来重视与东盟各国的关系，即使在抗美救国战争时期，越南还设法与东盟各国建立外交关系，在1973年1月关于越南结束战争的巴黎协定签订和同年8月美国停止在印支地区军事活动后，越南为了摆脱长期以来在地区受孤立的困境，就积极开展建立与东盟各国的关系。

越南陆续与东盟成员国建立外交关系的同时，积极开展经贸活动。如1975年5月刚结束抗美战争，越南就与马来西亚开展贸易活动，当年越、马双方贸易额为50万林吉特（马来西亚货币），1976年上升到560万林吉特，一年内增长了10倍。1978年1月5日，越马两国签订了贸易协定，同年10月又签订了航空运输协定。

第三阶段，从1979年到1989年：越南与东盟的关系再次转冷。

1979年至1989年，因为柬埔寨问题，印度支那地区成了国际斗争的热点，东盟各国对越南实行贸易禁运，致使刚恢复的越南与东盟各国的关系陷入困境，这一状况持续了约10年之久。

第四阶段，从1989年至1995年7月，越南与东盟各国的关系日益好转。

越南于1989年9月宣布从柬埔寨全部撤军，1991年10月23日签署了政治解决柬埔寨问题的巴黎和平协议。在此期间，国际和地区形势发生了迅速和深刻的变化，东欧剧变，苏联解体，标志着冷战结束，东盟6国与越南之间的对峙消除。在这样的政治背景下，东盟同越南的关系开始缓和，纷纷与越南发展双边关系并欢迎越南加入东盟。越南也改变了对东盟的态度，调整了其对外政策，愿意加入在国际政治舞台上影响不断扩大的区域组织。1992 年在新加坡召开的东盟首脑会议发表的公报指出："东盟欢迎东南亚各国参加东南亚友好和合作条约，以为包括整个东南亚地区更广泛的区域合作的共同模式创造条件。"在同年 7 月召开的第二十五届东盟外长会议上，越南签署了《巴厘协议》，成为东盟观察员。1993 年 10 月时任越共总书记的杜梅在新加坡宣布："我们很注意跟东盟每个国家，还有与整个东盟的合作，越南将在适当的时机越南加入东盟。"[①] 1994 年 7 月在泰国首都曼谷召开的东盟第二十七次外长会议原则上同意越南加入东盟。1994 年 10 月 17 日越南正式申请加入东盟。1995 年 7 月 28 日在文莱首都斯里巴加湾市召开的东盟第二十八届外长会议上，正式接纳越南为其第七个成员国。

在这一时期，越南与东盟高层领导互访频繁。1991 年 10 月，越南政府总理武文杰访问泰国；1992 年 1 月，武文杰总理访问马来西亚等东盟国家。1993 年 10 月，时任越共中央总书记的杜梅访问泰国，杜梅又提出了越南对本区域的 4 点新政策："相互尊重独立自主，领土完整；通过和平协商，不使用武力或用武力威胁；不形成互相对抗的联盟；平等合作，有利于每一个国家的发展和世界的和平与发展"。[②] 与此同时，原东盟成员

① 新加坡总理吴作栋 1993 年 11 月 17 日答《天主教科学箴言报》记者的提问。

② 阮耀雄：《从 20 世纪 20 年代至今的越南—泰国关系》，越南《东南亚研究》2001 年第 4 期。

国也派出许多高级代表团访问越南，促进了越南与东盟各国的关系。在这一时期，泰国政府批准越南通讯社在曼谷设立常驻机构，越南政府同意泰国在胡志明市设立领事馆。同年，泰国总理差提猜提出“把印度支那变成市场”的主张，得到东盟成员国的支持，同年6月，马来西亚总理马哈蒂尔宣布支持泰国总理的主张。从1989年至1995年7月越南加入东盟前，越南与东盟成员国的贸易关系得到了恢复和较快的发展。如“1991年越南向马来西亚出口总额为1530万美元，1992年上升到6840万美元，两年内增长4倍。”①

2. 越南与东盟互相接纳

越南与东盟同属东南亚地区，发展同东盟的关系，符合双方的根本利益，正是这些根本利益，促成了越南与东盟互相接纳，结成合作伙伴。

（1）越南需要东盟

无论从当时越南加入东盟的考虑，还是从长远的国家利益看，越南都需要东盟。加入东盟对越南有重要意义。

其一，加入东盟利于发展本国经济。20世纪80年代中期到90年代初期，东盟政治稳定，经济发展，新加坡、马来西亚等国迈进了新兴工业国行列。“从1985年到1992年，印尼、马来西亚、菲律宾、新加坡、泰国的国民生产总值年均增长率分别达5.8％、6.3％、1.9％、5.9％、8.5％。1992年人均

① 陈氏荣：《越南—马来西亚关系（1973～2000）》，越南《东南亚研究》2001年第3期。

国民生产总值为：印尼 670 美元、马来西亚 2790 美元、菲律宾 770 美元、新加坡 15750 美元、泰国 1840 美元。”① “东盟各国的人均国民生产总值已达到 1000 美元左右，而越南到 1993 年约 220 美元，相差了 4.6 倍。”② 在这一时期，越南面临着如何利用外部环境来发展经济的问题，所以，越南决策者在重视改善对华关系的同时，还把目光转向了东盟。近年来东南亚是世界上经济发展最快的地区之一，而且区域经济一体化的进程不断加快，因此，越南希望得到本地区其他国家的支持，获得本地区更多的资金和技术，开拓该地区更多的市场，以此来发展本国经济。正如越南学者阮武松在越南《东南亚研究》杂志 1994 年第 2 期发表的题为《越南加入东盟问题》的文章中所说：“现在，越南已从柬埔寨全部撤军，在今后几十年里将集中进行经济建设，希望与世界和本地区各国广交朋友，签署了（被认为是互不侵犯协议的）《巴厘协议》，那就意味着越南也承认这一原则……在过去几年中，尤其是在世界社会主义阵营崩溃以及美国和西方各国制裁的背景下，东盟各国的投资对越南的经济帮助很大。东盟的发展经验以及与其保持经济关系在今后长时间里仍将对越南起着积极的作用。”时任越南外交部长的阮孟琴曾经说过，越南加入东盟最期望得到的结果是扩大经济合作关系。

其二，加入东盟有利于维护国家安全。越南地处东南亚中

① 《东南亚纵横》杂志，1998 年第 3 期，第 36 页。
② 《东南亚纵横》杂志，1996 年第 3 期，第 15 页。

心地带，它扼太平洋、印度洋海上交通要冲，沿海良港甚多，战略地位十分重要，在亚太地区安全保障上有很高的战略价值。因此，在历史上，世界多个大国和强国出于不同的战略目的都曾染指这个国家。越南外交部一位曾担任过大使职务的外交官阮克黄先生在一次研讨会上总结越南的外交经验时说："越南的对外事务往往与各大国有关。"① 在越南即将加入东盟前夕，越南河内国际关系学院研究员黄英俊在新加坡《当代东南亚》1994 年 16 卷第 3 期发表题为《越南的东盟成员资格：对经济、政治与安全的影响》的文章说："东盟的经济实力、政治内聚力和外交上的成就使它在地区及国际事务中的影响日益增大。东盟长期保持与大国进行对话，东盟的外交部长和他们的对话伙伴共同参加的已成为世界安全体系中的重要一员，各大国都愿意与东盟改善关系以扩大本国的影响。因此，成为这个组织的一员也有利于越南提高自己的国际地位，增加与各大国讨价还价的资本。"黄英俊先生的这段话已表明了越南加入东盟的主要目的。当时一些国际媒体对越南加入东盟也有评论说，越南与中国和东盟一些国家在南沙群岛海域存在主权争端，越南将在这一争端中对中国持强硬立场。事实的发展并非如此，正如黄英俊在上述文章中又说："在这里必须说明几个事实：第一，越南不愿作为一个制约中国的工具加入东盟。第二，东盟不会成为一个军事联盟，因为它的成员对于威胁的认识尚未一致。第三，即使东盟存在军事上的意图，扩大后整个

① 《东南亚纵横》杂志，1999 年第 3 期，第 48 页。

组织的军事力量仍不足以与中国对抗。在近期，维持地区和平对于中国也是极其重要的，因此，只有和平解决地区争端才符合双方的利益。”①

（2）东盟需要越南

东盟为了其战略利益需要，很快接纳越南入盟，究其原因还得从当时的国际背景来看。20世纪90年代初，冷战结束后的全球政治格局发生了重大变化，世界正在走向多极化，和平与发展成为世界形势的主流。政治缓和、对话取代紧张、对抗，军事对峙让位于经济和安全合作。在东南亚地区，原来分属以美苏为首的两大对立阵营的东盟和印支结束了集团对抗的局面。苏联的解体和美国在东南亚地区的战略收缩，使这一地区出现了“大国势力真空”，引起东盟国家的忧虑和不安。因此，东盟希望通过吸引越南、老挝、柬埔寨印支3国和缅甸入盟扩大组织，以求得东南亚地区的长期安全与稳定，同时确保持续经济繁荣。东盟吸收越南入盟的目的是：

其一，扩大队伍，增强实力，构筑安全机制，以适应新的地区安全形势。越南在印支地区是一个举足轻重的国家，曾与老挝和柬埔寨有着特殊的密切关系。东盟认为，只要吸收越南入盟，剩下的印支两国和缅甸就很容易被拉入东盟。1992年4月，马来西亚总理马哈蒂尔说，建立东南亚新秩序离不开越南。东盟是这样分析，也是这样做的，1995年吸收越南入盟后，在20世纪90年代末以前先后接纳老挝、缅甸和柬埔寨加入东盟，最

① 《东南亚纵横》杂志，1995年第3期。

终形成大东盟10国共同体，使其成为东南亚地区国际事务的主导，并且正在成为东亚乃至亚太地区越来越具有影响力的一支力量。东盟扩大后，大东盟在相互尊重和互不干涉内政的基础上，通过东盟外长会议、东盟外长扩大会议、东盟高级会议、东盟地区论坛等机制，以对话的方式，对内消除隔阂，化解矛盾，达成共识，对外则“用一个声音说话”，共同抵御外来压力和威胁，确保东南亚各国的集体利益，增强和提高该组织在地区政治领域的地位和作用；奉行平衡外交政策，平衡大国关系，最后达到维护各国自身安全的目的。自1995年以来，每年召开的东盟地区论坛，除东盟成员国外，还邀请与本地区有利害关系的非东盟国家，如中国、美国、俄罗斯、日本、澳大利亚、新西兰、韩国、巴布亚新几内亚等国家参加，通过论坛对话形式，共同商讨地区安全问题。

其二，化解矛盾。20世纪80年代，东盟曾把越南视为“红色威胁”而感到不安。因此，东盟企图通过吸收越南入盟来化解相互的矛盾。因为每个申请加入东盟的新成员，首先得签署“东南亚友好合作条约”，同意遵守该条约的规定，然后才能考虑接收其为成员国的问题。越南于1992年7月正式签署“东南亚友好合作条约”，该条约对解决地区冲突和处理联盟内部矛盾作了明确规定，条约规定成员国之间不以使用武力相威胁，“任何时候都要通过友好磋商来解决它们之间的争端。”① 越南既然已签署了该条约，并加入东盟，作为缔约国就应执行该条约的

① 《当代亚太》杂志，2001年第3期，第16页。

各项规定，这是东盟一些人不必要的疑虑。不过有了条约，大家遵守，安定人心，也大有好处。正如时任菲律宾外交部长的西松说，越南的加入，开辟了东盟的一个新时代，为本区域的安全和稳定奠定了更加坚实的基础。

其三，当时东盟中有些人对越南入盟有两种想法。一种认为是可以把原东盟 6 国的资金、技术与印支 3 国及缅甸丰富的自然资源和廉价的劳动力资源结合起来，有利于商品销售市场和投资场所的扩大，有利于东盟经济的发展，加强经济实力，增强东盟在世界经济中的分量，以适应世界经济“全球一体化”和“区域一体化”的趋势。另一种看法是，东盟利用越南百废待兴，急于寻求外援重建经济的心理，通过经贸合作先行，逐步全面渗透，最后和平演变越南的社会主义制度。笔者认为，第一种看法是从长远战略着想，第二种看法切合当时政治背景。人们对一个历史事件的评价不能离开当时特定的背景，用现代眼光评价当时的情况，要尊重当时的客观事实。人们不要忘记当时的背景是，东欧刚发生剧变不久，苏联解体，社会主义东欧国家和苏联消失，西方列强得意忘形，也希望越南共产党领导的社会主义政权垮台，并加紧对越南进行“和平演变”。说实在的，当时的越南经济对东盟还不足挂齿，难怪当时有的媒体就提出“东盟应成为东南亚的西欧”，号召东盟以其雄厚的经济实力，冲击印度支那“失败的社会主义经济”。事实上，越南在加入东盟后，坚持共产党领导的社会主义制度，一边抓革新开放发展经济，一边与敌对势力发动的“和平演变”活动进行坚决的斗争。结果是，越南取得了经济建设和反“和平演变”双胜利，越南仍然是屹立于东南亚的社会主义国家。后来国际媒体和专家学者淡化了当时东盟吸收越南入盟的这一想法，而更多的是从扩大新成员，增强东盟经济实力方面来论述。

(3) 中国欢迎越南与东盟关系的新发展

中国历来奉行独立自主的和平外交政策，在处理国家关系中坚持和平共处五项原则，不干涉别国内政，尊重别国的选择。中国认为，越南加入东盟是越南的选择和权利，并欢迎越南发展与东盟的新关系。在越南酝酿加入东盟的时候，中越两国领导人于1994年11月22日签署的《中越联合公报》中说，“双方认为，保持亚太地区的和平与稳定，加强各国和区域性经济合作，符合本地区各国的共同愿望和根本利益。越南与东盟的区域性经济合作，符合本地区各国的共同愿望和根本利益。中方欢迎越南与东盟关系的新发展。双方表示，愿意为本地区的和平、安全、稳定与经济合作做出各自的努力。”为什么中国采取积极的态度，笔者认为：

其一，越南加入东盟，符合越南的国家利益和民族利益。

外交是内政的延续，在当今的现实世界中，决定的因素是更为现实的国家利益和国家间的力量对比，简而言之，国家利益是至关重要的。越南是共产党领导下的社会主义国家。在冷战时期，越南与东盟这样的资本主义体系集团曾经是一种对抗性的关系。冷战结束后，越南很快申请加入这种体系集团，这在当时社会主义国家中还是一件新鲜事。越南在对外关系方面作出这样重大的战略举措，是经过深思熟虑的决策的，是历史发展的必然。一个社会主义国家能够和不同意识形态的国家在一个区域组织里和平共处，共同商讨和平与发展问题，在当时也是一个创举。

其二，越南加入东盟符合当今世界经济全球化、区域经济集团化的发展趋势。

经济全球化是当今世界经济发展的必然趋势。20 世纪 80 年代以来，世界经济体制改革之风在全球兴起，国际贸易和投资的规则得到大多数国家的认同，发展中国家开始推行经济发展自由化和国际化政策，通过减少国家干预，调整经济结构，开放国内市场，吸收外资等措施促进经济贸易的发展。与此同时，全球范围内社会生产力持续增长，特别是日新月异的科技革命所产生的国际经济的相互依赖为经济一体化的形成与发展奠定了基础。世界各国经济在相互开放中形成相互依赖的有机体。

经济全球化对发展中国家来说，是无法回避的挑战和一个利弊互见的发展过程，它可以使国家富强、经济繁荣、国民物质生活优裕。越南是一个欠发达的中小国家，在经济全球化的浪潮下很难独善其身。为了本国的经济利益和生存，从 20 世纪 80 年代中期开始，越南实行革新开放政策，主动融入世界经济，不但迅速摆脱了国内经济危机，而且经济得到了较快发展。从 1991 年至 2000 年越南的国内生产总值年均增长率达 7.6%，即使在 1997 年发生东南亚金融危机之后，1998、1999 年和 2000 年仍然有一个较高的增长速度，分别为 5.8%、4.8%和 6.7%，高于多数东南亚国家的同期发展速度。越南加入东盟后经济高速发展，增长率一直高于其他东盟国家，1996～2000 年平均增长率为 6.99%，2001～2005 年平均增长率为 7.59%。[①]

但是也必须看到经济全球化对像越南这样的发展中国家也有消极的一面。目前，世界上存在不合理的政治、经济秩序和资源占有的不平等，各国在力图抓住全球化机遇的同时，也都不同程度地感到全球化带来的各种矛盾和冲突。越南加入经济全球化过程，对越南经济发展发挥了积极的作用，但同时也加大了越南国家政治和经济安全的风险。首先是政治上，越南是共产党领导的社会主义国家，西方国家希望通过经济全球化对越南进行“和平演变”。其次，越南对世界市场的依赖加大且难以适应其变化，贸易比较优势下降。经济全球化使各国经济的联系更紧密，越南主动融入世界经济的战略，使越南经济对出口的依赖程度加大，如“越南制定的 2001～2010 年经济社会发展战略，到 2010 年使出口占国内生产总值的 90%”。[②] 在新世纪越南将进行工业化、现代化，但越南原来各方面都比发达国家落后，将面临在知识经济竞争中被甩在后面的危险。第三是对外国投资的依赖增加越南经济安全的风险。越南经济严重依赖外资，目前外资占越南国内生产总值 10%以上，外资企业占越

① 《越南共产主义》杂志，2006 年第 21 期，第 7 页。

② 越南《经济时报》2000 年 9 月 5 日刊登的文章：《2001 年～2010 年时期进口战略》。

南出口总额的23%。严重依赖外国投资将威胁发展中国家的力量甚至是主权，增加国家经济、政治和社会的脆弱性。第四是将可能造成国内南北、城乡贫富差距扩大。由于历史原因，越南经济社会呈现明显的地区差异。目前外国投资70%分布在南方，加上南方原有经济基础优于北方，将会使得这种差距越来越严重。

其三，越南和东盟各国都是中国的友好邻邦，越南加入东盟对中国发展与东盟的关系、对地区的和平、稳定与发展有着重要意义。

中国向来有“协和万邦”的历史传统，对待周边国家更是强调“亲仁善邻，国之宝也”。[①] 新中国成立后，中国把发展与周边国家的睦邻友好合作关系作为中国外交工作的重点，尽可能地创造一种良好的周边安全环境，以便中国能够集中精力进行国内经济建设，并努力维护国家的统一与领土完整。1993 年国务院总理李鹏在政府工作报告中指出：“积极发展同周边国家的睦邻友好关系，争取和平安定的周边环境，是我国外交的重点。”中共中央总书记江泽民在党的十五大政治报告中庄严重申：“要坚持睦邻友好。这是我国的一贯主张，决不改变。”[②]

新中国成立以来，中国政府致力于与周边国家建立睦邻关系。特别是冷战结束后，中国已与东盟各国全部建立了外交关系。从越南加入东盟后的实际情况来看，中国与越南和中国与

① 朱听昌：《论中国睦邻政策的理论与实践》，《国际政治研究》2001 年第 2 期。
② 《人民日报》（海外版），1993 年 4 月 2 日。

东盟组织以及中国与东盟其他成员国的关系日益发展，解决了历史上遗留下来的一些问题，使双边在政治安全和经济等方面都得到了好处。中越两国都有了一个周边安全环境来发展经济，提高人民生活水平。在经济上，中国与越南和东盟各国都得到了好处。越南学者阮辉贵教授曾发表文章说："现在中国有大西南的区域发展战略以及北部湾沿岸发展战略构想，越南正处于此战略的中间地带，在陆地和海上都与中国接壤。中国不但可以进入有近8000万人的越南市场，并且可以经由越南进入有5亿人口的东南亚大市场。"[①] 在越南加入东盟后，中国与东盟各国的关系得到了全面发展，政治上国家最高领导人之间互访频繁，经济上中国与东盟的贸易迅猛发展。与此同时，中国和越南在历次东盟地区论坛、东盟—中国（"10＋1"）和东盟—中国、日本、韩国（"10＋3"）领导人会议中，与东盟其他成员国一道真诚合作，使地区的形势扎扎实实地走向和平、稳定与发展。值得一提的是，中越关系自1991年正常化至2006年15年来，两国关系全面、深入发展，两国领导人坚持每年互访，政治上增强互信，经贸合作迅速发展，1999～2005年，双边贸易额从3223万美元上升到近82亿美元，增加了200倍，2006年达到99.5亿美元（这是中国的统计数字，越南的统计数字达到100亿美元），预计2010年将达到两国领导人提出的150亿美元的目标。2004年中越两国政府同意在中国—东盟自由贸易区合

① 阮辉贵：《越中经贸关系问题与展望》，载《东南亚经贸信息》（半月刊），1998年第47、48期合刊，第15页。

作框架下建设“两廊一圈”（即指“昆明—老街—河内—海防—广宁”、“南宁—谅山—河内—海防—广宁”两个经济走廊和“环北部湾经济圈”），这充分说明越南加入东盟更加有利于中国发展与越南和其他东盟国家的关系。

3. 越南加入东盟后与其他成员国及东盟组织的关系

（1）越南加入东盟后，与各成员国的关系日益密切

越南加入东盟初期，国外有一些专家、学者和媒体曾预测会出现一系列问题：越南与其他东盟成员国存在社会制度不同和意识形态差异；过去遗留下的问题使东盟各国未能了解越南，它们对越南存在害怕和猜忌的心理；发展程度不同（越南的发展程度低于其他东盟成员国）及在领土领海方面存在争议；越南的入盟，将使东盟成员国之间存在的分歧扩大，加剧东盟内部的不稳定性。但从越南加入东盟后的情况看，这些预测并没有出现，越南与东盟各成员国关系日益密切。并在政治安全和经贸等方面进行了成功合作。

其一，高层领导互访频繁，增加互信，促进了越南与东盟各国的关系。

越南加入东盟后，东盟各国把越南视为其组织成员。刚加入东盟后的几年，越南与东盟关系的一个显著的特点是越南与东盟各国高层领导互访频繁。如1996年9月至2000年5月，越南有5个部长级以上代表团访问马来西亚。1996年3月，马来西亚总理马哈蒂尔第二次访问越南，1998年12月到河内参加东盟第六次高级会议。2001年2月泰国总理他信就任后选择越南

作为第一次出国访问的国家。印度尼西亚总统梅加瓦蒂 2001 年 7 月下旬任职后即于 8 月 22 日访问越南。越南领导人还利用每年一次的东盟高级会议的机会与东盟各成员国领导人进行交流，增进了解，消除猜忌，进一步促进了与东盟各成员国的关系。领导层之间的互信，也为解决越南与东盟其他成员国关系中存在的问题创造了有利条件。

其二，积极开展政治安全对话和合作，较好地解决了越南与东盟其他一些成员国存在的领土领海问题。

越南利用东盟地区论坛积极开展政治安全对话，并成功地解决了一些历史遗留问题。最突出的是越南与泰国顺利地解决领海问题。根据越南学者阮耀雄在越南《东南亚研究》杂志 2001 年第 4 期发表的《从 20 世纪 90 年代至今的越南—泰国关系》文章，从 14 世纪至 20 世纪 80 年代末，越泰两国一直处于对立状态，积怨甚深。但通过两国高层领导互访和政治安全对话，双方较好地增进相互了解。过去越泰两国的军事部门从未互访，越南加入东盟 5 个月后，即 1995 年 12 月，泰国副总理兼国防部长差瓦立访问越南；1996 年 8 月 26～29 日，越南海军司令梅春永中将访问泰国，1997 年 6 月底至 7 月初，越南国防部副部长兼总参谋长范文茶中将率领越军高级代表团访问泰国。两国军队高级代表团互访增进了两国在军事安全领域的信任。在两国领导人的支持下，通过外交谈判，1997 年 9 月 8 日，两国外长在曼谷签订了海上边界协定，解决了历史上遗留的两国在泰国湾约 6500 平方公里面积的大陆架重叠区的划界问题，根据协定，越南占 37.5%，泰国占 62.5%，双方还同意在海上勘探资源和解决可能发生的问题进行合作。泰国陆军参谋长兼国家安全局局长门猜奔空（MontraikBunKong）说："现在两国已没有复杂的安全问题，最突出的表现是两国协商共同在重叠海区巡逻。"

其三，越南加入东盟后全面参与东盟组织的各项事务，并日益发挥重要作用。

越南加入东盟后，全面参加了东盟各项活动，并参与制定和协调东盟内部和对外政策。越南参加了一年一度的东盟外长会议，东盟非正式首脑会议和东盟地区论坛会议，以及东盟与中国（"10＋1"）和东盟与中、日、韩（"10＋3"）首脑非正式会议。1996 年 1 月 1 日正式加入东盟自由贸易区。越南加入东盟后，主持召开了东盟许多会议和高级会晤及东盟与外部对话，参加制定了《东南亚无核协定》、《河内行动计划》、《东盟 2010 年展望》，以及东盟各项政策的审定，积极推动东盟与中国、俄罗斯、美国、欧盟、印度等重要合作伙伴的关系和东盟与各个国际组织的关系。1998 年 12 月中旬，越南在河内成功地主办了 20 世纪最后一次即第六次东盟首脑会议。会议提出了"加强团结合作，共建一个和平、稳定与发展的东盟"的主题。此次会议成功地通过了《河内宣言》、《河内行动计划》和《大胆措施声明》。这些文件旨在推进东盟内部的合作，显示了东盟努力以团结合作的精神克服经济危机。越南还在会上力主柬埔寨早日加入东盟。使柬埔寨于 1999 年 4 月加入东盟。

2000年8月，越南担任东盟轮值主席，主持召开了东盟第三十三届外长会议和东盟地区论坛。在进入21世纪之初，越南又于2001年7月23～24日在河内成功地主办了东盟第三十四届外长会议，会议主题是："东盟、团结、稳定、一体化、扩大合作"，通过了关于缩小差别、加快东盟一体化进程的《河内宣言》。东盟轮值主席、越南政府总理潘文凯做主旨发言，呼吁加快实现1998年第六届东盟首脑会议通过的《河内行动计划》以及《东盟2020年展望》提出的各项指标，接着又主持召开了第八届东盟地区论坛会议。以上表明，越南在加入东盟后参加了东盟的各种主要活动，并在东盟中日益发挥作用，这是越南奉行独立自主、多元化、多样化的外交方针取得的令人瞩目的成就。

其四，加入东盟后，越南与东盟其他成员国的经贸关系发展迅速。

在经贸合作领域，越南加入东盟后，与东盟其他成员的经贸合作快速发展，这是越南入盟后与原成员国关系日益密切的一个明显体现。

双方经贸代表团互访频繁，签订的经贸合作协定多，贸易额增长较快。最突出的是泰国，越南与泰国因历史遗留的问题造成的对立关系的时间较长，影响了两国经贸，落后于其他东盟成员国。越南加东盟后，泰国后来居上，到2001年，到越南访问和考察的经贸代表团，在东盟中数泰国最多，"泰国与越南签订了17项经贸合作协定，其中有贸易、经济、技术合作协定；鼓励和保护投资协定；旅游合作协定；避免双重税协定等。从1996～2001年，东盟各国中，泰国是越南第二大贸易伙伴，1996年两国贸易额为6.019亿美元，1998年为9.433亿美元。因受东南亚金融危机影响，1999年下降为8.69亿美元，2000年为2.018亿美元。”① 新加坡、菲律宾、马来西亚、印度尼西亚也和泰国一样与越南签订了许多经贸科技合作协定，贸易额快速增长。越南与马来西亚1995～1999年的贸易额是：1995年2.95亿美元，1996年4.49亿美元，1997年4.13亿美元，1998年5.28亿美元，1999年5.5亿美元。越南与印尼的贸易有快速增长的趋势，1997年2.49亿美元。1998年上升到5.726亿美元，一年内增长1倍多，1999年高达8亿美元。因受东南亚金融危机影响，2000年降至6亿美元，2001年上半年约3.03亿美元。越南与东盟其他成员国的贸易额已从1995年的35亿美元上升到2000年的71亿美元。据越南《东南亚研究》2005年第4期刊登的有关越南加入东盟10周年文章，自越南加入东盟以来，越南与东盟的贸易增长速度达到两位数，在出口方面，占越南出口总额的1/5。越南向东盟其他成员国出口的商品主要是初级产品，包括：大米、玉米、木薯片、花生仁、新鲜果蔬菜、咖啡、橡胶、冷冻肉、木器成品、冷冻果菜、冷冻水产品、原油等。越南从东盟其他成员国进口的产品主要是生产原料与日用品，包括：汽车、轮胎、计算机、轴承、农业、林业机械、发电机、汽油、

① 越南《外贸报》，2001年3月10日。

钢铁、染料、纺线、尿素、制衣原料、制药原料、冰柜、电视机、冰箱、摩托车等。

在越南与东盟其他成员国的贸易中，越南长期处于逆差状态；主要原因是越南工业发展水平低，只能出口价值较低的初级产品，创汇能力差，而与此同时，随着经济的不断发展，又急需进口大量的原料、设备，因此贸易逆差不断扩大。

为了促进与东盟其他成员国的经贸合作，越南与东盟其他成员国在宏观经济和金融方面进行了卓有成效的合作，如开展有 11 个具体项目的金融工作计划，建立共同货币和比价机制特别研究小组；建立发展资本市场、金融自由化和监察机制工作委员会；制定与东亚 3 国（中国、日本、韩国）扩大财政、金融合作的政策。在实现东盟自由贸易区进程中已在一些领域取得了相当大的进展，到 2001 年，原东盟 5 国 92%的产品已实现关税率降至 0%～5%，越南已有 70%的产品降至这个税率。

在越南方面，由于在加入东盟以后经济发展较快，为越南与东盟其他成员国进一步发展经贸关系奠定了基础。2001 年 4 月 19～22 日召开的越共九大制定的 2001～2010 年 10 年发展战略和 2001～2005 年 5 年发展计划，提出国内生产总值到 2010 年比 2000 年翻一番，经济年均增长 7%～8%，并把对外进出口贸易作为经济增长的战略任务来抓，并采取了一些重大措施。2001 年 2 月，越南宣布通过取消国内企业的几乎所有进出口限制，使本国的出口贸易额在未来 10 年内至少增加 3 倍。可以预计，在21世纪初期，越南经济将会继续发展，越南市场有限，必然会加快拓展国外，特别是同一区域组织的东盟各国的市场。

在东盟方面，一些受到金融危机冲击的国家的经济正在复苏，原来政治动荡、社会不稳定的菲律宾和印度尼西亚等国家，由于新领导上台，政权平稳交接，目前社会已恢复正常，这就为东盟各国发展经济提供了良好的内部环境。东盟各国也希望通过与越南发展经贸合作来推动“区域一体化”进程。

其五，东盟其他成员国对越南的投资快速增长。

据越南计划投资部1998年公布的东盟各国在越南投资资料，1995年越南加入东盟以前，东盟开始在越南投资，虽然投资项目和资金不多，但每年的增长速度较快。1990年，东盟各国在越南投资项目16个，资金3500万美元；1991年已增加到28个项目，资金1.68亿美元；而到1992年2月投资项目比1991年增加2倍，资金达2.18亿美元；1993～1994年4月，投资项目达147个，总投资资金12.6亿美元。

1995年7月越南加入东盟后，东盟其他成员国在越南的投资快速增长。到1995年底，原东盟成员国在越南的投资项目241个，投资协议金额累计已接近20亿美元。1996年初，投资项目上升到244个，资金32.65亿美元，当年年底，投资项目达到292个，资金26.66亿美元；1997年，投资项目增加到362个，资金86.348亿美元，占外国在越南直接投资项目的15.6%和总投资资金的27.60%。据越南《东南亚研究》2005年第4期报道，自越南加入东盟以来，在投资方面，到1995年东盟在越南的直接投资 20 亿美元，占外国和地区在越南直接投资总额的 15%，而到 2005 年，东盟在越南的直接投资上升到 110 亿美元，占外国和地区在越南直接投资总额的 27%。

东盟其他成员国对越南的投资领域主要是加工和组装工业、油气开发、旅游宾馆、金融服务和基础设施，很少有向工业部门转让现代技术的投资。据越南计划投资部项目投资管理司 2001 年 11 月底统计，东盟在越南投资的 457 个项目中，向重工业部门投资 107 个项目、资金 10.3 亿美元，此外，向旅游宾馆投资项目 35 个，注册资金 16.5 亿美元，投资建设新城区项目 3 个，注册资金 24.6 亿美元。

东盟其他成员国向越南投资的形式主要以联营形式进行，截至 2001 年 11 月底，联营企业占总投资项目的 48.2%，有 231 个，资金 70 亿美元，外商独资投资项目 220 个，资金 16.5 亿美元。投资 5000 万美元以上规模的项目还不多，只有 32 项，占东盟在越南总投资项目的 9.9%；中等规模的项目 146 个，小规模项目 144 个。

东盟其他成员国在越南投资资金到位的比例还低，如到 1998 年 6 月，实际投资资金达 30.07 亿美元，只占外国实际投资项目的 31.9%和资金的 39.5%。到 2000 年，东盟其他成员国在越南协议投资的 944 个项目、注册资金 152.42 亿美元中，实际投资项目只有 296 个，总投资 73.65 亿美元，占外国在越南总投资项目的 16%和总投资资金的 29%。到 2001 年 11 月底，在仍有效力的 457 个投资项目中，实际投资资金 36.8 亿美元，只占注册资金的39.4%。

东盟其他成员国在越南投资，为越南的经济社会发展作出了贡献。这些国家的投资产生了较好的经济效益，占越南营业收入的17.5%，出口金额的11.4%，创造工作机会的13.4%，营业税收的19.3%，利息税收的13.2%，进出口税收的18.9%和占外国投资中相关的其他税收的50.90%。2001年1～11月，东盟其他成员国在越南投资项目营业收入11亿美元，出口金额1亿美元，创造就业岗位50000个。

1997年东南亚爆发了金融危机，与此同时，越南的体制改革进展缓慢，法律不健全，政府的办事效率低，经济方面存在消极现象，一些外商对赴越南投资、经商望而却步，1998～2000年，东盟其他成员国在越南的投资有所减少，到2001年11月，有100个项目没有展开，注册资金56.5亿美元，被解除项目120个。

针对在吸引外国投资方面存在的问题，越南采取了各种有力措施来改善投资环境。2001年4月召开的越共九大制定的2001～2010年经济社会发展战略把吸引外国投资作为发展经济的一个重要部分。越南政府正在进一步落实吸引外国的投资政策，如：继续完善与外国投资有关的法律系统，进而制定一部国内外投资的共同法律文件；制定具体政策机制系统，以改善经营环境，吸引本区域优先投资；实行外国投资形式多样化；提高各级政府对外国投资的管理和配合能力，扩大地方政府的审批权和责任；简化每一个环节、每级的行政手续，公开办事规程、期限和责任，使投资者节约时间、经营费用和对政府信任；投资改善基础设施。越南政府采取的这些措施已开始产生效果。东盟其他成员国增加了对越南的投资，仅 2001 年 10～11 月，新加坡、马来西亚和泰国在越南新增加投资项目 29 个，注册资金 2.81 亿美元。

其六，加强与东盟其他成员国在文化、体育、教育、通信方面的交流与合作。

越南与东盟其他成员国在文化的交流与合作方面有一定基础，东盟各国都强调传统文化和传统的价值观，"进入 20 世纪 90 年代以来，马来西亚等国家领导人提出了'亚洲文化观'和'东方文化观'作为本国的基本文化和价值观。"[①] 他们强调东西方文化观、价值观的不同，具有鲜明的反对西方式民主和西方人权观的倾向。由于越南与东盟各国有上述传统基础，所以越南加入东盟以后，与东盟其他成员国的文化交流与合作较多，如举办各种专业交流活动、东盟国家歌舞节、东盟电影节、东盟反毒品会议等。

目前，越南与东盟其他成员国在教育方面的交流与合作，主要是在互相交换大学留学生、教授、学者和文化教育资料等方面进行。1996 年 8 月 8 日，越南与泰国签订文化合作协定，1995～1997 年泰国给越南教育经费援助为 600 万美元，马来西亚为越南举办航海、农业、工业、卫生等部门干部、专业技术人员短训班。

---

① 庄礼伟：《"亚洲价值观"真相》，载《亚洲的高度》，广东旅游出版社，1999 年版。

而在这方面，由于越南与老挝有特殊关系，因此，越南与老挝在教育方面的交流与合作较全面和深入。截至1999年，在教育培训方面，越南向老挝提供1150亿越盾的援助，为老挝培养干部、留学生和技术专家，每年接受1000名左右的老挝干部、留学生到越南大学及专业中学进行有关经济管理、外语和各种技术的短期培训。已有1456名老挝干部和留学生毕业回国工作。

越南还积极参加东南亚地区的各种体育比赛运动会，并得到了东盟其他成员国的认可。东盟决定2003年东南亚运动会由越南主办。为此，越南政府决定要建造一座国家体育场。我国上海外经集团有限公司承包了这项总额为5300万美元的工程。越南能承担这样的大型体育赛事，说明越南加入东盟后经济实力和综合国力明显提高。通过上述方面的交流与合作，增进了越南与东盟其他成员国人民的了解和友谊。

由于越南与东盟其他成员国在经贸合作方面不断发展，促进了邮电通信合作，1996年，越南与泰国、香港（T—V—H）建成了海底光缆系统，通信容量为560兆/秒。1997年还租用了泰国THAICOM卫星和印度尼西亚Pakapa卫星。扩大了越南国际远程通信容量。目前，越南与东盟其他成员国已建立了通信网，电话可以直通东盟其他成员国县城以上城市，较发达的地方还能通至乡村。

4. 越南加入东盟后存在的问题

（1）东盟其他成员国对越南仍存在疑虑

越南毕竟是社会主义国家，过去同东盟又曾有过龃龉，因而东盟对越南仍或多或少存在疑虑。越南也知道这一点并注意予以消除。正如越南《东南亚研究》杂志 1994 年第 2 期刊登的阮武松《越南加入东盟》一文在谈及越南与东盟关系时说："越南曾经有一段时间不承认东盟。过去几年来这一关系在各方面已经得到改善。越南与东盟各国间已消除了很多误解，争执和猜疑。尽管如此，东盟一些人士并未完全消除对越南在本地区的'新姿态'所存在的怀疑，包括对越南制定的国内经济、政治的改革路线和越南的对外关系。尤其与各大国的关系抱有疑心。与历史的、社会的差异一样，思维的差异不再阻碍关系的发展，但还在产生隔阂。不管怎样，东盟还没有接纳一个与自己经济社会制度不同的新成员的先例。"①

（2）越南的经济发展完全与东盟相融合还需时日

影响越南在经济上与东盟完全相融合的主要在以下两个方面：

其一，经济体制不同，经济发展水平有差异。

原东盟成员国受西方影响较深，早已实行市场经济体制，由于体制相同，发展较早，相互间的合作较为密切，经济发展快，市场经济体制也较为完善。而越南长期实行的是计划经济体制，20 世纪 80 年代中期以后才实行革新开放的政策，开始从计划经济体制向市场经济转轨。加上受长期战争的影响，越南与原东盟成员国的经济发展水平差距巨大。

以 1995 年越南刚加入东盟时人均国民生产总值为例，当时

---

① 《东南亚纵横》杂志，1994 年第 2 期。

"东盟6国人口约3.6亿，国民生产总值为12794.4亿美元，人均3554美元。"① 而越南只达到290美元（1996年），相差约12.3倍，被列为欠发达国家。以上问题有着深远的历史渊源，不会随着越南加入东盟而消失和解决。近年尽管越南加入东盟后经济发展较快，但由于原来基础差，要赶上东盟发达国家水平还尚需时日。

其二，越南加入东盟自由贸易区仍存在几个经济问题。

东盟实行自由贸易区计划（AFTA），就是要建立一个关税为零、资本和服务自由转移的一体化东盟经济区。越南加入东盟自由贸易区计划从目前越南经济社会的情况看还难以符合东盟经济一体化的要求，存在以下主要问题：一是对高度集中的计划经济体制的改革成效不大，各级政府的设立和职能仍有按计划经济行事的现象，还未适应市场经济。二是国有企业改革进展不大，主要表现：国有企业比重大，效益低。据1990年1月1日越南统计，国有企业共有12297家，在国民经济中的比重仍高达43.7%，而且效益低，当年财政部长向国会报告说，国有企业只有20%经营有成效；企业转换机制慢。如胡志明市属地方管理的近2000家国有企业，从1991年到2000年几乎没有转换生产机制、产品机制，生产产品和服务质量达不到市场的要求；国有企业管理机制革新跟不上市场机制运行的要求。现行调整的法规重于管理检查的角度，轻于经营发展的角度，所以投资机制、财政管理、组织机构、分级管理等等，明显地

① 《东南亚纵横》杂志，1997年第4期，第43页。

反映了这个特点；① 竞争力不强。越南《财政杂志》1999 年 9 月 28 日总第 39 期载文报道，据一家国际经济组织对 58 个国家的评估结果显示，“越南的竞争力从 1998 年排名 39 位降为第 48 位，”“与外国同类、同质进口商品相比，越南国产商品的出产价高出 20％甚至 50％。大量积压的产品都享受国家保护。在价格、质量、包装等方面，竞争力都差。大多数企业的利润比银行贷款利息还要低。”

其三，越南经济发展水平低，关税水平大大高于其他成员国，越南加入东盟自由贸易区之前的商品进口关税为 5％～50％。按照东盟自由贸易区规定，到 2003 年商品进口关税为 0％～5％，而大幅度降低关税和开放市场则会影响国内市场的稳定，冲击民族工业，致使根本利益受到损害，国家难以承受。

其四，银行和金融系统没有按市场经济进行改革，效益差。“目前越南各商业银行有几十亿越盾呆账数额，坏账比例占全银行系统余债已高达 16％。”②

其五，还没有制定出一套适合市场经济的法律文件。

（三）中国与东盟的关系

中国与东盟各国本是好邻居，但从第二次世界大战结束和

① 刘咸岳、黄铮主编：《2000 年越南国情报告》，广西人民出版社，2001 年 3 月版，第 118、119 页。

② 刘咸岳、黄铮主编：《2000 年越南国情报告》，广西人民出版社，2001 年 3 月版，第 180 页。

新中国成立后，由于受冷战的影响，中国与东盟的一些国家的关系几经周折，历经沧桑。在20世纪50年代至60年代，由于社会制度不同和意识形态的对抗，以美国为首的资本主义国家和以苏联为首的社会主义国家之间的对抗主导着整个世界，美国对苏中等社会主义国家实行“遏制政策”。1967年东盟成立时，时任美国副总统的汉弗莱评论东盟的作用说：“这个联盟在维护东南亚国家安全方面是件好事”，“将遏制共产主义在东南亚的扩张”①。东盟一些国家也被美国拖入“遏制”中国的政策中。在这一时期，除了印度尼西亚1950年4月30日与中国建立了外交关系外，东盟绝大多数国家与中国没有正式外交关系。一些国家如泰国、马来西亚、新加坡等与中国只有为数不多的贸易往来，与中国的关系处于不接触的状态。

到了20世纪70年代初至80年代末，国际政治、经济形势发生了巨大变化，主要表现：一是美国打“中国牌”，企图利用中国来遏制苏联在亚洲地区的扩张，1972年时任美国总统的尼克松访华，敌对20多年的中美关系改善。二是美国实行“尼克松主义”，即从亚太地区作战略收缩，从越南撤军，越南战争结束。三是中苏、中越交恶，柬埔寨问题成了国际斗争的焦点，东盟国家认为这是对它们的威胁。四是东盟一些国家内部武装叛乱得到了较妥善的解决，国内政局稳定，经济取得快速、持续增长。五是中国恢复在联合国合法席位，特别是1978年后，中国实行改革开放政策，加速四个现代化建设。为实现这一目

① 王春民等编：《世界现代史》下册，山东人民出版社，1985年版，第364页。

标，中国需要一个稳定、和平的国际环境。上述变化对东盟国家产生了巨大的冲击，他们根据国际形势的变化和本国的战略利益仿效美国调整了对华政策。在这一时期，东盟国家与中国关系处于改善时期，纷纷与中国建立外交关系，马来西亚于1974年5月、菲律宾于1975年6月、泰国于1975年7月1日分别与中国建立外交关系。

进入20世纪90年代以后，国际形势发生了巨大变化，苏联解体，以美苏对抗为显著特征的冷战结束，各种力量纷纷重组，世界多极化趋势进一步明显，世界经济一体化、区域化的进程加快，以意识形态对立、军事对抗占主导的国际关系已被以经济、科技为主的综合国力竞争所替代，和平与发展是时代的主旋律，各国都在根据自身的利益，纷纷调整对外政策，为发展本国的经济服务。在这样的国际政治背景下，中国和东盟国家同是发展中国家，拥有许多共同利益，双方都有进一步发展关系的愿望，经过双方的努力，自20世纪90年代初至21世纪初以来，中国与东盟在政治、经济、科技和文化等各个领域的合作和交流日益增多，双方的友好合作关系正沿着稳定健康的方向发展，并且取得了一些重要成就，主要表现在：

1. 政治关系全面改善，中国与东盟各国的关系得到了进一步发展

中国与东盟各国都建立了外交关系。1990年8月印尼与中国实现了关系正常化，结束了20多年的对立关系。同年10月3日，一直与中国持一定距离的新加坡与中国建立正式外交关系。

1991年9月，中国与文莱建交。

1991～2001年以来，双方的高层互访频繁。自1991年中国与所有的东盟国家建立或恢复外交关系后，双方的高层领导人就像走亲戚一样互访频繁。特别是1993年为双方高层次领导人互访最多的一年，几乎所有的东盟国家领导人，包括尚未加入东盟的越南、老挝、柬埔寨等国家领导人都访问了中国。为此，西方评论家把这一年称中国的“东盟年”。自此，东盟国家方面，平均每年有3个以上的国家元首或政府首脑到中国访问。

2. 双方建立了对话机制，初步形成了面向21世纪的睦邻互信伙伴关系框架

20世纪90年代前，中国与东盟组织间未建立任何正式关系，双方关系主要是在中国与单个成员国间开展。进入20世纪90年代后，双方为了适应国际形势的需要和各自的战略利益，建立了正式关系并形成了直接对话机制。1991年以后，中国外交部长应邀每年定期出席东盟成员国外长会议和后来建立的东盟地区论坛，双方建立正式对话机制。1994年双方成立了经贸和科技联委会。1995年双方签署了“中国—东盟科技联委会条例”和“中国—东盟科技联委会工作程序指南”。这一年，中国与东盟建立起高官政治磋商制度，就本地区政治安全问题进行定期磋商。1996年，中国由东盟的协商对话国发展为东盟的全面对话伙伴，东盟驻华使节在北京成立“东盟北京委员会”，其他一些对话机构也先后建立。到1997年2月，中国与东盟建立了一个由五个平行机构组成的总体对话框架，包括中国—东盟高官磋商、中国—东盟经贸联委会、中国—东盟科技联委会、中国—东盟联合合作委员会以及东盟北京委员会，双方对话机制进一步健全。1997 年 12 月，首次举行东盟—中国领导人非正式会议，到 2001 年 11 月，双方共举行了 5 次东盟—中国领导人非正式会议，在中国与东盟之间形成了一个从高层领导定期会晤，共商双方关系发展的宏图大计，到专门机构就具体问题加以商讨这样一种多层次的对话机制，稳步推进了中国与东盟整体关系的发展。

在世纪之交，中国与东盟关系取得的重要发展是，双方确定了面向 21 世纪的睦邻互信伙伴关系。深化发展同东盟国家的睦邻友好合作，是中国政府坚定不移的政策。为了适应国际政治、经济领域中区域化、集团化的发展趋势和为双方在地区性、国际性事务中进行全面合作创造条件。在新世纪来临之际，双方制定了新的关系准则，1997 年 12 月，中国国家主席江泽民在马来西亚首都吉隆坡举行的首次中国—东盟领导人非正式会议上，发表了题为《建立面向 21 世纪的睦邻互信关系》的重要讲话，指出中国与东盟“正处在世纪之交的重要历史时刻，应该以长远的战略眼光审视和处理双方关系，建立中国与东盟面向 21 世纪的睦邻互信伙伴关系”。中国和东盟领导人签署了《中华人民共和国与东盟国家首脑会议联合声明：面向 21 世纪的中国—东盟合作》，确定了中国和东盟建立面向 21 世纪睦邻互信伙伴关系的准则和目标，为中国与东盟的整体关系发展确立了原则，明确了方向，成为引导中国与东盟成员国双边关系发展的指导准则。为了实现这一目标，在不到两年的时间里，中国与所有10个东盟成员国签署了面向21世纪的双边合作框架文件。这些文件的签署，使中国与东盟国家发展关系有了更加明确的目标和丰富的内容，对推动构筑面向21世纪的中国与东盟睦邻互信伙伴关系有着十分重要的意义。

3. 中国与东盟的经贸合作关系发展迅速，取得了令人瞩目的成就

中国与东盟在政治上全面改善，有力地促进了双方的经贸合作。目前，中国与所有东盟成员国都签署了双边贸易协定和科技合作协定，双方在经贸合作领域发展迅速：一是“自1995年以来，中国和东盟的双边贸易额年均增长15%以上。进出口贸易额增长一倍多。1995年中国与东盟6国的贸易额已超过35亿美元；1996年中国与东盟7国贸易额已达到203.95亿美元；”“1997年与东盟9国的贸易额达250.4亿美元，创历史最高纪录；1998年受亚洲金融危机影响，有所下降，达234.82亿美元；1999年，双边贸易额摆脱金融危机的影响，超过1997年的水平，达272亿美元；2000年，双边贸易额继续保持强劲的增长势头，又创历史新高，达395亿美元。”“东盟占中国对外商品贸易的8.3%，中国占东盟份额的3.9%；2001年双边贸易额达到416.15亿美元，比上年增长5.3%。”① 自1991年至2006年中国与东盟建立对话关系15年

① 《人民日报》，2002年4月26日。

以来，双边贸易额从1991年的84亿美元增长到2006年的1608.4亿美元，增长18倍，年均增长23.5%，东盟现已成为了中国的第五大贸易伙伴，中国已成为东盟的第六大贸易伙伴。二是相互投资增长较快。东盟是中国吸引外资的重要地区之一，截至2001年底，东盟国家共来华投资项目17972项，协议外资金额534.68亿美元，占中国吸收外资总额的7.2%；实际投入261.75亿美元，占中国实际利用外资总额的6.6%。改革开放以来，特别是20世纪90年代后期，随着中国经济的高速增长和企业实力的增强，中国企业到东盟国家的投资逐年增长，中国企业在东盟国家投资共7402项，项目总投资10.9亿美元，其中中方投资6.55亿美元。”[①] 三是工程承包和劳务合作也取得了很大成效。“东盟作为一个整体是中国最大的海外承包劳务市场，截至2001年底，中国企业在东盟国家签订的承包工程和劳务合作，合同总金额195.81亿美元，完成营业额124.43亿美元。”[②] 四是澜沧江—湄公河次区域开发步伐加快。自20世纪90年代以来，在亚洲开发银行的推动下，大湄公河次区域经济合作步伐明显加快。中国政府大力支持这一区域的开发与合作。中国国务院总理朱镕基于1999年11月访问新加坡时发表讲话表示：中方“愿意为湄公河流域开发合作提供融资支持”。[③] 2000年11月，中国国务院总理朱镕基出席在新加坡举行的东盟—中、日、韩领导人会议上发表讲话指

① 《人民日报》，2002年4月26日。

② 《人民日报》(海外版)，1999年2月3日。

③ 《人民日报》(海外版)，1999年2月3日。

出："中方支持重点加强湄公河地区交通、通信、能源等基础设施建设和人力资源开发。"并表示："在条件成熟的情况下，我们愿与老挝、泰国和亚洲开发银行合作，承建老挝境内的路段，为昆—曼公路的早日贯通做出贡献。"① 在大湄公河次区域经济合作中，中国除了云南省外，2005 年还增加广西作为中国的代表参与次区域经济合作。五是农业合作力度加大。东南亚地处亚热带季风气候区，发展农业生产得天独厚。中国是农业大国，东盟国家也都重视农业发展，双方在农业领域互补性明显，合作潜力大。中国很重视与东盟国家在农业领域的合作。在中国与泰国、印度尼西亚、菲律宾、缅甸、越南等东盟国家签署的面向 21 世纪的合作声明中，均有加强双边农业合作的专门条款。2000 年 11 月，朱镕基总理出席在新加坡举行的第四次中国—东盟领导人会议时的讲话就扩大中国与东盟的农业合作提出了新的构想。他建议，逐步形成中国与东盟 10 国的农业合作网络。而在东盟—中、日、韩领导人举行会议时，朱总理表示：中方希望尽快启动"10＋3"农林部长会议。"中国愿意主办一个农业技术与合作论坛，以推动东亚农业合作迈开步伐。"② 六是双边加强了在金融领域的合作。在河内举行的第三届东盟—中日韩领导人非正式会议期间，中国国家副主席胡锦涛提出举行"9＋3"副财长和央行副行长会议的建议得到了与会国领导人的支持。1999 年 3 月，东盟—中、日、

① 《人民日报》（海外版），2000 年 11 月 25 日。

② 《人民日报》（海外版），2001 年 11 月 25 日。

韩副财长和央行副行长会议在河内举行，各方就监控短期资本流动和国际金融体系改革问题进行了讨论。2000 年 5 月，东盟—中、日、韩财长在泰国清迈举行会议，通过了《清迈倡议》，将原来东盟之间的货币互换扩大到所有倡议缔结国。这意味着在倡议缔结国之间形成了一个双边货币互换及债券回购的网络，也即“10＋3”国家在遇到国家收支困难及外汇支付危机时，可得到其他缔结国的短期外汇支持，这将对东亚地区的金融稳定起到积极作用。对此，中国财政部长项怀诚评论说：“清迈倡议标志着东南亚国家在区域金融合作方面迈出了实质性的步伐。”七是“电子东盟”合作项目开始启动。2000 年底，新加坡提出了“电子东盟”计划，并得到了东盟各国认可，据此通过了《电子东盟框架协议》，目的在于加快东南亚地区电子商务的发展，以适应新经济发展的需要和应对经济全球化带来的挑战。对东盟这一促进区域经济发展的新构想，中国给予积极支持。2000 年 11 月，朱镕基总理在出席新加坡举行的第四次中国—东盟领导人会议时发表讲话指出：中方充分肯定、积极支持东盟发表的《电子东盟框架协议》。他表示：“中国愿与‘电子东盟’的建设，加速建设东亚新一代高速互联网络，大力发展电子商务。”并建议在中国举办“中国—东盟信息技术合作研讨会”，以探讨如何加强双方在信息技术领域合作的问题。在双方的共同努力下，2001 年 4 月 10 日，中国—东盟信息通信技术研讨会在中国深圳举行，来自中国和东盟各国负责通信的部长及专家学者出席了研讨会。中国信息产业部部长吴传基在会上发言指出："电子东盟计划已经启动"。

综上所述，自从1991年中国与东盟建立对话关系以来，关系得到了全面的改善，双方的睦邻互信伙伴关系的框架已初步形成。但由于历史原因，在双方关系中仍存在的一些消极因素，这方面的主要问题是：

1. 南沙群岛问题

南沙群岛历来是中国领土，过去东南亚国家对中国的这一领土主权未提出任何异议，不存在南沙群岛问题。后来一些东南亚国家为了各自的利益，不但占领了南沙群岛一些岛屿，而且还提出领土主权要求。南沙群岛战略位置非常重要，是扼守太平洋通往印度洋的咽喉要道。南沙群岛的周边国家都力图以该群岛为依托来扩大战略纵深。而更重要的是南沙群岛有丰富的海洋资源，被称为"第二个中东"。中国与东盟个别国家时常为该群岛的主权问题发生矛盾，这个问题如果不能够妥善解决将成为双边关系中的一个敏感问题。

2."中国威胁论"问题

冷战结束后，某些西方列强为了其战略利益，在亚洲特别是在东南亚极力散布"中国威胁论"。由于历史原因，要消除历来深受西方影响的一些人对中国的戒心尚需时日。

3. 台湾问题

在冷战时期，因受社会制度和意识形态差异的影响，原东盟成员国几乎都与中国台湾省关系密切，都与台湾地区有外交关系。1990年冷战结束后，东盟国家对台湾地区的政策作了较大的调整，转而与中国建立或恢复外交关系，承认中华人民共和国政府是代表中国的唯一合法政府，台湾是中国领土不可分割的一部分，与台湾地区只保持非官方关系。台湾当局也不甘心失败，自1993年以来，凭借其经济实力，积极推行“南下政策”，实施“以经促政”，大搞“实质外交”。台湾一直是东盟各国的主要贸易和投资伙伴。“1997年台湾与东南亚的双边贸易已近300亿美元，台湾在东南亚的累计投资也达200多亿美元。”①据台湾淡江大学林若雩教授于2007年4月18日来广西社会科学院讲台湾与东盟的关系时说，据台湾统计，截至2006年，台湾在东盟的投资合同金额累计已经达600多亿美元。东盟有些国家由于受到经济利益驱使，对台湾这一敏感问题的态度有时表现暧昧。为此，中国政府曾一再提出这个问题，希望与中国有外交关系的国家坚持一个中国原则，不与台湾发生任何官方关系。

二、越南加入东盟后的中越关系

1995年7月28日，越南——这个在东南亚地区坚持共产党领导的社会主义国家，被东盟正式接纳为东盟第七个成员国。意识形态、政治体制与东盟国家完全不同的越南加入东盟，当时引起了国际社会的强烈反响。与越南恢复正常关系刚四年的

① 贺圣达等著：《世纪之交的东盟与中国》，云南民族出版社，2001年1月版，第5页。

中国，对越南加入东盟虽然持支持态度，但有些国际舆论和中外学术界对越南加入东盟后的中越关系走向仍存在某些忧虑。事实上，越南加入东盟后，中越的友好合作关系不仅没有出现倒退，相反朝着健康的方向稳步迈进。

时至今日，无论是回顾中越恢复关系正常化 10 周年，还是回顾越南加入东盟后的中越关系，我们都可以清楚地看到，在这两个时期的时间段中，尽管中越两国存在着许多有待双方共同解决和探讨寻求解决办法的历史遗留问题，以及存在着影响两国关系发展的不利因素，但是，这些问题与因素并未影响中越关系向前发展的主流和大局。越南加入东盟以来，在中越两党、两国高层领导人的共同努力下，中越两党、两国关系从中央到地方，从广度到深度得到了顺利发展；双方扩大了共识，减少了分歧，增加了互信，政治关系日益巩固，经济关系不断加强，把传统的睦邻友好关系推向了面向二十一世纪的“长期稳定、面向未来、睦邻友好、全面合作”的新型关系。

（一）中越政治关系

正如前文所述，中越关系正常化后的发展趋势由于建立在 4 年的修复与磨合，并逐步走向正常化和睦邻友好关系这样的坚实基础上，特别是在越南加入东盟前的 1994 年 11 月，中共中央总书记、国家主席江泽民对越南进行正式友好访问，为中越两国关系向更高层次发展和两国面向未来，为 21 世纪两国睦邻友好关系长期稳定发展奠定了基础。

在中越关系中，由于两国的政治体制相同，都是共产党领导，都坚持社会主义制度，因而，两国在发展关系中，政治关系的发展要比其他关系的发展更为扎实、稳固和迅速，并且带动和促进了其他关系的发展。越南加入东盟后，中越两国的政治关系不仅没有因越南成为东盟成员而受到影响，相反，中越的政治关系在经历解决两国历史遗留问题的谈判过程和亚洲金融风暴的考验中更加稳固、更加密切。

第一，这一时期，两国高层领导之间持续频繁互访促进了两党、两国政治关系的发展。1995 年 11 月 26 日至 12 月 2 日，应中共中央总书记、国家主席江泽民的邀请，越共中央总书记杜梅对中国进行了正式友好访问。这是越南于当年 7 月 28 日加入东盟后越南最高领导人首次访问中国，也是继 1991 年 11 月 5—10 日杜梅为恢复中越关系正常化专程访问中国后第二次访问中国。1997 年 7 月 14—18 日，杜梅再次率团对中国进行正式友好访问。杜梅的三次访华，为中越关系的恢复与发展作出了重要贡献，从而使中越两党、两国政府以及各部门、各行业、各团体以及地方政府之间的友谊关系得到迅速恢复和发展。1998 年 10 月，越南政府总理潘文凯对中国进行正式友好访问；1999 年 2 月，越共总书记黎可漂对中国进行正式友好访问。中越两国高层领导的互访有力推动和促进了两国政治关系的发展。

其次，两国高层领导的每次互访，都给中越关系发展史上留下了光辉的一页。1994 年 11 月，江泽民作为中国党和国家最高领导人在越南加入东盟前，对越南进行首次访问，既意义重大又是中越关系史上的一件盛事。如果说，江泽民在这次访问时首次提出的解决两国关系问题的 16 字方针“明确方向、逐步推进、大局为重、友好协商”为越南加入东盟后的中越关系确定了面向未来，为 21 世纪两国睦邻友好合作关系长期稳定奠定了基础，那么，1999 年 2 月越共总书记黎可漂访华期间与中共高层领导达成共识并体现在《联合声明》中的“长期稳定、面向未来、睦邻友好、全面合作”的后 16 字方针，为把中越关系推向更高层次，提高到更高水平，为两党两国关系在新世纪的发展奠定了更加坚定的基础。中越两国高层领导共同确定的两个不同时期的 16 字方针以及两国领导人每年保持着高层会晤，对推动双方关系的稳定发展起了不可替代和重大的作用。

当然，越南加入东盟后，中越两党两国的政治关系在发展过程中也经受了两个重大事件的考验：一是如何妥善、友好、圆满解决影响两国关系的历史遗留问题——陆地边界和北部湾划界问题以及如何处理海上问题。这是摆在两国领导人面前最为艰巨、复杂的问题，这些问题能否得到妥善处理和解决，不仅直接关系到两国关系的走向，而且对本地区的持久稳定和平，对来之不易的、正在恢复的两国人民的睦邻友好关系将产生重要影响。二是 1997 年亚洲金融危机爆发后，中越两国经济在受到不同程度的冲击下，能否共同携手、相互支持、相互帮助、共渡难关。上述两大事件都十分严峻地考验着中越关系能否持续友好的发展。

首先，在围绕两国陆地边界和北部湾海域划界问题的谈判过程中，两国政府始终按照 1991 年中越关系正常化以后至 1995 年，两国领导人共同签署和发表的四个联合公报所提出的基本原则精神，即“双方同意通过和平协商来解决两国间存在的边界领海问题”，“在继续举行专家级谈判的同时，尽早开始政府级谈判，根据公认的国际法准则，就解决边界领土争议问题的基本原则达成一致，并根据这些原则加速谈判进程，早日解决包括海上和陆地上的领土争议问题。在谈判解决前，双方均不采取使边界领土争端复杂化的行动。”（1992 年联合公报）“双方重申 1991 年以来两国历次高层会晤所达成的原则、协议和谅解。双方同意，在此基础上本着以大局为重、互谅互让、公平合理、友好协商的精神，并根据国际法，参照国际实践通过和平谈判，妥善解决两国间存在的边界领土问题，不因分歧而影响两国关系的正常发展。”（1995 年联合公报）

1995 年，中越两国边界问题的谈判全面展开。两国第三轮政府级边界谈判于 1995 年 7 月 11—13 日在北京举行。经过两国陆地边界联合工作组的共同艰辛努力和多年来多轮政府级边界谈判，终于在 1999 年 12 月 3 日，中越双方共同宣布，两国陆地边界存在的问题已全部解决，相关实质性谈判已结束，力争年内正式签署两国陆地边界条约。同年 12 月 30 日，越南时间18时30分，在河内国际友谊中心，在越南政府总理潘文凯的见证下，中国外交部部长唐家璇与越南政府副总理兼外长阮孟琴分别代表两国正式签署《中国与越南陆地边界条约》。至此，中越两国陆地边界问题已全部解决。此后，2001年12月27日，中国和越南陆地边界第一块新界碑揭幕仪式分别在中国广西防城港市东兴口岸和越南芒街口岸举行，标志着《中越陆地边界条约》的正式实施和陆地边界实地勘界立碑工作的正式启动。对中越在陆地边界划分上取得的成果，中国外交部部长唐家璇指出："中越陆地边界条约的正式签署，标志着双方将一条和平、友好、稳定的中越陆地边界带入21世纪，这不仅将直接造福于两国人民和子孙后代，而且对促进两党关系以及两国在各个领域的全面合作及本地区和平与稳定同样具有重要意义。"同时，"它为双方今后解决其他历史遗留问题提供了范例。"越共总书记黎可漂在会见中国外长唐家璇时指出，这"对两国建立在相互信任基础上的友好合作关系具有重大的意义……它标志着两国睦邻友好关系又迈进了坚实一步，对地区的和平与稳定也将产生积极影响"。①

两国海上问题专家小组也于1995年7月成立并于11月14—16日在河内举行第一轮会谈，双方就今后通过双边谈判解决海上争议的工作程序达成一致并签署了《会谈纪要》。

这充分表明以下几点：一是由两国老一辈无产阶级革命家毛泽东主席和胡志明主席亲自缔造，培养的两国党和人民的友

① 《人民日报》，2000年1月1日。

谊与睦邻友好关系有坚实的基础。正如越南著名中国问题学者杜进森博士在其《越中外交关系建立 50 周年纪念的几点思考》论文中所说的，“‘友好邻邦’仍然是两国关系的主流。”二是中越两党、两国政治关系的恢复和发展是促进解决两国存在问题的前提与关键。应当说，如果没有两国日益稳固发展的政治关系，是很难在如此短的时间内圆满解决上述难题的。三是在新的历史时期，两党、两国的共同理想和一致的奋斗目标是中越关系向前发展的基石。因此，两国顺利解决陆地边界和北部湾划界问题，为中越两国永远和睦相处，相互合作，共同发展奠定了坚实的基础。

其次，关于海上问题，由于西方国家的介入，海上问题呈现复杂化，因而，在短期内完全解决问题的可能性十分小。在处理有争议的问题上，中国政府为了顾全大局，一向采取忍让克制的态度。中国政府认为：在海上问题上同中国存在争议的国家都是中国的友好邻邦，中国重视同这些国家的友好关系的发展和本地区的和平与稳定。中国提出“搁置争议、共同开发”的主张，愿意在条件成熟的时候同有关国家谈判，寻求解决的途径，条件不成熟可以暂时搁置，不影响两国关系。在对待海上问题上，中国和越南都批准《联合国 1982 年海洋法公约》，双方都表示要根据国际法，“坚持通过和平谈判寻求一项双方都能接受的基本和长久的解决办法。在问题解决之前，……双方均不采取使争端复杂化或扩大化的行动，不诉诸武力或以武力相威胁。……不因分歧而影响两国关系的正常发展。”[①] 因此，只要中越两国站在战略的高度着眼未来，从两国关系的大局和两国人民的长远利益出发，严格遵守双方签订的《联合公报》关于处理海上问题的有关协议，那么，中越睦邻友好与全面合作关系的美好愿望与目标就一定能实现，在新世纪中将得到全面发展。

(二) 中越经济关系

1. 经贸关系持续发展

越南自 1995 年 7 月加入东盟后，正值中越关系恢复正常化后的第四年，关系正常化之后四年的中越经贸关系也随着政治关系的升温而得到迅速发展。1995 年，即越南加入东盟后的第一年，两国贸易额增至 6.91 亿美元，1996 年为 6.69 亿美元，1997 年为 8.78 亿美元。直至 1998 年，亚洲金融危机爆发对中越经贸并未产生重大影响，两国贸易额仍保持升势，为 9.89 亿美元。[②] 到了 1999 年，双边贸易额大幅上升，为 15.423 亿美元。这充分表明，中越两国的双边贸易具有优越的地缘关系条件和巨大的发展潜力，未受金融风暴的严重影响。到了 2000 年，两国贸易额猛升至 29.57 亿美元，[③] 比上年增长 87.1%，其中中国出口 14.23 亿美元，进口 15.34 亿美

① 《人民日报》(海外版)，1999 年 3 月 1 日。

② 越南《中国研究》，2001 年第 6 期，第 38 页。

③ 越南《中国研究》，2001 年第 6 期，第 38 页。

元，超额完成两国总理于1998年在北京提出的2000年两国贸易额达到20亿美元的目标。

从两国近年来进出口商品结构分析，中国2000年向越南出口的商品中，最大宗的是机电产品，总金额为6.61亿美元，其次是摩托车，共123万套，总金额为4.19亿美元，第三为成品油，共83万吨，总金额为2亿美元。越南2000年向中国出口的商品中，最大宗的是原油，共316万吨，总金额为7.3亿美元，其次是天然橡胶，共6万吨，总金额为0.443亿美元，第三为合成纤维纱线，总金额为0.1亿美元。这是在两国政府领导人共同协商和大力支持，以及有关部门的密切配合下，促进双方企业增加从对方的进口，尤其是对许可证管理商品的进口，才使得2000年双边贸易额大幅度上升，进出口商品种类不断增加，从而促进了两国双边贸易的发展。

据此，中国一些经贸人士认为，尽管近年来中越双边贸易发展迅速，呈持续增长势头，但尚未达到最佳状态：一是双边交易的商品比较单一，结构转变缓慢；二是中方出口商品的科技含量和附加值较低，越方出口商品以矿产品和农产品为主；三是双方在高科技领域的合作较少，合作的领域偏窄。两国经贸发展潜力巨大，经济发展的互补性、商品结构、交易领域等发展前景十分广阔，方式可多样化，双方还可以发掘和培养新的贸易增长点。由此，中越双方可从以下几方面加强合作，实现“科技兴贸”的目标，使之成为促进两国经贸合作新的增长点。

(1) 农业领域合作前景广阔。越南和中国都是以农业为主的国家，但中国对农业的开发比越南早，农产品优良品种的栽培、农业机械的制造与使用，水利建设和灌溉，农药，化肥的生产都比越南占有优势。最近几年，越南政府十分重视养殖业的发展，牲畜、家禽的养殖数量在逐年上升，随之对饲料的需求量在不断增加，中国饲料生产企业应抓住越南饲料市场缺口大的机遇，积极扩大饲料出口，并可考虑到越投资办厂。

(2) 水产品加工投资潜力大。越南的水产品资源非常丰富，水产品的出口已成为越南的第三大出口行业。但由于越南对水产品加工的能力较差，而且水产品加工的卫生问题十分突出，对其出口产生一定的影响。另外，在水产品加工过程中，对水产品加工的投资具有巨大的潜力和发展前景。

(3) 机械产品出口机遇多。越南的机械行业比较落后，随着越南经济快速发展，对机械的需求越来越大，如纺织机械，矿山、运输机械，以及特种机床、精密机床。在这方面，中国的产品在越南市场具有性能、质量、价格的优势。因此，中国的机械制造行业应抓住机遇，瞄准市场，在扩大对越南的机械出口的同时，应加大对越南的投资和增强产品的竞争力。

(4) 医疗卫生合作与药品生产市场看好。中国的医疗技术与水平在越南享有很高的声誉，尤其是传统中药，深受越南人的欢迎。此外，越南的中药资源十分丰富，但国内的中成药生产却十分落后，根本无法满足市场的需求。因此，无论是西医医疗技术与设备，还是中医和中药生产，在越南都有广阔的市场。

（5）电子产品及家电产品销量大。目前，“越南的彩电普及率仅为45％，而且集中在各大中城市，而广大农村地区的普及率仅为15％—20％。”① 随着越南人民生活水平的日益提高，群众对彩电、激光视盘机、激光唱机等视听设备的需求量也随之上升。尽管索尼、松下、LG、三星、TCL等集团已在越南投资生产，但市场容量仍很大。另外，小家电的销量亦十分可观，而且目前尚未有任何外资在越投资生产，这对中国电子产品和家电生活企业进入越南建厂是一个极好的机会。

（6）矿产资源丰富。随着经济的快速发展，中国对矿产资源的需求量越来越大，由于目前中国的矿产资源开采量难以满足国民经济发展的需要。而越南矿产资源比较丰富，在越南的出口总额中矿产资源占相当比例，因此，双方在矿产资源方面的经贸合作潜力很大。以原油为例，中国的原油年产量约1.4亿吨，而国内对原油的需求量却远远高于年产量，约为2亿多吨，每年需要进口7000万吨。越南目前原油产量为1600多万吨，大部分供出口。而且越南原油含蜡高，含硫低，收率高，油质好，是提炼优质成品油的理想原油。另外，在中国向外国进口原油的国家中，越南与我国运输距离最近，运输成本低。此外，铁矿和煤炭也是中国缺口较大的工业原材料产品，而这两种矿产品的产地都分布在与中国接壤的越南边境省份。因而，

① 许宁宁著：《来自东南亚的商机报告》，华夏出版社，2002年版，第274页。

如果双方在矿产品进出口方面加强合作，其前景是十分可观的。

2. 边境贸易久盛不衰

越南加入东盟后，尽管越南作为东盟成员国与东盟各国的经贸关系得到迅速发展，但对中越两国的边境贸易却没有产生丝毫影响，仍然呈强劲的发展势头并逐步向规范化方向发展。从下列数据可以充分表明边境贸易的发展趋势：中越边贸年均贸易总额为30亿元人民币左右，两国的边境贸易涉及越南6个边境省（即广宁、谅山、高平、河江、老街和莱州）和中国2个边境省区（广西和云南）。在两国签订了20多份商贸关系协定的基础上，尤其是两国于1999年解决了长期以来影响两国关系的陆地边界划分问题后，以及在两国政府和地方政府的共同努力下，到目前为止，双方边境已开通25对口岸，其中4对国际口岸，7对国家口岸和14对小额贸易口岸。此外，还形成了59对边境通道和13个边贸市场。

边贸的发展对两国边境地区的经济、社会和文化生活产生了积极的作用。以越南的谅山省为例，谅山省是越南北部边境的一个山区省，与中国广西壮族自治区接壤，边界长253公里。“近年来，该省的经济增长速度及结构的转变相当明显，1996年至2000年期间，该省的国民生产总值年均增长率为9.25％。2000年人均收入达320万越盾，是1995年的1.56倍。该省在同广西的进出口贸易中，连年出现增长势头。1996年至2000年的5年间，该省的进出口金额平均增长20.82％，旅游年平均增长10%，财政收入年均增长11.35%，2000年财政总收入达8280亿越盾，比1999年增长91.23%。"[①]"1991年通过谅山的贸易金额只有2300美元，到2000年已达7亿美元。在游客来往方面，通过谅山口岸，1997年两国来往人数是11.75万人次，2000年已达88.1万人次，2001年前半年达89.93万人次。"[②] 基础建设在越共中央给予的优惠政策支持下，省政府对口岸、边境公路等基础设施进行大力投入，使城市、农村、边境地区和口岸的面貌发生了根本性的变化。全省的物质生活和精神生活得到了很大的提高。其他边境省份同谅山省一样，通过边境贸易，其国民生产总值增长速度加快。据越南有关人士称，1991—1999年期间，高平省的国民生产总值年增长率为6.5%，广宁省为8.23%，老街省为6.3%，河江省1996—2000年均增长率为10.3%。这些边境省份在未同中国开展边境贸易前，都是贫穷落后的省份，每年必须靠国家的财政补贴。但经过几年来同中国发展边境贸易后，就很快走上了富裕的道路，这些省份不仅可以上缴国家财政，而且还投资建设地方基础设施，如交通道路、输电线路、邮电网络、学校、医疗所等。

对中国而言，中越边境贸易为广西和云南这两个与越南有着漫长边境线的省份发展带来可喜的效应和成果。广西边境

① 谅山省委副书记、省主席段伯然在2001年11月于谅山市举行的越中关系学术研讨会上发表题为《越中关系：十年回顾与展望》的祝词。

② 谅山贸易、旅游局局长梁登宁：《从谅山的经验和发展趋势看几年来越南与中国贸易旅游关系》，2001年11月于谅山市举行的越中关系研讨会论文。

县、市属于“老、边、少、山、穷”地区，经济欠发达，每年需国家的财政补贴。在中越边贸兴起之后，广西边境 8 个县市的国民生产总值随之增长，“从 1990 年至 1994 年，其国民生产总值年均增长率达到 19%，同比高出广西平均水平 2 个百分点，高出全国平均水平 7 个百分点。以东兴市为例，该市 1991 年的国民生产总值和财政收入分别只有 1.3 亿元和 0.13 亿元人民币，但到了 1997 年已分别增至 9.1 亿元和 0.93 亿元人民币，年均增长率分别到 38.5%和 38.8%，跃居广西的前列。”①

中越边境贸易的发展不仅对促进两国边境地区的经济建设和社会发展起了十分重要的作用，而且对边境地区的社会稳定起了积极作用。

3. 投资合作不断加强

越南 1995 年 7 月加入东盟后，中国对越南的投资不断发展。但与经贸合作相比，发展速度相对缓慢。中国对越投资规模较大的经济合作项目甚少，大多是小规模的项目，主要集中在饮食、酒店、商场、食品包装印刷、家用电器生产组装、农业机械、农产品加工、饲料生产、香烟、竹制品、食品与饮料加工、银行设备加工、瓷砖、玩具、工艺品、卫生纸、荧光灯、中药等。对越投资虽然分布在越南 61 个省市中的 29 个省市中，但是其中超过 40%的项目和 50%的资金都集中在基础设施较完善、华人聚居相对集中的河内、胡志明市、海防市和广宁省等。

① 古小松：“90 年代中越边境经济合作”，《东南亚纵横》，1999 年第 3 期。

关于中国对越南直接投资的详细进展情况，如下表：

截止年月	共有项目	登记金额（亿美元）
1995 年 12 月	33	0.6
1996 年 12 月	46	0.7
1997 年 12 月	56	1.02
1998 年 12 月	61	1.20
1999 年 12 月	76	1.30
2000 年 12 月	92	1.48
2001 年 12 月	150	2.126

资料来源：（越南）阮明恒：《进入新世纪前的中越经济关系》，2002 年 8 月。

从以上各个年份中国对越投资的项目和投资总金额看，每年的投资项目和投资金额一直在增加，从 1995 年 12 月的 33 个项目，投资总额 0.6 亿美元增加到 2001 年 12 月的 150 个项目，总额 1.9 亿美元。从这里可以看出，越南加入东盟后，以至到亚洲金融危机发生后，中国对越南的投资并未受到影响。尽管许多投资项目的规模小，投资资金亦少，平均 200 万美元左右，而且许多投资项目的投资期限短，平均不满 20 年，多数的投资期限在 10—15 年之间，但是，对急需吸引大量外资的越南而言，来自中国投资者的资金为越南创造了大量的直接就业机会和出口创汇。

但是，中国对越投资还落后于其他国家和地区，其主要原因有以下几个方面：

（1）中越两国同属发展中国家，都需要吸引外资和外国技术，因此，目前中国不可能有大量资金投向越南，并且这种状况在短期内难以改观。

(2) 越南的投资市场与中国的投资市场有一些相似之处，也就是说投资市场趋同。

(3) 许多中国公司竞争不过目前在越南投资的其他外国公司和地区公司（如台、港、澳），这也是影响大陆到越南投资的一个重要因素。

(4) 中方众多公司积极参与越方的一些工程国际招标项目，且具有较强的竞争力，但由于越方对中国公司的能力、技术水平和设备水平不甚了解，甚至信任程度差，致使中国公司实际中标者甚少。

(5) 中国的投资有部分仅局限于原来援建项目的更新改建，没有注重新项目的开拓。

(6) 许多实力雄厚（资金、技术设备及产品在国内均属一流）的企业亦有意角逐越南市场。但由于对越南的投资领域、投资环境及相关的法律法规等情况不甚了解，因而，还有一些企业正观望、等待时机。

4. 旅游合作

自从 1994 年 4 月 8 日中越两国签订旅游合作协定以后，两国的旅游部门和两国边境省份旅游部门之间的全面合作关系进一步加强，每年都派团互访，对合作成果进行评价，并磋商下一步的合作计划和措施。双方均为两国公民的来往创造了便利条件。据越南旅游部门统计，自 1995 年至 2000 年五年间，中国游客到越南内地旅游的人数越来越多，1995年为62640人，1996年为37.7555万人，1997年为40.5271万人，1998年为42.0734万人，1999年为48万人，2000年为60万人，2001年为69.7万人，约占越南国际游客的29%。[①]“如果把台湾地区的游客加在一起（据越方统计，赴越旅游的台湾地区的游客人数，1997年为15.4万人次，1998年为13.8万人次，1999年为17万人次，2000年为21万人次，2002年为20万人次），则赴越旅游的中国人的数字会更大，占国际旅客人数的比例会更高。”[②]随着越南革新开放的深入，经济的发展，越南人民的生活水平在不断提高，许多人已具有出国旅游的经济条件，许多越南人都渴望到中国各地旅游。近年来，到中国旅游的越南游客人数越来越多。据越南学者保守估计，到中国旅游的越南游客，1996年至2000年平均每年为10万人。

为了进一步落实中越旅游合作协定和加强两国旅游合作，把两国的旅游业迈向新的台阶，两国旅游部门建立了定期性的互访、磋商机制。1998年5月，越南旅游代表团访问中国国家旅游局，考察学习中国发展旅游业的做法和经验；1999年4月6日，中国国家旅游局局长何光伟同越南旅游总局局长武世胜在河内签订了中越1999—2000年旅游合作计划；2000年初，中国国务院决定把越南视为持护照的中国游客前往旅游的

---

① （越南）杜进森：《1991年至今的中越关系与展望》，《“21世纪中越关系展望”中越学者学术研讨会》2002年8月31日—9月2日，中国郑州大学。

② 赵和曼：“中越旅游合作的现状及前景”，云南省社会科学院东南亚研究所：《东南亚》，2002年第2期，第28页。

市场，这是加强两国旅游合作的新起点；2000年5月，由武世胜率领的越南旅游总局代表团到中国访问，与中国国家旅游局磋商关于如何组织持护照的中国公民前往越南旅游。2000年10月，双方签订了关于持护照的中国公民前往越南旅游的备忘录。此外，两国旅游部门还经常交流旅游信息及其他有关信息，相互交流旅游及旅馆管理的经验，并在发展生态旅游方面进行合作，各自在本国内为对方做旅游宣传，鼓励两国旅游企业参加对方组织的旅游研讨会、展览会，共同开发市场，招徕客源。

5. 港、台与越南的经济关系

（1）中国香港与越南的经济关系

香港特别行政区（以下简称香港）与越南有着十分密切的经贸关系，“香港向越南的贸易出口额从1995年的4.189亿美元上升到1997年的5.989亿美元，1999年为5.87亿美元，2000年达6.065亿美元。越南向香港的贸易出口额从1995的2.567亿美元上升到1997年的4.307亿美元。受亚洲金融危机的影响，1998年越南出口香港的贸易额降至3.181亿美元，1999年又下降至2.358亿美元，2000年上升到3.154亿美元。”[①]

在投资方面，迄今为止，香港已在越南投资12亿美元，协议金额28.245亿美元，投资项目总数220个，在所有外国和地

① 刘咸岳、黄铮主编：《2001年越南国情报告》，广西人民出版社，2002年5月版。

区对越南的投资项目中，香港对越南的直接投资排第5位。①

（2）中国台湾与越南的经济关系

台湾省与越南的经贸关系近几年来发展较快，“双边贸易额从1990年的1.183亿美元增至1994年的9.615亿美元，1998年达15.56亿美元，2000年增至21.32亿美元。”②

从1990年至1998年底，台湾在越南的累计投资额为47亿多美元，投资项目达303个。截至2002年底，越南已给749个台资项目签发营业执照，注册资金超过48.7亿美元。台湾在越南的投资主要在纺织、非金属矿产品、食品与饮料加工、纸制品与印刷、机械、橡胶、塑料、木材家具等。一般而言，台商在越南投资设厂，大多数是以外销为导向，但仍有不少大中型企业着眼于越南的广大内销市场潜力，而设厂生产进口替代产业，有助提升本地产业及技术转移。

台湾对越南的援助其实是台湾当局对东南亚国家实施南向政策的一部分。从1992年起台湾向越南提供了至少三种形式的援助，即捐赠、贷款和项目援助。鉴于台湾和越南没有外交关系，台湾对越南的援助通常通过一个政府资助的私营机构“‘国际’合作与发展基金组织”来运作。在1995年底越南获得了台湾的最多援助。越南是接受了价值超过7000万美元台湾援助的唯一东南亚国家。③

---

① 刘咸岳、黄铮主编：《2001年越南国情报告》，广西人民出版社，2002年5月版，第175页。

② “台湾关税总局”2002年6月4日。

③ 《南洋资料译丛》总第141期，2001年第2期，第65页。

（三）中越文化关系

1. 文化交流方面

从1992年至1999年8年间，中越两国已陆续签订了《中华人民共和国政府和越南社会主义共和国政府文化协定实施计划》。应中国文化部部长何家政邀请，1999年12月中旬，由部长阮科恬率领的越南文化通讯部代表团访问中国，并签署“越中两国政府2000年至2001年文化协定实施计划”。

八年（1992—1999年）来，越南方面已选派近100个文化代表访问并在中国组织美术展和演出，对文物保存、美术、新闻出版发行、文化艺术培养、文学、音乐、电影、摄影、舞台、民间文化等领域进行研究与考察。中国也派数十个代表团访问越南，并组织美术展览、访问和演出，研究考察文物保存、美术、电影，参加越南电影联欢，交流音乐、写作、舞台、舞蹈艺术的经验等。1995年越南加入东盟以后，中越之间的文化交流更加密切，团队互访扩大到有关省市，内容更加广泛。1997年3月，由中国文化部副部长潘振柱率领的中国政府文化代表团访问越南；2000年11月，由中国文化部对外联络局副局长董俊新率领的中国政府文化代表团访问越南；中国东方歌舞团、云南艺术团、山东艺术团、吉林艺术团先后访问越南并在越南组织美术展览。通过互访与交流，中越之间就文化市场管理、文化体制改革、艺术团管理工作、艺术表演工作、群众文化工作、文化艺术培养工作、文物保存工作、书店工作、民族文化遗产保存工作、少数民族文化事业保护与发展工作、电影事业发展与管理、旅游文化区建设与管理等等进行交流和相互学习。两国的博物馆还建立合作关系，如胡志明市博物馆与中国广东革命历史博物馆、中国浙江省周恩来纪念馆、广西社科院建立合作关系，主席府古迹区已与毛泽东纪念馆、宋庆龄纪念馆（上海）建立合作关系，越南历史博物馆已与云南博物馆建立合作关系，越南革命博物馆与中国革命博物馆建立合作关系。

1998 年中国电影协会还帮助越南电影协会制作《胡志明与中国》资料片；1997 年中国中央电视台、云南电视台、四川电视台等多家电视台与越南文化通讯部国际新闻合作中心制作《红河》影视片；中国作家协会、云南省作家协会帮助越南作家协会制作《胡伯伯在云南》资料片。

1997 年以来，中国驻越南大使馆向越南提供许多内容丰富和艺术价值较高的中国电影故事片，参加河内国际电影联欢会。几年来，中国驻越使馆给越南电视台、河内电视台提供中国故事影视片在越南电视频道上进行播放。这些影视片播出后，受到越南观众的欢迎。这表明：（1）中国的传统文化与习俗已深深植根于越南人民心中；（2）中国的影视片的艺术欣赏价值和所反映的故事内容十分贴近生活，且为越南人民所熟悉和易于接受；（3）反映中国改革开放的影视片给越南人民带来的不仅仅是艺术欣赏，更多的是给越南人民带来社会主义制度条件下的改革开放、经济建设的启迪，从而更加坚定社会主义信念，坚持越南的革新开放的信心。

为了进一步扩大两国文化交流与合作，1999 年 5 月 14 日，越中文化交流俱乐部在河内正式成立。从成立至今，该俱乐部已吸引约 300 名会员，并组织多次文化交流活动。越南政府对原中国驻越大使李家忠对越中文化交流所作出的巨大贡献给予了高度评价。在中华人民共和国成立 50 周年之际，1999 年 9 月 29 日于河内，越南文化通讯部部长阮科恬授予李家忠大使“文化战士徽章”。此前，阮科恬部长也授予中国驻越使馆文化处负责人、一等秘书余祥基“文化战士徽章”。

2. 科技合作方面

中越两国政府一向十分重视两国之间在科技领域的合作与交流，并紧紧围绕两国双边协定，在亚太经合组织及东盟框架内的多边协定基础上进行。中越两国的科学技术委员会于 1992 年 12 月 2 日在河内签订了“越南社会主义共和国与中华人民共和国政府间的科学技术协定”后，两国的科学技术委员会举行了四次会议，每两年举行一次。每次会议的主要内容包括：（1）对中—越各个有关科学院的科学技术合作成果进行评价；（2）采取统一措施以提高双边合作效益；（3）审议通过下届两国的合作项目。双方合作的方式是：（1）两国政府高层代表团互访，专家代表团和科学研究代表团进行合作；（2）互相提供科学技术信息；（3）联合举办有关科学论坛；（4）举行科学技术成果展览；（5）进行各个合作项目的研究。此外，双方还组织专业和科学研究人员进行互访、参观与考察，以增进双方的互相了解，交流经验以及寻找新的合作项目。

两国政府对双方的科技合作还提供了大力支持，对农、林、水产等行业的合作给予优惠政策，对一些机器制造工业、化学和科技管理等领域实施扶贫致富政策。在两国政府的关怀和支持下，双方已开展一些合作研究项目，并取得了良好的效果。例如：河内第一农业大学与中国广西农业科学院合作，在越南设立一所展览中国农业先进科学技术的展览馆；越南高平省技术所同中国云南省科学技术所和云南科学院共同合作，在越南试种大麦和小麦，当年获得成功，并向越南北部的省份和地区推广种植；直属越南科学技术环境部的区域发展中心，获得了中国广西钦州所转让的对虾养殖技术。中国还对越南进行了多届的关于农业机械化、通讯工业、高科技农业以及水产等行业的培训。

3. 教育合作与交流方面

中越关系正常化后，两国在教育和培养方面的交流与合作关系逐步得到恢复和发展。越南加入东盟后，双方在教育和合作方面持续发展。

1996 年 9 月，由国家教委主任周开轩率领中国教育代表团正式访问越南，两国教育部长进行会谈，并签署了《1997 年至 2000 年教育交流协议》文件。文件充分体现了中越两国的教育交流与合作，内容相当丰富，涉及面十分广阔，包括代表团互访，交换教师，交换留学生，合作开展科学研究，组织各种学术活动，鼓励两国教育研究机构和学校直接对口合作。

到目前为止，越南有 20 所大学与中国 40 所大学、学院建立了交流与合作关系，两国之间留学生的互换，学者之间的互访讲学等活动也日渐增加。这种交流与合作关系的建立，有力地推动和促进了两国在教育领域的全面合作。中国政府每年向越南提供全部助学金接收45名越南留学生（包括研究生、留学生和进修生）到中国16个省、市的各大专院校留学1—5年不等。

为了进一步发展中越两国教育合作与交流关系，1999年4月，由教育部副部长韦玉教授率领的中国教育代表团访问越南。中国代表团与越南培养部领导举行会谈，就目前和今后两国教育合作与交流的可行性发展交换了意见，并就签署中越2000年以后的教育合作交流的协议进行磋商。在互换留学生方面，今后两国将选派更多的青年学生到双方的大专院校进行留学和深造。

在社会科学研究领域，两国间国家级的学术研究机构均建立了密切的学术交流与合作关系，如中国社会科学院以及各省市的学术研究机构，尤其是广西社科院及其下属的东南亚研究所和广西社科联下属的东南亚经济与政治研究中心，云南省社科院及其下属的东南亚研究所等均与越南社会科学与人文中心下属的各研究机构建立了密切的学术交流与合作关系。两国的学术研究机构除保持经常性的学术交流联络渠道外，每年双方都不定期地就国际和地区热点问题共同举行国际性学术研究会，或互派学者和访问团，共同探讨研究课题、交换资料、举行学术讲座以及互派研究人员到双方的研究机构学习或访问。两国学者们的研究成果和理论观点，为两国政府的决策起到了重要的作用。

（四）亚洲金融危机与中越关系

1997 年 7 月亚洲金融危机爆发，东南亚各国经济受到严重冲击，经济处于困境，经济增长率普遍下降，有的甚至出现负增长。刚加入东盟两年的越南，原指望加入东盟后依傍东盟强劲的经济实力来振兴本国经济，但这一愿望却被突如其来的金融危机所浇灭。金融危机对越南经济造成的影响虽然没有像东盟成员国中的泰国、印尼等国那么严重，但也在一定程度上对越南经济造成了诸多困难。例如，越南的出口市场出现萎缩。“1996 年出口增长率为 33.2%，到 1997 年降为 22%，1999 年再降到 20%”。[①] 引进外资项目与金额减少。“1996 年引进外资项目 367 个，协议金额 85.28 亿美元，1997 年，越南批准的外国投资项目为 333 个，总金额为 44.53 亿美元，1998 年引资项目 260 个，协议金额 40.59 亿美元。”[②] 越盾出现贬值。“1997 年 7 月 1 日，越盾与美元比价为 11119 盾/美元，到 1998 年 8 月，越盾与美元的比价为 12998 盾/美元。”[③] 在严峻的经济形势下，越南政府一方面积极采取各种措施，设法缓解金融危机对国家经济所造成的困难。另一方面，越南却十分担心对越南经济具有相当影响的中国为了保护本国经济利益而作出人民币贬值的

① 赵和曼主编：《东南亚手册》，广西人民出版社，2000 年 5 月版，第 404 页。
② 赵和曼主编：《东南亚手册》，广西人民出版社，2000 年 5 月版，第 404 页。
③ 同上。

决定。因为人民币一旦贬值，流入越南政府银行和民间的人民币，尤其是与中国边境贸易关系密切的越南边境六省，经济将受到影响。其次，越南十分担心因人民币贬值对中越双边贸易、边境贸易以及越南与其他国家与地区的贸易产生冲击。

越南政府的上述担心并不无道理，因为作为越贸易伙伴的中国，同样受到金融危机的巨大冲击。首先，中国的对外贸易出现负增长。由于受金融危机的冲击，东南亚各国货币大幅贬值，对中国的进口大大减少。东南亚各国的出口市场与中国相似，均以北美和欧洲为主，在东南亚各国产品价格下降的前提下，形成了对中国出口的强大竞争力，这给中国的出口带来了巨大的压力。其次，中国引进外资增长速度放缓。中国吸引外资的主要来源国和地区——日本、韩国、东盟各国，以及香港、台湾，因受金融危机冲击，经济困难重重，减少了其在中国的投资，撤消了许多项目。其三，经济增长率下滑。1998 年国民生产总值增长率为 7.8%，比 1997 年下降了一个百分点，未达到政府原先制定的计划。其四，1997 年 7 月泰国爆发货币危机后，世界许多经济学家和各国政府政要都猜测中国人民币在强劲的金融风暴的冲击下将会贬值。毫无疑问，中国在受到金融危机冲击后，对外贸易出现负增长的情况下，人民币贬值会有利于中国的出口竞争能力，会促进中国的出口。然而，作为亚洲经济大国的中国，如果人民币贬值，势必对亚洲甚至世界金融产生巨大的不利影响，这不仅不利于东南亚各国化解金融危机，而且还将导致东南亚各国货币再度下跌，这无疑给他们的经济危机雪上加霜。同时，人民币贬值也直接影响中国自身的利益。因而，中国政府从维护亚太地区经济稳定的大局出发，在自身经济力量仍比较薄弱并且面临风险和压力的情况下，毅然作出了举世瞩目的决策：

（1）以负责任的态度，承诺人民币不贬值。中国政府始终把人民币与美元的汇率控制在1美元兑换8.26元人民币左右，坚持保持金融市场的稳定。

（2）向金融危机“重灾区”的东南亚国家伸出援助之手，帮助他们渡过难关。中国政府通过国际货币基金组织操作，“在危机之初就向泰国提供10亿美元的紧急援助。”[①] 同时，中国“向印尼提供了10亿美元的信贷。”[②] “中国还向印尼政府提供3亿美元的双边贷款援助，进一步支持国际货币基金组织牵头的国际社会援助印尼的融资方案。”[③] 中国还通过双边渠道对印尼等国提供了出口信贷和紧急无偿药品援助，并与有关国家积极探讨在双边贸易中扩大易货贸易等变通合作方式，以减轻东盟国家对外支付美元的压力。仅一年多时间，中国通过直接和间接两种方式，向东南亚金融危机冲击的国家提供了45亿美元的巨额援助贷款。

加强同东盟合作，共渡难关。亚洲金融危机爆发后，中国领导人加强了同东盟各国的交往与磋商，高层互访频繁。中国

---

① 《人民日报》1998年3月16日。

② 张青：“鉴戒东南亚金融危机的原因和教训”，《东南亚纵横》（杂志）1999年第2期，第55页。

③ 《人民日报》，1998年7月30日。

国家主席、副主席、国务院总理在参加亚太经合组织非正式首脑会议、亚洲与欧盟会议期间，均与东盟各国领导人会晤，商谈化解东南亚金融危机的合作和措施。江泽民主席在1997年APEC第五次领导人非正式会议和1998年APEC第六次领导人非正式会议上先后提出“加强地区和世界的金融合作”[①]、“促进国际金融稳定发展”[②] 的主张。1998年9月28日，中国外长唐家璇在马尼拉出席中国—东盟对话会议时表示，尽管金融风波尚未过去，“中国将一如既往地与东盟国家同舟共济，携手共进。”唐家璇还指出：“中国与东盟的友好交往与相互了解继续加深。互利合作不仅没有因东亚金融危机而减弱，反而在一定程度上得到加强。”[③] 1998年12月16日，中国国家副主席胡锦涛在出席在越南首都河内举行的第二次中国—东盟领导人会议时表示中国将与东盟一道“积极应对金融危机的挑战。……无论时代风雨如何变化，发展进程如何坎坷，我们将同呼吸，共命运”[④]，与东盟十国领导人商谈中国—东盟如何加强地区金融合作的具体措施。胡锦涛副主席向东盟提出了具体的地区金融合作的三点建议：（1）通过全面对话合作框架，中方保持与东盟国家各层次、各领域、各渠道的友好交往；（2）中国坚持以经济合作为重点，优势互补，互惠互利，开辟多种合作，扩大

① 外交部政策研究室主编：《中国外交》，世界知识出版社，1997年版，第825页。

② 《人民日报》，1998年11月18日。

③ 《人民日报》，1998年7月30日。

④ 《人民日报》，1998年12月17日。

双边的贸易和投资规模；（3）加强金融领域的合作，防范金融风险，稳定本地区的经济形势，这是我们的共同利益。中国坚持改革开放，保持人民币汇率稳定，愿继续向东盟有关国家提供力所能及的援助，支持东盟成立“东盟基金”，中国政府为该组织捐款20万美元。中国还愿与东盟积极探讨和开展金融领域的合作。

中国的上述主张和建议受到了东盟各国的欢迎和支持。中国在亚洲金融危机爆发后主动开展同东盟在金融领域的合作，一方面充分体现了中国愿意与东盟同舟共济，共同发展繁荣的精神，另一方面，对稳定东亚的金融，维护东亚国家的金融安全和建立公正合理的金融秩序，具有重要意义。

对于中国在亚洲金融危机中的积极贡献，各国政府、有关国际组织和专家们给予了高度评价。雷曼公司副总裁罗伯特·霍马茨说，在缓解亚洲金融危机中，中国的表现很负责任，发挥了重要的稳定和建设性作用。中国设法维护人民币汇率，在危机之初就向泰国提供10亿美元的紧急援助，并在地区和国际努力方面也积极合作。如果人民币贬值，那就会对其他国家的货币造成更大的冲击。这些事实表示，中国在国际上的地位得到了加强。1998年11月18日亚太经合组织第六次领导人非正式会议发表的《亚太经合组织领导人宣言》称：“中国在本地区面临金融危机的形势下降低利率和扩大内需以刺激经济增长，同时保持人民币汇率稳定，对维护本地区金融稳定作出了重要贡献”。[①]

---

① 新华社《新华每日电讯》1998年11月20日。

（五）越南加入东盟后中越关系升温的主要原因

1995年越南成为东盟成员国，并且与美国恢复了关系之后，在国际形势和地区形势对越南的内政外交从某种意义上讲都有利于越南的前提下，中越关系不但没有受到影响，反而得以升温，其主要原因如下：

其一，发展同越南的友好合作关系是中国对外近邻优先政策的重要一环。中国有句古话“远亲不如近邻”，发展与亚洲各国的友好合作关系，促进亚洲各国的共同繁荣是中国外交的优先目标之一。东南亚国家是中国南面的近邻，是中国进行地区全面合作的重要合作伙伴，也是中国融入国际社会的一个重要战略方向。冷战结束后，中国与东南亚国家在政治、经济、文化等领域的交流与合作发展很快，高层领导人互访频繁并相互保持着畅通的接触和各种渠道的对话，增进了相互之间的了解和友谊。从1991年起中国开始与东盟进行对话，并成为东盟的磋商伙伴。1996年7月东盟把磋商伙伴的中国升格为全面正式对话伙伴国。这标志着中国和东盟的关系进入了全面发展的阶段。中国对东盟1994年倡导成立的“东盟地区论坛”持积极态度，并每年都参加论坛会议，与东盟国家和其他有关国家就亚太地区的安全与合作问题进行磋商对话。在国际和地区事务中，中国与东盟有许多共识，双方之间相互协商、相互支持，在增进本地区国家相互了解与信任，探索以对话合作的新方式和维护地区和平与稳定方面发挥了积极的作用。此外，中国和东盟各国（包括越南在内）在经济、贸易、科技和文化等领域的合作不断加强。东盟已成为中国进行地区全面合作的重要伙伴，尤其是在2001年11月在文莱召开的第三次东盟和中、日、韩“10＋3”首脑会议上，中国领导人和东盟同意在10年内建立中国—东盟自由贸易区以及于2001年11月在柬埔寨为实现中国—东盟自由贸易区而签订了协议，更是把中国与东盟的全面经济合作推向了崭新阶段。作为把中国与东南亚相连接，起着中国走向东南亚，东南亚进入中国的桥梁作用的越南，对中国而言，其战略作用和深远意义就不言而喻了。因而，与越南改善和发展关系，是中国对外近邻优先政策的重要一环。

中国重视同越南的关系还有其他同样重要的原因。这包括中越两国有着相似的国情，有共同的理想，在发展道路上遇到类似的挑战，在国际上共同面临霸权主义、强权政治、西方列强对社会主义国家推行“和平演变”战略的威胁等等。这些因素促使中越两国需要互相支持、相互学习、共同发展。

在对越南加入东盟的问题上，当时国际媒体怀疑中国的态度，实际上，中国不仅支持越南加入东盟，而且坚信中越关系不会因为越南加入东盟而受到任何消极的影响，反而升温。如两国的国家领导人持续频繁互访；1996年1月中越边界谈判取得积极进展，并于1999年全部解决了两国陆地边界的问题；1996年2月凭祥—同登的中越铁路恢复通车；中越经贸关系发展迅速，1999年中越贸易总额为15.4亿美元等等，事实充分说明了这一问题。

其二，重视发展同中国的睦邻友好关系是越南长远的基本政策。越共“七大”和“八大”对越南的对外政策作出了调整，实行了多元化、全方位的外交政策，把扩大与各国、国际组织的双边和多边合作，加强同周边邻国和东盟各国的关系，不断巩固与传统友好国家的关系，同时着重发展同中国的睦邻友好关系。越南对外政策的调整无疑与中国的“稳定周边”外交战略有异曲同工之处。在这种背景下，中越双方共同努力，冲破阻碍，从各自的和共同的利益出发，摒弃前嫌，顾全大局，忘却过去，面向未来，积极发展两党两国关系，为两国创造了有利的外部环境与条件。因此，越南加入东盟后，中越两国关系得到发展和升温，是两国外交战略需要的必然结果。

越南加入东盟并继续发展同中国的关系，一是符合历史发展的趋势，顺应世界和地区和平、稳定与发展的潮流；二是符合越南进一步革新开放和发展经济的需求；三是越南加入东盟，使东盟与中国的关系更加密切，同时也为中国打开一条直接通向东南亚的战略道路；四是越南加入东盟后，在一手抓东盟，一手抓中国，在南依东盟，北靠中国的外交方略下，将增加越南对西方国家的筹码，进一步提高越南在亚太地区和国际上的地位。

越南成为东盟成员国后，在东盟七个国家中越南是惟一的共产党政权和实行社会主义制度的国家，把一个不同政治体制的国家吸纳为地区集团成员国，这在世界各地的集团中是件新鲜事。因而，在越南加入东盟后，西方一些预言家预测，越南的政治体制和社会体制也将随之被东盟潜移默化地“同化”。某些西方列强则认为这是对越南实施“和平演变”计划的最佳时机。十分巧合的是，在1995年7月一个月内越南与美国实现关系正常化和加入东盟，这对越南而言，在一个月内同时出现两件大事，这是越南在外交上取得的重大突破。从战略意义上讲，越南消除了同美国这个世界超级大国的敌对状态，使地区紧张局势趋于缓和。从外交上而论，越南确实取得了外交主动权和胜利。从经济上讲，越南终于可以开拓自己应该去开拓和占领的市场了，可以借助西方国家和东盟国家的先进技术、资金等发展本国经济。然而，越南又同时面临某些西方列强毫不掩饰地进一步从政治、经济、社会、文化，以及宗教等方面向越南发动“进攻”，企图促使越南像苏联东欧国家那样，发生“和平演变”。对此，越南始终保持高度的警惕，并把西方国家对越南实施的“和平演变”视为越南面临的四大危机之一。因此，反对“和平演变”已成为越南一项长期而艰巨的重要任务，并被列入“八大”重要议程。越共“八大”后以至“九大”和许多重要会议及越南的新闻媒体，都经常强调要警惕敌对势力企图颠覆越南政权的阴谋。为了挫败西方国家的“和平演变”战略，越共中央和政府采取一系列措施，其中最重要的措施是搞好经济建设和党的组织建设，同时争取国际支持，尤其是中国的支持。在经济上，越南加入东盟后，随着革新开放的步伐加快，经济的发展，同中国保持和发展睦邻友好往来关系，加强经验交流与互相学习显得尤为重要。

其三，经历金融风暴，中越互信加深。1997年的那场金融风暴，不仅席卷亚洲，而且对世界的金融稳定也是个威胁，这场风暴也同样冲击中国。在危机和困难面前，中国从维护本地区稳定和发展的大局出发，以高度负责的态度，保持人民币不贬值，对受金融危机冲击严重的国家提供援助。对越南，中国除了向越南提供一定数额的援助款项外，还给予越南无息或低息贷款帮助越南改造、扩建和新建一些企业项目。如“1997年10月24日，中国国务院副总理吴邦国对越南进行正式友好访问时，向越南提供2亿元人民币政府贴息贷款，2000年5月12日，中国又向越南提供了3478万元人民币的贷款，用于向越销售中国生产的纺织设备。”① 虽然中国的援助数额有限，但却是真诚的，不附带任何条件的，充分体现了中国对邻国“患难与共”的真挚情谊。此外，中国扩大和加强同越南的贸易合作。在双边贸易中对越南给予优惠和作出适当的让步，促使两国经贸数额直线上升。与此同时，中国还逐步加大对越南的投资力度，并扩大其他经济领域的合作与交流。中国的上述举措，为缓解亚洲金融危机起到了重要作用，对帮助越南经济发展作出了应有的贡献。中国在金融危机中对越南所表现的“同甘苦，共患难”的兄弟友情，受到了越南领导人的高度赞赏，进一步增进了中越两党两国间的相互信任关系。

① 日本《东京新闻》2000年5月14日。

三、中越关系同中国与其他若干东盟成员国关系的比较

中越关系由于历史和现实的原因，与中国同其他东盟国家的关系相比，情况比较特殊。固然，中国同东南亚每个国家之间的关系都各自有其特殊的发展过程。由于本书主题的关系，仅就中越关系同中国与其他若干东盟成员国的关系进行比较，探讨其中的共同点和差异点。

（一）中越关系同中国与其他若干东盟成员国关系的共同点

1. 在近、现代史上都饱受帝国主义的侵略

中国、越南及其他东盟国家在近、现代史上都经历了被西方列强侵略和殖民的历史，都经历反抗外来侵略，争取民族独立的历史。

中国从 1840 年鸦片战争开始逐步沦为半殖民地半封建国家，在之后的一个多世纪里，中国被西方列强瓜分，中国人民饱受帝国主义列强的欺凌。1937 年，日本军国主义发动“七·七”卢沟桥事变，中国人民从此开始了长达八年的抗日战争。整个中国近、现代史，实际上就是中国人民反抗帝国主义列强的侵略、压迫，争取民族的独立和解放的历史。

在东南亚各国的近、现代史上，与中国一样，西方殖民者和日本军国主义者的入侵留下血泪斑斑的一页。早在 15、16 世

纪，欧洲新兴资产阶级在海外寻找原料供应地、商品销售市场和廉价劳动力的时候，就把手伸向了东南亚。葡萄牙是第一个入侵东南亚地区的资本主义国家。1511 年，葡萄牙驻印度总督亚伯奎用战舰攻陷马六甲，开始对马六甲 100 多年的殖民统治。从 1521 年麦哲伦到达菲律宾开始，西班牙连续派出远征军入侵菲律宾，1565 年攻占宿和，1571 年攻占马尼拉，17 世纪初，菲律宾的绝大部分置于西班牙统治之下。西班牙统治菲律宾 200 多年中，实行中央集权的行省管理制度，不仅对当地人民强征捐税和劳役，而且还垄断了菲律宾对外贸易。1596 年，荷兰的第一支远征军到达印尼，将先到印尼的葡萄牙人从马鲁古群岛排挤出去。在 16 世纪末和 17 世纪初陆续征服印尼范围内的弱小王国。1799 年荷兰正式向“东印度”（印尼当时称为东印度）派遣总督，成立荷属东印度殖民政府。荷兰在印尼实行严厉的殖民统治制度，不但垄断当地的贸易，而且还在印尼推行强迫种植制度。农民不仅只能种植供出口的经济作物，还须负责产品的运输和进行初步加工。荷兰对印尼的统治一直维持到第二次世界大战期间。17 世纪中期，英国势力开始向缅甸渗透，在 19 世纪通过 3 次侵缅战争，完成了对缅甸的征服。英国占领缅甸后，剥夺了缅甸原有的村社土地，农民沦为封建制度下的佃户，地租和赋税都极其沉重。英国仿效荷兰在印尼的做法，推行强迫栽培制度，在很短时间内把缅甸变成了单一的稻米作物区。16 世纪末，英国开始染指马来亚的宾坦和吉打。1786 年，英国占领槟榔屿，以后陆续占领马六甲、新加坡、霹雳、雪兰莪、森美兰和彭享等地。1791 年，吉打苏丹与英国签订不平等条约。1826 年将槟榔屿、马六甲和新加坡合并为“海峡殖民地”，由英国直接统治。1895 年又强迫霹雳、雪兰莪、森美兰和彭享缔结条约，组成马来联邦，由英国通过其文职人员间接统治。20 世纪初，侵占吉打、玻璃市、吉兰丹和丁加奴，稍后占领柔佛，它们一并成为英国的“保护国”，合起来统称为“马来属邦”。英国侵占马来亚后，政治上实行地方分权制，经济上，在英国资本的控制下，成为英国的原料供应地，畸形地强化橡胶和锡的生产与出口。1898 年 8 月，美国战胜西班牙，占领菲律宾，菲逐渐成为美国殖民地。菲律宾在美占领期间成为美国的商品市场、原料供应地和投资场所。

18 世纪初，法国利用南方阮氏后裔阮福映急于复国之机，开始向越南渗透。1858 年，法国政府借口保护传教士，勾结西班牙，组成法西联军，炮击越南中部岘港，从而开始侵略越南的历史。法国殖民者得陇望蜀，一面以保护“通商”为由进一步入侵越南北圻，一面派兵增援，一面加紧利用阮朝内部两派争斗的时机，于 1883 年攻陷位于中部的越南首都顺化，迫使阮朝屈膝投降。1884 年 6 月 6 日，法迫使越南阮朝政府签订顺化条约，接受法国对越南的“保护权”，越南沦为法国殖民地。法军征服越南后，胁迫柬埔寨国王签署一项把柬全部权力移交给法国的条约，使柬沦为法殖民地。1886 年法把越南与柬埔寨合并成印度支那联邦。1893 年，法国吞并老挝，并于 1899 年并入印度支那联邦。法在征服印支三国后，对三国人民进行残酷的殖民地剥削。

第二次世界大战爆发后，日本南下侵略东南亚，并很快占领了整个东南亚。日本占领东南亚各国后，用杀鸡取卵的手段掠夺东南亚的资源，强迫当地人民从事修路、筑工事、运输等劳役。

二次世界大战后，在越南民主共和国成立后的 20 天，1945 年 9 月 23 日，法军在美、英的支持下卷土重来，重新占领西贡，接着控制了北纬 16 度以南地区并侵占越北莱州等地，1946 年 11 月，法军对越南发动全面战争。越南人民又被迫进行了长达八年的抗法战争。1964 年 8 月 5 日，美国制造了“北部湾事件”，开始轰炸越南北方。1965 年 3 月 8 日，美国海军陆战队在岘港登陆，并不断增兵南越，在越南发动了长达八年的大规模“局部战争”。

2. 东南亚国家与中国都有着悠久的传统友谊

东南亚是中国南方的近邻，东南亚各国同中国有着 2000 多年友好往来的历史；近代以来，东南亚各国和中国先后遭到西方殖民者的侵略，反对共同敌人的斗争又把它们紧紧地连在一起，在斗争中结下深厚的友谊。

东南亚国家与中国的交往始于中国汉代。汉代商船航行于南海及印度洋，沿途路经东南亚一些国家。公元 132 年，爪哇岛上的叶调国遣使访问中国，受到东汉朝的友好接待。公元前 2 世纪左右在中南半岛湄公河下游崛起的扶南国与中国贸易往来频繁。三国时代，孙权曾派宋应、康泰出使扶南；随后扶南王也在243年遣使回访，赠送“乐人”和方物。缅甸与中国云南接壤，公元前1世纪左右，四川的产品已经通过云南入缅甸再转印度及中亚。225年诸葛亮南征时抵云南，把汉族先进的农耕技术传入边境少数民族地区，这种技术随后又传入缅甸，诸葛亮因而受到缅甸人民尊敬，瓦族称诸葛亮为“阿公”。公元10世纪前，中国和越南的北部地区曾是一个国家，人民之间往来甚密。

公元5世纪后，东南亚国家与中国之间使者往来频繁。扶南常有商船到广州进行贸易。干陀利、丹丹、狼牙修等东南亚古国与中国也建立了友好的联系。中国唐代国势鼎盛，文化发达，对外比较开放。东南亚各国同中国的友好往来和经济、文化交流比前更为频繁。唐朝在海外贸易地方设有市舶司负责管理关于外国来航之贸易船与贸易商人的一切事务；东南亚各国的商船到广州、泉州、扬州、明州、交州贸易的很多。公元7世纪，印尼室利佛逝国崛起。室利佛逝当时也是研究佛学的中心，唐代著名僧人义净于公元671年赴室利佛逝停留6个月，然后赴印度研究佛经10年，收集一些佛典返回室利佛逝居住十二、三年，著有《大唐西域求法高僧传》。缅甸境内当时继掸国而起的是骠国。骠国和中国频繁进行文化、经济交流。公元802年，骠国国王雍羌派遣舒难陀访问中国，舒难陀带来一个由35人组成的歌舞团。“骠国乐”对中国产生了不小的影响。中国宋代造船术和航海术均有提高，罗盘针已被普遍应用，海上贸易空前繁荣，此时东南亚各国同中国的经济和文化交流十分发达。中国商人的足迹遍及东南亚各地，现今东南亚各地普遍发现古代中国的铜钱和瓷器。宋代时期，中国开始有记述东南亚国家的书出现，如赵汝适著的《诸蕃志》记述了东南亚各国的风土物产。印尼与宋代时的中国交往甚密。印尼此时盛称三佛齐。据不完全的统计，三佛齐曾 32 次遣使到宋朝进行友好访问。宋代时越南虽自立为国，但仍与宋朝保持藩属关系。越南一切行政组织教育和科举制度，均模仿中国，甚至以汉文为官方及文学著作的通用文字，直至清末为止。宋代出现了泰国中部以今华宫里为中心的罗斛国。中国泉州港有航线直通暹罗湾，罗斛国屡派使者来进行朝贡贸易，两国商人的活动更多。宋代时缅中关系也甚为密切，蒲甘王朝多次遣使到宋朝进行友好访问。

元、明、清是中国封建社会后期较为强大的统一王朝。在当时复杂的历史条件下，中国的封建王朝曾向一些邻国发动过战争，一些邻国的封建王朝也曾出兵进攻过中国西南边境地区。

元代初期，中国和越南、缅甸及印尼曾发生军事冲突，邦交曾一度破裂；这些冲突和纠纷不久停息，双方又恢复邦交和贸易关系。然而元代时实施的闭关自守的“海禁”政策，使对外贸易陷于困难。明初对海外贸易也采取严格控制的手段，使海外贸易衰落下去；此情况直到明成祖永乐年间（1403～1421年）才有所改变。

明成祖即位后以上国自居，着意宣威海外，积极发展海外关系。他派太监马彬出使爪哇、苏门答腊诸国，李兴出使暹罗，尹庆出使满刺加、柯枝等国。公元 1417 年张谦出使古麻刺朗（棉兰姥），1420 年古麻刺朗国王随同张谦访问中国，国王在归国途中在福州病逝，安葬于闽县。1417 年苏禄东王巴都葛叭答刺到中国访问，归途中在山东德州病逝，明成祖“命有司葬以王礼，御制碑文，留其妃妾谦从十人守墓，三年还国”。现位于德州的苏禄东王墓已修整一新，成为古代中菲友好往来的历史见证。

明永乐三年又有郑和下西洋的盛事。郑和自永乐三年至宣德八年（1405～1433 年）七次出使西洋，历时 29 年，访问国家达 30 多个，其中东南亚国家和地区有 14 个。郑和船队由南海入印度洋进入波斯湾而到达非洲东岸之举，比哥伦布及华斯哥·达·伽马发现新航路还早数十年。郑和率“宝船”所到之处，宣读诏书，赏赐当地头目金银、印绶、冠书礼服，然后与当地人民展开贸易，以金银钱钞、上等丝织品、磁器和其他手工业产品换取当地土产如象牙、犀角、明珠、异香之类。郑和于 1409 年访问过满刺加。满刺加王于 1411 年率妻子陪臣 540 余人来访中国，回时受赏赐甚厚。郑和船队曾多次访问暹罗。可以肯定，在郑和船队离开之后，中国同东南亚各国和地区已经建立了外交关系。

中国与新加坡的友好关系最早可以追溯到汉代，在两汉时期起便有交通、贸易和友好往来。根据《汉书·地理志》记载，至少在公元前 2 世纪中开始，新加坡已是汉代商船贸易经商的到达地。汉代以后，中国的使节、高僧和商人经过马来半岛南部和婆罗洲，来往于中国与印度之间，络绎不绝。到了南北朝时期，中国与马来半岛、婆罗洲上的一些古国，已经由交通、贸易关系发展到建立邦交关系。到了唐代，中国和阿拉伯、印度的海上交通，多直接通过马六甲海峡，地处东西海上交通要冲的新加坡更是中国使节、高僧和商旅常到之地。到了宋代时期，新加坡已是繁荣的国际商港，与泉州有着经常的贸易往来。在梁朝到宋朝时期，新加坡已有不少中国人居住。元代视新加坡为一个国家，称龙牙门，互派使节。元航海家汪大渊在其《岛夷志略》中记载：元至正 9 年，龙牙门已有"男女兼中国人居之"，并记述了当时已用"异货"，"以通泉州之贸易"。19 世纪初，新加坡沦为英国殖民地，但中新之间的海上往来仍然继续保持。1822—1840 年每年驶抵新加坡的中国货船约有 150—250 艘。随着贸易的和交往的增多，中国一些商人、手工艺和劳工开始移居新加坡。1824 年，在新加坡 1 万余人口中，约有 1/3 是华人。自 1866 年至 1911 年清朝政府重要官员访问新加坡约为 30 起。光绪三年（1877 年），清政府在新加坡设置领事，由当地著名华商胡璇泽任领事。新加坡成为中国在国外设置领事的第一个地方。1890 年 12 月，清政府驻新加坡领事馆升为总领事馆，首任总领事为黄遵宪。中国的革命先行者孙中山先生多次到新加坡宣传资产阶级民主革命思想，并组织同盟会，成为这一时期中新关系的一件大事。新加坡的华侨积极支持和参加孙中山先生领导的辛亥革命，并为辛亥革命作出了突出贡献。新加坡华侨发动和参加了1907年的黄冈起义和惠州七女湖起义，参加1911年的黄花岗起义，许多华侨还为辛亥革命活动募集了大量的款项，支援各地武装起义。在近代中国与东南亚经贸关系中，新加坡始终具有独特的地位。自民国以来，中国与新加坡的贸易往来一直呈上升趋势。并且在相当长时间里，居中国与东南亚各国贸易之首。据海关统计，1910年中新双边贸易为1157.8万海关两，1920年增至2434海关两，1930年达到2876.6万海关两。抗日战争时期，新加坡华侨为中国抗日救亡，争取抗日战争胜利作出了积极贡献。早在1931年的“九·一八”事变和次年的“一二·八事变”期间，新加坡华侨就发动了筹赈与抵制日货运动。1937年“七七事变”以后，中国开始了全面的抗日战争，新加坡华侨闻风而动，纷纭成立各种筹赈组织，以自己的经济力量为中国抗日战争提供人力物力和财力等方面的援助。1938年，以陈嘉庚等侨领为首的“南洋华侨筹赈总会”（简称南侨总会）在新加坡成立，发动南洋各地的华侨为中国的抗日战争捐资出力，并发起提倡国货和抵制日货的运动。此外新加坡华侨还组织志愿人员回国参加抗战，如华侨机工服务团、华侨回乡服务团等。中华人民共和国成立后，由于各自的政治因素和复杂的国际环境，中新关系发展缓慢。自1990年10月3日中新两国正式建交后，两国关系进入一个新的发展阶段，双边高层互访频繁，经贸关系发展迅速。

中国和菲律宾是一衣带水、隔海相望的近邻。中国东汉时期，中国人便知道经由台湾省前往菲律宾的航线。近些年来，考古工作者在菲律宾南北各岛发掘出大量中国文物，包括唐代的钱币、瓷器等，说明最迟在唐朝，中菲贸易关系已十分密切。《岛夷志略》提到，中国元代时，菲岛居民常来中国泉州等地经商。南宋赵汝适所著《诸蕃志》记载，中国商船曾到三屿、蒲里噜、白蒲延等地贸易，受到菲律宾人民的欢迎和礼遇。宋代开通从福建泉州出发，经台湾澎湖到菲律宾吕宋岛两岸、民都洛岛、巴拉望岛的航线，使中菲贸易更为活跃。随着通商贸易的密切，因业务需要而居留菲律宾的中国商人逐渐增多，到17世纪初，定居菲律宾的华侨已达数万之众。鸦片战争后，每年移居菲律宾的华人超过1万，他们足迹遍及菲律宾诸岛。经商者有之，手工业者如裁缝、泥瓦、雕刻、织造等有之，农、渔、牧亦有之，他们同当地人民一道，为开发菲律宾作出了不可磨灭的贡献。中菲的贸易文化交流和中国人的大量迁入，对菲律宾社会发展产生了深刻而积极的影响。在经济方面，中国先进的农耕技术和手工业技术传到菲律宾，对菲律宾古代经济的发展发挥了不可估量的巨大推动作用。在社会生活方面，中国封建时代的伦理观念被菲律宾人借鉴仿效，维持数百年。在文化方面，无论衣食住行的习俗，还是语言词汇，在菲律宾都能找到中国的影子。在长期的反殖民斗争，在抗击外来侵略的斗争中，中菲两国互相声援，结下深厚友谊。

中国与马来西亚的友好交往已有2000多年的历史。据中国古籍记载，在马来半岛南部有狼牙修、羯荼、丹丹等国家，汉代以后这些国家均与中国的交往增多，并建立官方关系。据《梁书》记载，梁武帝天监14年（公元515年），狼牙修国派遣使者到中国修好。此后，狼牙修多次派遣使者到中国。《梁书》还记载，丹丹国公元530年和535年两次派遣使者到中国。中国隋唐年间，丹丹国还多次派遣使者到中国。中国则在三国时期，就有吴国使者出访南海诸国。到唐宋时期，中国海外贸易有了发展，与马来半岛和婆罗洲的国家交往增多。当时统治马来半岛的室利佛逝与中国关系密切。多次遣使到中国。15世纪初，马六甲王国建立，统一马来半岛。1403年中国明王朝即派遣使者尹庆带着金文绮、金帐幔等物出使马六甲。马六甲国王拜里迷苏拉极为高兴，立即派遣使者随尹庆回访。1405年，明成祖正式承认拜里迷苏拉的国王地位，并赠浩印、彩印、袭衣、黄盖等物，在其后的100多年中，中国与马六甲王国一直保持着密切交往。仅《明史》记载，马六甲遣使来中国就有22次，其中国王率使臣出访中国就达5次，使团人数多达数百人，这在中国与东南亚国家关系史上是极其罕见的。同时，明朝也不断派遣使者出访马六甲，郑和七次下南洋，有5次到马六甲。中国与马六甲的密切关系，促进了双方的经济文化交流。

16世纪，西方殖民者逐步侵占东南亚国家，把东南亚国家变成殖民地或半殖民地，由此切断了东南亚各国同中国的友好联系。鸦片战争后，中国成了半封建半殖民地。中国和东南亚各国共同遭受殖民主义侵略，为了反对共同的敌人，中国人民同东南亚各国人民并肩进行了英勇的斗争。坚持抵抗西班牙侵略的菲律宾南部人民，得到中国人民的声援和支持。不顾西班牙殖民者的封锁，中国清朝政府继续保持同苏禄的友好往来，中国商船冒着危险到苏禄进行贸易。在越南的抗法战场上，1873 年和 1883 年，刘永福指挥的黑旗军协同越南人民在河内附近两次向法国侵略军发动进攻，杀死法国侵略军头子安邺和李维业。1885 年当英军发动第 3 次侵缅战争时，云南腾越都司李文秀率部进入缅甸，参加猛拱保卫战，反对英国侵略，所部几百人全部牺牲在缅甸抗英斗争的战场上。

二战结束后在冷战的阴影笼罩下，中国与东盟国家的关系经历了许多风雨和曲折，1967 年中国因 1965 年“9·30 事件”与印尼断交后，中国与东盟国家的关系跌落至最低点。20 世纪 80 年代末，冷战结束后，东南亚地区两极对抗随之消失。1990 年 8 月 8 日印尼和中国恢复邦交，接着新加坡、文莱相继与中国建立外交关系。中国与东盟国家的友好关系不断发展，当前中国与东盟各国的关系处于历史上最好的时期，双方在政治、经济、安全、科技和文化等方面广泛合作，且这种合作仍有巨大潜力。

3. 中国与东南亚各国都属于发展中国家，相互间积极和稳步地发展友好合作关系

据各国政府和国际机构最新统计数字，目前，在中国与东南亚国家中除新加坡和文莱人均国民生产总值方面达到发达国家水平外，其他国家都还处于发展中国家的水平。

中国从 20 世纪 70 年代末 80 年代初开始进行改革开放以来，经过 20 年的高速发展，中国的经济规模在世界经济中所占的份额逐年上升。进入 21 世纪，美国、欧盟、日本的经济出现不同程度的衰退或处于低迷，而东南亚国家在尚未摆脱 1997 年金融风暴影响的情况下，又遭遇欧美经济衰退的打击，可以说是雪上加霜。在此情况下，中国经济在 2001 年依然保持 7%以上的经济增长率，可谓一枝独秀。由于中国的经济发展在很大程度上是由工业化来实现的，因而中国的经济发展主要体现在工业生产力的飞跃性增长中。从钢铁、化纤等工业原材料到摩托车、洗衣机、冰箱、空调、彩电等家电产品，中国都是世界第一大生产国。近年来，个人电脑和相关设备的生产也实现飞速增长，仅次于美国日本，居世界第三位。由于中国政局稳定，国内市场巨大以及几乎是取之不尽的廉价劳动力，中国越来越被众多的国际跨国公司作为理想的投资目的地，中国正日益成为名符其实的“世界工厂”。面对中国经济的迅速崛起，一些评论家认为，中国经济的发展，特别是中国加入 WTO，对东南亚邻国构成了“威胁”。这一论调的主要依据有两点：一是在东南亚投资的外资企业纷纷加快转向中国。二是中国产品出口的急剧增加，中国在欧美市场正在排挤东盟产品。

诚然，由于中国及东南亚国家都是发展中国家，因而在经济结构及经济发展的需求上有一些相似之处，因此，相互之间在商机上的竞争是不可避免的。但如果把这种竞争说成是威胁，显然是不符合事实的。实际上，中国经济快速发展，对亚洲各国利大于弊。中国的一些基本优势，如劳动力的充分供给和超大规模的国内消费市场，是东南亚各国无可比拟的。但东南亚国家吸引外资的余地还很大，各国都有自己的优势，关键是如何把它发挥好。资本总是向利润最大的地方流动，不会总是停留在一个地方的。应当说，机会对于大家都是一样的。

中国的出口产业结构，目前虽与东盟及“四小龙”有某些重叠之处，但这种情况不是一成不变的。中国出口产业结构的升级较快，技术含量在不断上升。即使部分与东盟国家重叠的劳动密集型产业，如纺织品、鞋类、家电、电子产品，今后在加工深度和产品多样化上也会出现差别。东亚地区的国际分工，既有垂直型的，也有水平型的。生产水平接近的经济体，只要在产品差别化上下功夫，发挥自己的特色和优势，将在包括中国在内的世界市场赢得无数机会。

中国经济持续快速增长，正在对亚洲经济产生重要影响。近年来，中国与东盟国家的经济日益密切，中国与东盟的贸易发展很快。中国10大贸易伙伴中，东南亚占了2个，即新加坡(第七)、马来西亚（第十)。① 目前东南亚经济受美、日、欧经济衰退的影响，出口大幅回落。东南亚对美、日市场过分依赖的弊端已暴露无遗。一些国家如新加坡现正把目光转向中国，中国在今后完全有能力发挥东南亚产品“吸纳机”的作用。

---

① 陆建人:《中国经济增长对亚洲经济的影响》，《联合早报》2001年8月24日。

中国与东盟国家经济日益密切的动向，不仅对东南亚各国的自主发展来说是一件好事，从在亚洲建立大生产分工结构来看也应予以积极评价。正如国际货币基金组织前副总裁斯坦利·费希尔 2001 年 8 月离职时在华盛顿接受记者采访时所说的那样，“即使中国人真的无所不能，在某种意义上来说，这是真的，但东南亚国家可以发现自己合适的位置，这也是真的。”“中国变得越来越繁荣，总的来说对其他邻国是好事情。”我们相信，只要中国与东盟国家真诚合作，随着中国—东盟自由贸易区的逐步落实和实现，中国与东盟国家，必将在互相合作中共存共荣。

（二）中越关系同中国与其他若干东盟成员国关系的差异点

1. 文化背景的差异

一般来说，在谈到中国与东南亚国家的关系时，有一个共同的观点，即认为中国与东南亚国家有着相同的文化背景。由于中国与东南亚国家有着两千多年的友好交往历史，同时，在东南亚国家中居住着为数甚众的华侨华人，因此，作为东亚古代文明制高点的中国古代文明，对东南亚国家的影响是不容置疑的。曾引起世界广泛关注的，由新加坡内阁资政李光耀和马来西亚总理马哈蒂尔倡导的“亚洲价值观”，其理论渊源与中国儒家学说就有着密切的关系。“亚洲价值观”的许多原则就是建立在儒家思想的经典论述上。

1991 年 1 月 4 日，新加坡内阁向国会提交了一份关于“共同价值观”的白皮书。“共同价值观”一共五条：1. 国家至上，社会为先；2. 家庭为根，社会为本；3. 关怀扶持，同舟共济；4. 求同存异，协商共识；5. 种族和谐，宗教宽容。这是新加坡的“亚洲价值观”的一个官方版本。这一版本反映了李光耀的“亚洲价值观”的思想。纵观李光耀的“亚洲价值观”，有两个基本原则，一是以家庭观念核心原则。1979 年 3 月，李光耀指出：“最重要的是家庭观念。我们必须加强并巩固所有亚洲人社会中都具有的各种传统家庭联系。”① 李光耀认为，家庭是文明延续的关键。他说：“家庭这个基本单位的巩固团结，使华人社会经历 4000 年而不衰。……尽管经过水灾、饥荒、火灾、瘟疫、战争和地震等的蹂躏摧残，这个文明还是继续绵延不绝，保存原来的形式。每次发生灾祸后，人们振作精神，拍去身上的尘埃，清除劫后的瓦砾。他们认识到彼此对家庭应尽的义务，知道亲友之间应有的权利和义务，遵行他们应尽的职务，而享受臣民的权利。渐渐地，人们恢复了文明的生活。……我们必须设法保留我们基本的核心文化价值观，这些价值观使中国文明成为世界持久的文明。”② 二是建立“好政府”。他说：“虽然民主与人权都是可贵的意念，但我们应该明白，真正的目标是好政府。”关于个人与社会的关系，他明确提出社会应先于个人：“无论是在繁荣的黄金时代或混乱的年代。亚洲社会从未把

---

① 新加坡《联合早报》编：《李光耀四十年政论选》，北京·现代出版社，1994 年 3 月版，第 395 页。

② 新加坡《联合早报》编：《李光耀四十年政论选》，北京·现代出版社，1994 年 3 月版，第 571 页。

个人价值放在社会的价值之上。社会始终都比个人重要。我想这就是把亚洲从极大的苦难中挽救出来的价值观。”①

马来西亚领导人和政府对“亚洲价值观”的论述与新加坡和李光耀的言论颇有相似之处。

巫统3名副主席之一的莫哈末·纳吉布撰文指出：亚洲领导人治国的模式应以“亚洲文化和宗教价值观”为基础，而不是以西方为标准。这些价值观包括：谦虚、坚定、对社群的强烈归属感等等。马来西亚首相、巫统主席马哈蒂尔在《亚洲的声音》一书中也强调了重视“群体与家庭”是与西方个人享乐主义相反的“亚洲文化”。他在庆祝巫统成立50周年的群众大会上还谈到“亚洲”对民主的看法，即民主应建立在人民对团结的责任感、和谐、社会稳定和繁荣的基石上。

1991年2月，马哈蒂尔在“马来西亚工商委员会（Malaysian Business Council）成立大会上所作的“2020宏愿”演讲中，再次提到了重视传统道德、重视家庭等本土价值观。

1996年1月，马哈蒂尔在吉隆坡举行的“新亚洲论坛”上发表了《迈向亚洲的复兴》的著名演讲，他说：“亚洲很多人相信，我们的确有本身的价值观和做事的方式，……亚洲也相信人权、新闻自由、民主政治、法律统治。不过，我们也很注重成果。……亚洲认为人权和法治，是为了大多数人的福利，而不是为了几个政客的自由。”他还呼吁：亚洲必须证明本身的价值、本身的道德、本身的文化是有利于群体的。

① 《李光耀四十年政论选》封三，北京·现代出版社，1994年3月版，第571页。

综上所述，“亚洲价值观”包含以下内容：(1) 国家与社会先于个人，并强调个人对国家和社会的责任，坚持集体主义的人际伦理和人权观；(2) 强有力的施行仁政的“好政府”，这是政府对人民安分守己、尊重权威的回报；(3) 维持有秩序的社会，有了秩序才有效率和安定的生活；(4) 家庭是整个社会的基础，也是人们工作的动力和目标；(5) 崇尚和谐与协商，没有非黑即白的强烈对抗意识（民主这一概念就含有强烈的对抗意识即对抗政府），重视通过协商取得共识。

以上五点（集体先于个人、好政府、讲秩序、重家庭、尚和谐）大致可以构成“亚洲价值观”的核心内容。①

从以上“亚洲价值观”内容中，我们可以看出，亚洲价值观吸收了传统文化中如儒、佛、道文化与马来伊斯兰教文化乃至原始宗教的一些“有用”因素。但是，能够比较系统地为“亚洲价值观”提供理论依据的，还是历史久远、典籍浩繁的儒家治人——修身哲学。新加坡的以家庭为核心，以“好政府”为主要内容的“亚洲价值观”，正是儒家的“修身、齐家、治国、平天下”的体现。

“亚洲价值观”是否真的是东亚国家的共同价值观，我们姑且不论，但有一点是肯定的，亚洲价值观的核心内容，的确是东南亚国家所共有的。因而，中越关系与中国同东南亚其他国家的关系相比，在文化背景上，的确存在共同的基础。

---

① 庄礼伟著：《亚洲的高度》，广东旅游出版社，1999 年 6 月第 1 版，第 394 页。

但东南亚是一个极其复杂的地区，在这一地区的10个国家：印度尼西亚、菲律宾、缅甸、马来西亚、泰国、越南、柬埔寨、老挝以及新加坡，每一个国家都分别代表了不同的传统，加上由多种民族所组成的人口，更显示了其庞杂性。因此，东南亚地区有着多种多样、色彩纷呈的文化和宗教，是世界文化和宗教中最丰富、最复杂的地区之一。

东南亚地区长久以来，一直是亚洲地区的交通要道，它介于世界三大文化：印度文化、中国文化与欧洲文化之间，因此，东南亚地区可以说是东西文明的交汇处。古代东南亚各国有着自己的神话、传说、原始文化和宗教。此外，它还四次受到外来文化与宗教的影响。第一次外来文化的影响来自中国，这一影响由秦汉朝时代开始，随着中国与东南亚往来、交流的发展而持续了很长时间。印支半岛与中国陆地相接，自古往来频繁；至于南洋诸岛国则是随着中国人下南洋才更多地受到中国文化的影响。第二次文化影响来自印度，开始是佛教的传入，后来是印度教的传入。印度文明是通过印度与中国的贸易往来及印度与东南亚的贸易以及印度人的向东迁移而传播到东南亚各国的。如今，佛教在东南亚有广泛的影响，印度教则主要局限在东南亚各国的印度族人中。第三次外来文化的影响来自阿拉伯伊斯兰文化。阿拉伯商人向东航行与中国从事贸易早在10世纪以前就有了。迄今在爪哇发现的阿拉伯人的遗迹是大约公元11世纪时留下的。在马来半岛地区伊斯兰文化的遗址则更晚一些。然而，到了14～15世纪，特别是在马六甲作为重要贸易据点兴起之后，伊斯兰文明大规模传入东南亚。传说，马六甲一词即是源于阿拉伯语中“集市”一词（音为“满剌加”）。传入东南亚的伊斯兰教结合了对真主的坚定信仰和东南亚原始宗教里的某些因素，因而迅速传播开来，成为影响东南亚文化的重要因素之一。第四次是15世纪后西方列强的入侵，将西方文化中的某些因素随着坚船利炮和殖民政策一起带到了东南亚。其中包括基督教（天主教和新教）及西方的语言和社会思潮。东南亚国家中，部分上层人士通用西方语言，像菲律宾则更是如此。西方文化的冲击最晚，却又最强烈、最血腥，成为东南亚历史上最近一次的外来文化冲击。

因此，整个东南亚文化实际上是本地文化与外来多种文化相互碰撞、交流、吸收、融合的产物，因而大多数国家在文化以及宗教方面都呈现出多元性。菲律宾是亚洲唯一的基督教国家；基督教在菲律宾影响最大，尤其是天主教，在菲社会政治生活中有很大作用。佛教在中南半岛各国有着很大的影响。柬埔寨90%的人信奉佛教；缅甸85%的人信奉佛教；泰国是世界上唯一的佛教国家；老挝也有浓重的佛教气息。马来西亚和文莱是以伊斯兰教为国教的国家，印尼国内伊斯兰教的影响也不小。它们主要是伊斯兰教中逊尼派，在马来西亚吉兰丹等有部分原教旨主义者。印尼基本上遵从伊斯兰传统。新加坡则更多地保留了中国的儒家文化传统，而且有50%以上的人信仰中国民间宗教。在这些宗教差异的背后，又隐藏着不同的风俗习惯与历史经验。东南亚的语文及方言更是种类繁多，在这些语言之间，很少有相通之处。

越南由于地缘上的原因，受中国文化的影响最为深远。关于中越两国历史文化渊源问题，越南学者阮辉贵在“纪念中越建交 50 周年暨中越面向 21 世纪区域合作与发展研讨会”上提出，中越两国是“三同”（“同文”、“同种”、“同志”）。①

越南在其历史中，作为中国版图一部分的时间较长，即使是在其作为独立国家的历史中，在很长一段时间里也是作为中国封建王朝的藩属国。公元前 221 年，秦始皇灭六国，统一中原，建立了中央集权的封建国家后，继续将其统一事业往南推进。公元前 214 年，秦平南越，设桂林、南海、象郡三郡。秦推行郡县制，设郡置县，象郡开始列入中国版图。汉元鼎五年（公元前 111 年）汉武帝派兵南下削藩，平南越，设九郡：儋耳、珠崖、南海、合浦、苍梧、郁林、交趾九真、日南（最南者为“日南”，言其在日之南，所谓“开北户以向日”，是也）。交趾郡在今越南河内一带，九真郡在清化、义安一带，日南郡在广平一带。三郡的行政格局和经济、文化成长的趋向都为后来越南国家疆域的形成、王朝的建立和社会的发展做了准备。汉代，三郡不但与今两广地区和内地有着水陆交通线，进行频繁的经济联系和文化交流，而且地处汉朝同东南亚、西亚各国海上交通要冲，所处地位十分重要。特别是日南郡，更是汉代对外贸易的窗口。

从秦始皇统一岭南始，越南在中国版图内漫长的岁月里，

① 《东南亚纵横》，2000 年增刊，第 124 页。

与中国内地连成一体，作为一个国家内的人员流动以及中原文化的输人和普及，那是很容易、很频繁和很普遍的。从种族的融合到语言文化的融合都非常自然地进行着。两地人民的流动、交流，民族的交融，文化的普及融合，为后来独立的越南与中国密切的经济、政治关系打下了非同一般的基础，同时，在思想文化方面也打上了深深的烙印。因而发展到近现代，人们用“同种同文”来形容中越两个国家的民族和文化的历史渊源。

关于民族融合问题，有史为证：秦平定岭南南下的五十万大军，除战死和病死外，秦始皇将他们全部留下“谪戍”。为了让这些士兵安居乐业，留守边疆，秦始皇又从内地征调 15000 名未婚女子，送到岭南，充当戍兵的妻子。此后，还有更多的中原人移居岭南，“与越杂处”（《史记》卷一一三，《南越列传》）。公元 43 年，汉伏波将军马援所率领的军队士兵相当部分留在交趾、九真等地，将他们安置在当地的雒越居民之中，历史上称这部分人为“马留人”。时至今日，“马留人”已早与当地越人融合。又如中国人和越南人都称自己是龙的传人。皇帝是“真龙天子”，他穿的衣服曰“龙袍”，睡的床为“龙床”，身体欠佳称为“龙体欠安”。越南有把本民族后裔称为“龙子仙孙”的传说。河内首都称为“升龙城”。广宁有个旅游圣地为“下龙湾”。越南元朝曾建有“历代帝王庙”，庙里神位的排列就是按照中国的传统进行摆设的，正中是伏曦氏，左侧是神农氏，右侧为黄帝。

中越两国人民一直都尊崇儒家文化，恪守儒家的伦理道德。越南河内有座文庙，越南人称之为越南的第一所大学，里面就供奉着东方人的共同文化鼻祖之一的孔子。中越文都是单音节，有声调的语言。越语词汇相当大一部分是汉语借词。越南文学作品里的题材不少取之于中国。中国的四大古典文学名著《红楼梦》、《三国演义》、《水浒传》和《西游记》在越南家喻户晓，有些越南人能背诵中国李白、杜甫、白居易等人的唐诗、宋词。中越关系实现正常化后，中国当代的影视作品一进入越南，就受到无比的欢迎。

由于这些历史的原因，导致了越南与中国密切的历史文化关系。有不少学者认为，作为不同的两个国家而言，中国与越南的历史文化是最密切的，在世界上实在不可多见。从其文化的特征看，越南属于儒家文化圈的内层——汉字文化圈。至今越南的大部分民众生活中恪守的道德规范与中国的大多数民众所恪守的儒家道德规范并无太大区别。这是中越关系同中国与东盟其他成员国关系的文化背景突出的差异。

2. 社会政治制度不同

中国与越南都是共产党领导的社会主义国家，因此，越南的政治制度与中国有许多相同或相似之处。东盟其他国家（除老挝外）的社会制度与中越两国的社会制度都是截然不同的。马来西亚、泰国、柬埔寨实行君主立宪制，菲律宾、印度尼西亚和新加坡实行共和制，缅甸目前是军人专政，文莱是君主专制政体。即使是同一种政体，不同国家表现出来的政治体制也不同。同是君主立宪制，在泰国，国王是泰王国的国家元首，内阁总理负责处理国家日常事务，掌握实际权力。但在现代泰国的政治生活中，国王作为精神领袖在关键时刻也能发挥关键作用。如1985年9月，一陆军上校发动政变，普密蓬·阿杜德国王指示反政变指挥部“尽快平息这一事件，避免流血冲突”。[①]国王批示一下达，陆、海、空三军首脑和各军区司令立即表示将站在政府一边讨伐政变者，结果政变者束手就擒。1992年5月，泰国首都发生反对素金达出任总理的大规模示威，示威群众与军警发生冲突，导致曼谷局势持续动荡，旅游业、服务业和工农业受到程度不同的损失，对外国投资也产生不良影响。在关键时刻，国王出面调解，促使素金达和示威行动领导人占隆达成协议，使曼谷局势得以缓和。马来西亚的君主立宪制在全世界实行君主立宪政体的国家中独树一帜。国家元首在国内的地位至高无上，拥有名义上的最高行政、立法和司法权。与其他君主立宪法不同的是，马来西亚国王（国家元首）不能世袭，也不能终生在位。国王由9个州的苏丹和马六甲等四个州的州长组成的统治者会议秘密选举产生，即在9个世袭的苏丹中按年龄大小和就任苏丹年代的长短拟定名单，选出一位资历最老的苏丹出任国王。一位苏丹只能出任一任国王，任期5年。国王任期内可用书面形式向统治者会议提出辞职，统治者会议也可以多数通过的手段罢免国王。马来西亚国王不负责实际政治责任，政治大权由政府内阁总理掌控。在柬埔寨，国王是终

① （泰国）《叻泰》周刊，1985年9月29日。

身国家元首、国家军队的最高司令，是国家统一和永存的象征。同时，柬埔寨王国实行民主多党制和自由市场经济。同是共和制的菲律宾、新加坡、印尼三国，在政府机构和权力分配上也有一定的区别。菲律宾总统既是国家元首又是政府首脑，总统由选民直接选举产生，任期 6 年，可以连选连任。印尼“四五宪法”规定，总统为国家元首、政府首脑和武装部队最高统帅，直接领导内阁，有权单独颁布政令和宣布国家紧急状态法令，对外宣战和媾和等。新加坡总统作为国家元首，名义上作为立法、行政和司法三方面均居于最高地位，但实际掌握政权的是以总理为首的内阁。总理由议会中多数党提名，任期 4 年，可以无限连任，总理按照宪法规定领导总理公署和各部执行各政策和计划，集体向议会负责。

中国与东盟其他国家虽然社会制度不同，但并不妨碍中国与东盟国家在“和平共处”五项基本原则的基础上发展友好合作关系。20 世 90 年代以来，中国与东盟国家的友好合作关系发展迅速，中国与新加坡、泰国、马来西亚、柬埔寨、文莱、印尼、菲律宾等都十分重视发展双边友好关系，建立了 21 世纪合作伙伴关系。

由于中越两社会制度相同，因此，中越两国两党在意识形态和国内建设等领域存在着广泛的共识，甚至是共同的利益。中越两国都是共产党领导的社会主义国家，越南共产党与中国共产党有着许多相似的经历，都经过长期艰苦斗争成长起来并夺取了政权。在当前国际共运处于低潮的国际形势下，中国既坚持四则基本原则，又成功地实施改革开放政策，越共领导层十分看重中国共产党所选择的道路。越南领导人曾多次表示中国不仅是越南的邻国，也是与越南有着传统友谊的国家和在世界上具有重要影响的国家。越共一再强调，越南坚持走由胡志明选择的道路，即社会主义道路，坚持共产党领导，越南共产党坚持马列主义，坚持无产阶级专政，坚持民主集中制，不接受“多元政治”和“多党制”。这与中国共产党的“四项基本原则”极为相似。越学者认为：在当前世界社会主义运动处于低潮和以西方敌对势力加紧实行“和平演变”的形势下，中越面临相同的威胁，相互间有一种相互依存的关系。越自1986年以来走上了革新开放之路，越共在领导越南社会主义过程中，根据本国国情，借鉴中国的模式，加快自身的发展。因此，1991年11月，中越两国两党关系实现正常化后，政治关系迅速发展，经贸往来频繁，特别是近年来，由于中越两国两党主要领导人的重视和推动，两国友好合作关系得到全面的发展。

3. 社会经济发展道路的不同

中越两国的经济制度都是以苏联的计划经济制度为蓝本，结合本国实际情况建立起来的，在很长一段时间里，两国的经济制度都是以生产资料公有制为基础的计划经济，从20世纪80年代起，两国都经历了变革本国经济体制，探索适合本国经济发展的道路的历程。由于中越两国国情相似，因此，若干年来两国在进行经济体制改革或革新过程中所遇到的问题及经验教训都有许多相似和可互相借鉴的东西。

从社会背景看，中越两国旧的经济体制都是单一的所有制，政府对城市经济的包办；高度集权，指令性计划；企业吃国家大锅饭和职工吃企业大锅饭；从上到下的全面行政管理和配给制，限制乃至取缔市场。僵硬的经济管理体制，严重阻碍了生产力的发展，使两国经济发展和人民生活水平与世界的差距越来越大，陷入了世界上最贫困国家的行列。严峻的经济形势，迫使两国和政府以及人民群众寻求摆脱困境的出路，走上变革的道路。

新中国成立后，中国经济管理体制的建立首先是通过剥夺官僚资本主义的财产建立起最初的国营企业，然后，从1953年开始，国家开展对农业、手工业和资本主义工商业的社会主义改造。通过合作化、公私合营等方式，逐步由全民所有制和集体所有制取代生产资料私有制，并在所有制改造过程中，逐步建立以国有企业为主体的计划经济体制。后来，由于“左倾”思想的泛滥，片面强化了国家计划的作用，使本来就有缺陷的计划经济趋于僵硬。在农村，实行人民公社管理制度，农民在一个严密的组织中劳动、生活。在生产上种什么作物、种多少，农民每天干什么、在哪块土地上干，都要由上级安排。在分配上又是吃“大锅饭”，劳动效果和个人收益没有关系。加上统购统销的经济政策形成的工农业产品剪刀差，严重挫伤了农民的生产积极性，农村的生产力受到严重破坏，所以，农业生产效率低下，粮食产量很低，农村贫困化严重。在城市，过去不承认企业有独立的经济利益，不承认企业是一个独立的利益主体。企业生产什么，生产多少，用什么方式进行生产，都由国家计划部门确定。企业的利润全部上交国家，企业要花钱再向国家申请，即所谓“统收统支”。企业的原材料由国家供应，产品由国家包销，即“统购包销”。企业不能参与国际贸易，进口设备和原材料，出口产品，都由国家外贸部门统一管理，即“统进统出”。当然，企业更没有投资权。企业的负责人是上级任命的党政官员。这种企业严格地说，不是真正的企业。中国的企业只需按照国家计划部门的计划生产即可，缺乏竞争，缺乏创新。工厂生产的是几十年如一日的产品，工人拿的是几十年如一日的工资。在这种僵化的管理体制管理下，中国的经济失去了活力，加上10年“文化大革命”的动荡和闭关锁国政策，使中国与世界经济脱节，与世界的差距拉大。“1955年，中国的国民生产总值占世界的4.7%，到1980年，下降到2.5%；1960年中国的国民生产总值大体与日本相当，但到1980年，只有日本的25%。”[①] 中国的经济形势十分严峻，可以说已经到了十分危险的境地。

越南实施革新政策前的状况与中国十分相似。立国之初，越共的目标是要把非社会主义的生产关系改造成社会主义的生产关系，废除生产资料的私有制，消灭剥削和剥削阶级，实现生产资料公有制，为生产力高度发展开辟道路，从小生产走向

① 杨继绳著：《邓小平时代——中国改革开放二十年纪实》（上），中央编译出版社，1998年12月版，第242页。

社会主义大生产，从分散、落后的经济状态转变成为一个现代化经济。从而使劳动人民永远摆脱饥饿和贫困的悲惨境地。为此，越南开展了包括对农业、手工业、小商贩、私营资本主义经济和资产阶级的社会主义改造。在农村推行农业合作化，且合作社规模越来越大，国家干预越来越多，集体经济逐步演化成准国营经济，在分配上，搞平均主义，干多干少一个样，干好干坏一个样，吃大锅饭。同时，增产不增收，粮食增产后，国家收购的粮食也增加，且收购价格偏低。各级党政部门经常无偿征调劳动力修桥铺路、盖房、修水利，工分从合作社支出。如此种种，严重挫伤了农民积极性。在城市经济特别是国有企业实行所谓“包给制”，实际上是一种战时供给制，在这种情况下，商品货币关系、市场乃至企业的经济核算和盈利，也都失去存在的余地和价值。各种矛盾不断堆积，加上连年的战争消耗和破坏，到20世纪80年代末，越南经济困难重重，货币贬值，通货膨胀，国家财政情况恶化。

相似的国情使中越两国在改革或革新道路的探索上有着许多的相似之处，两国都是从农村并采取自发式自下而上“突破”旧经济体制的方式开始的。1978年12月，中国安徽省凤阳县小岗村的20户农民，采用订立秘密契约的方式，分田单干包产到户，揭开了中国经济体制改革的序幕。越南也是在20世纪70年代末，自发实行“地下家庭承包”。中越两国农民的这些自发改革措施，在当时旧思想和旧体制下，都属于大逆不道的行为，有幸的是中越两国党和政府都能比较迅速地转变观念，在经过一段时间的观察和总结之后，顺应人民的要求，在农村开始推行改革。中国党和政府在总结农民自发创造的经验的基础上，在农村推行以家庭联产承包责任制为核心的改革运动。越南党和政府在总结农民创造的经验基础上，开展以发展新型农民个体经济为核心的改革运动。解放了农村生产力，极大地调动了农民的生产积极性，取得了显著效果。中国不仅解决了农民吃饭的问题，而且还取得了一个意想不到的收获——乡镇企业的异军突起，乡镇企业在10年间迅速崛起，占据中国工业总产值的半壁江山。越南不仅解决了吃饭的问题，而且成为了世界上第三大稻米出口国。

从中越两国经济体制改革或革新的历程看，都是在农村经济体制改革或革新取得显著成效的基础上，逐步向其他领域推进，并建立起各自的新经济管理体制。

中国自1979年起在深入开展农村经济体制改革的同时，对以国有企业改革为主体的城市经济体制进行改革，经历了三个阶段：即以对企业“放权让利”，物资和价格的“双轨制”的特征的“计划调节为主，市场为辅”的“有计划商品经济时期”；以国有企业所有权与经营权“两权分离”，使企业成为以“自主经营、自负盈亏”的相对独立的商品生产者和经营者为特征的“计划经济与市场调节相结合”时期；以国有企业建立“产权清晰、权责分明、政企分开、管理科学”的现代企业制度为核心的“社会主义市场经济体制”时期。中国经济体制改革所经历的三个阶段实际上就是改革由国家计划进行资源配置的计划经济体制，逐步建立起由市场进行资源配置的市场经济体制即社会主义市场经济的过程。在这一过程中不仅突破了过去的理论禁区，形成了建设有中国特色社会主义市场经济的理论体系，而且解放了生产力，中国经济在实行改革开放的二十多年里，飞速发展，使中国的综合国力不断提高。

自 1986 年越共“六大”起，越南城乡开始有组织、有领导的经济“全面更新”的过程。1989 年越共中央六届六中全会提出“全面开展革新事业”的方针，在经济更新方面，提出“建立社会主义定向的、由国家管理的、多种经济成份的市场机制”的总体改革目标。1996 年 6 月，越共“八大”明确指出：“由国家管理的、按市场机制运作的、多种成分的商品经济已初步形成”，今后的主要任务是发展“按市场机制运作的多种成分的商品经济，同时要按照社会主义既定方向加强国家的管理作用”，目标是：“取消官僚主义集中、统给统包的机制，形成一个相对配套的、以社会主义为既定方向的，由国家管理的市场机制”。[①] 这些提法实际上也是对前苏联模式的旧体制的扬弃，确定了越南经济改革的目标模式。

如前所述，中国经济改革的目标模式是建立和发展“社会主义的市场经济体制”，越南经济革新的目标模式是建立和发展“社会主义定向的、多种成分的、由国家管理的市场机制”。两国目标模式的表述虽然有差异，但从两国党和政府对各自目标模式的解释以及两国学术界的讨论来看，其内涵和实质则基本

① 中国新华社河内 1996 年 7 月 2 日电讯译稿。

上相同。

第一，两国都把发展商品生产和市场机制作为经济改革的一项重要目标，但同时又都强调了商品生产和市场机制的社会主义性质和发展方向。中国要发展社会主义市场经济体制，越南要发展社会主义定向的市场经济机制，目的都是使社会主义经济发展、壮大。

第二，两国对社会主义经济本质的理解也大体相同。这就是：在所有制结构方面，都主张多种经济成分共同发展，但坚持公有制经济的主体地位或以公有制经济为基础，发挥国有经济的主导作用；在分配关系方面，坚持按劳分配为主，其他分配方式为辅，主张共同富裕，反对和防止两极分化；在政治方面，坚持共产党的领导，反对多党制和资产阶级自由化。这些都是两国市场经济体制或市场经济机制社会主义方向的基本保障。

第三，两国都主张合理利用市场机制。在两国新的经济体制中，市场机制都将成为资源配置以及调节各种经济关系的基本手段。但两国正在建设中的市场机制都不是完全自发的，都很重视国家管理和政府宏观调控的作用，努力防止和克服市场机制的欠缺和消极作用。同时，两国不是在一切经济领域、一切经济活动中都实行市场原则，在诸如文教、卫生、少数民族的物资供应等领域都不能完全按市场原则行事。这就是说，两国虽然都积极利用市场机制，但在两国国民经济中，市场既不是完全自发的，也不是包拢一切的，更不是唯一的调节手段。

第四，两国在大力发展商品货币关系和市场机制，提倡企业盈利和市场竞争的同时，都十分重视社会主义精神文明和道德规范的建设，反对金钱万能和拜金主义。

这些共同特点决定了中越两国正在形成中的市场经济模式，既不同于前苏联那种高度集中、单一所有制、指令性计划、排斥商品货币关系和市场机制的产品经济模式，也不同于资本主义国家那种以私有制为主体、自由化的市场经济模式。它实质上是世界上前所未有的一种崭新的经济体制和经济模式。

东盟其他成员国家的经济发展道路与中越两国的发展道路是完全不同的。二战后，印尼、泰国、马来西亚、新加坡、菲律宾等东盟主要国家的经济发展是一部由殖民地半殖民地经济向市场经济转变的历史。东盟国家独立之前，由于外国垄断资本的掠夺和剥削，经济极其落后，产业结构严重畸形；东盟国家在取得独立或摆脱了外国的控制之后，在政治上开始掌握自己的命运，在经济上也开始走上发展资本主义的道路。当时，这些国家的生产力水平都很低，商品经济不发达，市场经济的成份相当弱小，封建主义的经济势力仍很强大，在这样的历史条件下，如果照搬发达资本主义国家的市场经济模式，显然是不合适的。为此，东盟其他成员国普遍采用了政府干预、逐步扩大资本积累、努力改造殖民地经济的遗产的作法，开始了建立市场经济的艰苦历程。

由于历史上形成的经济关系，这些国家较早地采用了以市场经济为主的经济体制。但是在相当长的一段时间内，由于本国资本市场极其狭小，私营资本无力投资于通常需要大量资金的基础设施建设和大型工矿企业，为了建立本国的民族经济，各国政府由国家投资兴建了一批国营企业，并强化国家对经济的干预和控制，形成了所谓“混合型的市场经济”。一方面，国家通过各种法令，用直接的手段管理和监控经济的发展；另一方面也鼓励私营企业的发展，重视发挥市场的作用。到20世纪70年代中期（新加坡较早），东盟国家的经济发展战略进入从进口替代向出口导向转变的时期，就是按照国际市场的需求，尊重国际贸易的客观规律，通过国际竞争，大力促进本国产品的出口，取得打入国际市场的经验，促进本国经济的发展。要使出口导向战略取得成功就必须按照国际市场的客观规律办事。因此，伴随着经济发展战略的这一转变，东盟国家的市场经济开始主动与国际市场接轨。正当东盟国家谋求经济快速发展的时候，国际经济的大环境为它们提供了难得的良机，这就是西方发达国家产业结构升级换代的加速和资本国际流动的加强。当时，世界石油价格的两次暴涨，迫使西方加快产业结构调整的步伐。由于经济和社会的原因，同时也是为了追求资本利润的最大化，西方发达国家纷纷实行产业重心的转移，即把劳动密集型产业和环境污染严重的产业大量转移到发展中国家去，自己则主要从事附加价值大、加工层次高、能源消耗少、污染程度轻的产业。这些产业一般都是资本密集型、技术密集型或知识密集型的产业。由于发展中国家劳动力成本相当低下，所以向发展中国家转移那些自己不太愿意继续进行下去的产业，对于发达国家来说，具有相当的吸引力。在这种情况下，东盟国家明智而及时地制定相应的战略，以自身工资成本低下为吸引，实行对外开放和出口导向战略，积极引进外国资本和技术，提高本国产品在国际市场上的竞争能力，进而推动整个国民经济的快速增长。在这个过程中，由于市场机制不断发挥作用，各国的市场经济开始健康发育，国内市场规模不断扩大，市场体系不断完善，在国际市场上的份额也随之加大。20 世纪 80 年代中期以后到 90 年代中期，东盟主要国家继续执行对外开放的经济发展战略，进一步促进市场经济的成熟。在这个时期中，新加坡已经完全脱颖而出，经济快速发展，成为令人瞩目的新兴工业化国家。其他国家则随着市场经济机制的逐渐成熟，开始推行经济自由化的政策。政府开始改变以往的做法，逐步减少对经济生活的干预，调整国营企业产权结构，实行国有企业的私有化，鼓励私营企业的积极性。各国政府还十分注意大量吸引外资，加快金融体制的改革，扩大金融业的开放，扩大和完善资本市场。在产业结构的升级换代方面，各国特别强调由劳动密集型产业向资本和技术密集型产业过渡。与此同时，东盟中的一些国家开始一定规模地鼓励资本的外向流动，开始或扩大对海外的直接投资。由于采取了这些措施，东盟主要国家经济资源配置进一步合理，国民经济高速增长。

从新、马、泰、菲、印尼等原来主要东盟国家的经济发展过程看，虽然在起步阶段，这些国家采取政府干预，甚至建立了大批国营企业，但随着经济的发展，市场的力量不断加强后，政府就逐步放松经济统制，实行经济自由，让“看不见的手”发挥作用，扶持企业，扩大企业调节的作用。因此，这些东盟国家的经济，从本质上看是建立在私有制基础上的资本主义经济。

4. 友谊之深、之广的差异

在现代历史上，中越两国的共同遭遇和肩负相似的历史使命使两国人民紧密地联合起来，特别是在俄国十月革命后，中越两国无产阶级革命者在反帝、反封的民主革命中结下了深厚的友谊。中国民主革命先驱孙中山先生在1900年至1908年间曾先后五次到越南进行革命活动，在越南居住了两年多时间。孙中山在越南的革命活动不但得到了广大越南华侨的支持，而且也得到了越南人民的支持和帮助，同时，孙中山的民主革命思想也对越南产生了深远影响。越南无产阶级革命先驱者胡志明同中国共产党人的关系，充分体现了中越两国人民深厚的革命友谊。1924年12月以后，胡志明多次来到中国，积极参加中国的革命活动，对中国革命做出了贡献。广州起义爆发后，在黄埔军校学习的二十多名越南青年参加了起义队伍，后来其中一些人参加了中国共产党领导的创建革命根据地的武装斗争。1946年进入越南分散隐蔽的中国共产党领导的广东南路原抗日游击队得到了越共基层组织的妥善安置。在解放战争时期，中越边境地区的中共基层组织和武装力量，以越南北部边境地区作为自己的一个基地，开展斗争，得到了越共和越南人民的大力支持。胡志明在中越边境地区进行革命活动的时候，广西边境群众在十分困难的情况下，竭力支持越南革命者，为他们提供食宿，担任联络，负责安全保护等等，中国广西成为了越南革命的基地。新中国成立后，在越南抗法战争、抗美战争及越南的社会主义建设中，中国人民在克服自身巨大的困难的前提下，在人力、物力上给予了无私的巨大的援助，中越两国这种在血与火的洗礼中形成的深厚革命友谊，这不仅在东南亚，而且在世界上也是独一无二的。中国与其他东南亚也有着深厚的友谊，但与中越间的这种“同志加兄弟”式的革命友谊是有差异的。

第四章
世纪之交的中越关系

一、中越关系进入新阶段

（一）中越关系进入新阶段的国际背景

20世纪末国际形势的发展变化主要呈现出以下明显趋势和特点：

和平与发展仍是时代的主题。冷战结束后，美国仍然借其实力推行霸权主义和强权政治，到处干涉别国内政，加之民族问题、宗教问题、领土问题和恐怖主义等，致使一些国家和地区不时发生纠纷和冲突，世界并不太平。但世界各国和人民要和平、要合作、要发展、要进步的呼声比任何时候都高涨。和平与发展仍然是时代的主旋律。

世界多极化趋势日益明显。冷战结束后，随着雅尔塔体系的瓦解，世界出现了“一超多强”的格局，多强的力量不断上升，大国之间的相互依赖和制约日趋加强，尤其对美国的制约增强。主要是因为：一是大国力量的消长，俄、日、欧和中国对世界事务的影响力都有不同程度的提高；二是经济全球化使得世界各国经济和贸易的合作和依赖增强；三是各国在经济和军事领域的相互需求增强。事实上，霸权主义、强权政治与和平与发展背道而驰。各国各民族由于其政治、经济、文化和历史背景不同，自然有着不同的国情，不同的发展道路，强行推行一种价值观是违背事物发展规律的，是不得人心的。“世界文明丰富多彩，多样化的文明之间存在差异，这是人类社会的一个基本特征。无视文明多样性的客观现实，挑动不同文明之间的敌视和对立，与当前和平与发展的时代要求格格不入。企图在全世界推行一种观念、一种文化、否定各国的独特传统和自主选择，与国际关系民主化的潮流背道而驰。”① 因此，霸权主义、强权政治是行不通的。世界多极化发展顺应时代潮流，它的不断发展必将不断推进世界的和平与发展。

世界经济全球化、区域化更为明显。经济全球化是当代市场经济的发展趋势。它指的是生产能力存量在全球范围内的转移活动。冷战结束后，世界经济发生了根本性变化，几乎所有的国家都不自觉地被纳入世界经济全球化的运行当中，世界经济进入了全球化、区域化的时代。经济全球化、

① 唐家璇在第五十七届联大一般性辩论上的讲话，《人民日报》2002年9月16日。

区域化日益呈现以下特点：生产活动全球化、区域化步伐加快；国际间的贸易规模和速度不断增长；国际金融市场一体化进程持续深化；跨国公司发展迅速。例如，欧盟实力不断增强，世贸组织和亚太经合组织成员不断扩大，东盟在继续发挥政治作用的同时，也顺应世界经济一体化潮流，逐步加强内部的经济合作并已建立东盟自由贸易区，东盟自由贸易区有继续扩大趋势。

中国与东盟国家的政治互信增强。1997 年亚洲金融危机对东南亚国家的经济产生了前所未有的冲击，其影响至今余波未消。由于中国在亚洲金融危机中坚持人民币不贬值，表现出一个负责任大国的姿态，并对泰国等受金融危机影响最严重的国家给予了力所能及的经济援助，受到了东南亚各国乃至国际社会的普遍赞许。同时中国积极开展与东南亚各国的友好外交和双边的经贸合作。中国与东盟国家的政治互信关系进一步增强。中国与东盟国家的友好合作关系是历史上最好的时期。

和平与发展的国际形势，国际政治格局多极化的发展，世界的经济全球化、区域化，中国与东南亚各国友好关系的发展，对 21 世纪前后中越睦邻友好与全面合作关系的发展提供了良好的外部环境，起到了推动作用。

（二）1999 年初中越联合声明的重大意义

1999 年 2 月 25 日至 3 月 2 日，越共中央总书记黎可漂应邀访问中国，中越两国签署并发表了《中越联合声明》。《中越联合声明》除重申和强调中越关系正常化以来两国于 1991 年、1992 年、1994 年和 1995 年的《联合公报》和《联合声明》所确认的各项原则和所达成的共识外，还提出和确认以下三方面的重要内容：1. 提出了“长期稳定、面向未来、睦邻友好、全面合作”的“16 字指导方针”。2. 提出了签署陆地边界条约和解决北部湾划界问题的时间表，“双方决心加快谈判进程，提高效率，在 1999 年内签署陆地边界条约和 2000 年内解决北部湾划界问题，共同把两国边界建设成为和平、友好、稳定的边界”。3. 提出和强调加强两国各部门各组织的交往，尤其是加强两国青少年的交往。“双方确认，要着眼长远，进一步加强两国党政部门、群众组织和地方之间的友好往来和多种形式的合作与经验交流，尤其是加强青少年之间的友好往来，使中越两国的友好事业全面发展，后继有人。”《中越联合声明》是在人类即将跨入 21 世纪的时候签署发表的，对中越在新世纪进一步推进两国睦邻友好与全面合作关系的发展具有深远的指导意义。

中越关系“16 字指导方针”的提出，是两党、两国在认真总结中越建交近 50 年来正反两方面的经验的基础上所达成的共识，越南同志称之为“黄金般的 16 个字”，说明来之不易，十分宝贵。中共中央总书记江泽民 2002 年 2 月 27 日至 3 月 2 日访问越南期间，对“16 字指导方针”的内涵作了深刻的阐述，指出：“1. 长期稳定，就是中越友好符合两国和两国人民的根本利益，任何时候、任何情况下双方都要从友好的大局出发，保持友好合作关系稳定健康发展，使两国和两国人民世世代代友好下去。2. 面向未来，就是我们双方要站得高，看得远，立足当前，着眼长远，继承传统，开创中越关系更加美好的未来。3. 睦邻友好，就是要永远做好邻居、好朋友、好同志、好伙伴，始终以睦邻友好精神教育两国人民和处理两国关系中的一切问题，互相信任，互相帮助，互谅互让，共同发展。4. 全面合作，就是要不断巩固和扩大两党两国在各个领域各个层次的交流与合作，以造福于两国人民，并为维护和促进地区与世界的和平、稳定、发展作出贡献。"归纳起来，发展中越关系，互相信任是基础，长期稳定是前提，睦邻友好是保障，全面合作是纽带，共同发展是目标。"①

（三）中越陆地边界条约的签订

中越陆地边界东起中国广西的北沦河口（此处中法划界时原属广东省管辖），西至云南省的李仙江以西，边界线全长 1347 公里，双方在边界上树立了 300 多块界碑。根据 100 多年前由中国清朝政府同当时统治越南的法国政府所签订的不平等条约《中法天津条约》，双方从 1886 年到 1887 年划定了中越边界，并在 1887 年签订《中法续议界务专条》，在 1895 年签订了《中法续议界务专条附章》等界约。中越陆地边界线是在长期的历

① 《人民日报》，2002 年 3 月 2 日。

史过程中形成的。从19世纪末开始，这条历史边界线就成为一条具有法理依据的边界线，这是因为这条边界线在1887年和1895年两个清—法公约中就已经划定下来。中越两国革命胜利之后，双方都表示尊重这条边界。尽管双方对边界某些地段的位置认识不一致，但争议面积不大，只有少数地段。1957年和1958年，中越两党中央曾经交换信件，表示尊重根据中法界约划定的中越边界，确认了维持边界现状，边界问题应由两国政府解决，地方无权解决领土归属问题的原则。长期以来，中越边界一直是一条友好、和平的边界。但由于“边界线的划定、分界和立碑工作在100多年前进行的，当时的工具简陋和条件差，所以许多地段边界线的文件和地图实在不充分、不清楚和不准确。而且，经过一个多世纪的时间，许多界碑被损坏，甚至遗失，有些界碑与地图上的位置一比较才发现已被挪动，地形和地物已发生了很大的变化。除了有上述问题以外，100多年来，两国的政治—社会形势发生了许多变化，两国关系也经历了一些波折。所有这些因素导致了双方对一些地段的边界走向存在不同的认识，使边界形势日益复杂，双方在边界全线经常发生纠纷。”①

为了使两国边界划界问题不影响到中越友好合作的大局，1991年11月中越关系实现正常化时签署的《中越联合公报》强调指出：“双方同意，将继续采取必要措施，维护两国边境地区

① 《越南副外长黎功奉介绍中越陆地边界条约谈判背景与结果》，越南《人民军队报》2002年9月14日。

的和平与安宁，鼓励两国边民恢复和发展传统友好往来，把中越边界建成和平与友好的边界。双方签署了《关于处理两国边境事务的临时协定》。双方同意，两国之间存在的边界等领土问题将通过谈判和平解决”。[①] 中越关系实现正常化10多年以来，两党、两国政府为解决边界的划界问题做了大量工作，两国政府各自成立边界划界谈判小组，在各自国家外交部的领导下专门负责两国边界划界谈判工作，解决边界划界问题。在两党、两国政府的重视和领导下，两国有关部门经过了长期谈判和艰苦努力，推动了边界划界工作顺利进行。两国边界谈判主要依据以下工作程序分阶段进行：一是首先按照1993年达成的有关基本原则的协议，双方各自按照自己的认识在一系列地图上标出边界线（叫做“主张边界线”），然后同时交给对方，以便对照和确定双方重合边界段和不同边界段。经过对照，在1347公里的边界全线中，双方重合的边界线约有900公里。在其余的约450公里边界线上，有164处双方有不同认识，涉及的总面积达227平方公里左右（这些区域叫做“C区”）。另外有125处，总面积近5平方公里，由于双方的技术差距而出现了不同的认识，但双方通过合理公平的技术措施，很快得到了解决。二是整个谈判过程的实质性谈判主要集中在解决164个C区块的划界上。经过双方的共同努力，于1999年底全部解决了164个C区块的划界工作。对于1887年和1895年清—法公约明确规定的河界和溪界，按照这些公约规定解决；对于上述公约没

① 《中越发表联合声明》，《人民日报》1999年11月1日。

有明确规定的河界和溪界，按照国际惯例解决，具体是：对于可通船只的界河和界溪，边界线按主航道中心线划定；对于不能通航的界河和界溪，就依其主要流水道的中间线划定。经过近6年的长期谈判和工作，双方于1999年12月30日签署了《中华人民共和国和越南社会主义共和国陆地边界条约》。“《陆地边界条约》是长期谈判的结果，体现了双方的共同努力，充分考虑到国际法和国际惯例，双方都作出了让步”。[①] 为了实施《陆地边界条约》，根据条约的规定，中越两国分别成立了划界立碑联合委员会，专门负责划界立碑工作。两国的联合委员会已经基本完成了实地划界立碑的有关准备工作，如成立了12个划界立碑小组、一致同意将竖立1533个界碑，并签署了一些必要的法理—技术性文件等。两国12个划界立碑小组于2002年9月开始进行边界全线划界立碑的具体工作。两国商定将共同努力用3年的时间完成划界立碑工作，同时两国还要签署勘界立碑议定书和边界规划协定。

2001年12月27日，在中国广西防城港市东兴和越南芒街口岸分别举行中越两国陆地边界第一块新界碑揭碑仪式，这标志着中越陆地边界实地勘界立碑工作正式启动。2002年7月13日，中国与越南陆地边界河口—老街界碑立碑仪式分别在中国云南省河口口岸和越南老街口岸举行，标志着中越陆地边界勘界立碑工作迈出了切实步骤。8月22日—23日，中国外交部副

① 《越南副外长黎功奉介绍中越陆地边界条约谈判背景与结果》，越南《人民军队报》2002年9月14日。

部长王毅同越南外交部副部长黎功奉在昆明举行中越第九轮政府级边界谈判。双方一致同意于 2002 年 9 月初全面启动陆地边界勘界立碑工作。

中越两国签署《陆地边界条约》及最终完成划界立碑工作，具有深远的历史意义，将进一步推动两国睦邻友好与全面合作关系在 21 世纪取得更大发展。

（四）中越全面合作声明与北部湾划界、渔业合作协定的签署

1999 年 2 月 25 日越共中央总书记黎可漂应邀访华，中越两国发表了《联合声明》。《联合声明》明确提出了“长期稳定、面向未来、睦邻友好、全面合作”的“16 字指导方针”。同时提出签署陆地边界条约和解决北部湾划界的时间表。以后，为了落实“16 字指导方针”，使“16 字指导方针”具体化，经双方共同努力，2000 年 12 月 25 日，中越两国在北京签署了《关于新世纪全面合作的联合声明》。与此同时，中越两国签署了《关于在北部湾领海、专属经济区和大陆架的划界协定》、《北部湾渔业合作协定》，此外还签署了《中越两国政府和平利用核能合作协定》和《新华通讯社和越南通讯社新闻合作协定》等重要文件。

《关于新世纪全面合作的联合声明》主要包括三方面的内容：一是肯定过去 50 年的中越关系。《联合声明》指出：“中华

人民共和国和越南社会主义共和国（以下简称‘双方’）是有着悠久传统友好关系的社会主义邻邦。建交以来，中越关系不断得到巩固和发展。”① “自 1991 年两国关系正常化以来，在 1991 年、1992 年、1994 年、1995 年和 1999 年两国高层领导会晤期间发表的《联合公报》和《联合声明》所确认的各项原则基础上，两国传统友好、互信、平等、互利关系在各个领域得到迅速发展，各个部门、各个级别之间的交往频繁”。② 二是强调“16 字指导方针”的指导作用。《联合声明》强调指出：“1999 年 2 月，两党总书记确定了 21 世纪发展两国关系的 16 字方针，即‘长期稳定、面向未来、睦邻友好、全面合作’。这符合两国和两国人民的根本利益，有利于地区和世界的和平、稳定与发展。”③ 三是为有效落实“16 字指导方针”提出两国今后加强和扩大合作领域的任务和要求。《联合声明》提出未来中越关系全面合作的主要领域：1. 保持经常性的高层会晤，为推动两国关系发展增添新的动力；进一步加强两国各部门、群众组织和地方的友好往来和多种形式的交流与合作。2. 加强对两国青年一代进行友好传统的宣传教育，开展两国青少年之间的友好交流与往来，使两国人民的友谊、互信和合作后继有人，深入发展。3. 根据平等互利、注重实效，优势互补、形式多样、共同发展的原则，继续加强和扩大两国经贸、科技等领域的合作。《联合声明》还强调了从两国政府经贸机构、科技等领域的合作到两

① 《关于新世纪全面合作的联合声明》，《人民日报》，2000 年 12 月 25 日。

② 《关于新世纪全面合作的联合声明》，《人民日报》，2000 年 12 月 25 日。

③ 《关于新世纪全面合作的联合声明》，《人民日报》，2000 年 12 月 25 日。

国农业、财政、金融、交通运输、旅游、环保等九个方面的合作，可以说在两国经贸、科技等领域的合作无所不包、无所不及。4. 加强两国在国际事务中的合作与配合，如加强在联合国、东盟地区论坛、东亚合作、亚太经合组织、亚欧会议等国际和区域多领域的合作与配合，推进发展中国家的团结与合作，继续致力于建立公正合理的国际政治经济新秩序，为维护地区和世界和平、稳定与发展作出新贡献。5. 加强和扩大其他领域的合作，如军事、文化、教育、体育和司法机关等领域的合作。同时强调认真履行两国签署的有关协议，积极合作，努力把两国陆地和北部湾边界划界问题和海上问题妥善解决和处理好，以确保两国关系得以正常发展。

《关于新世纪全面合作联合声明》的签署和北部湾划界、渔业合作两个协定的签署，对进一步促进中越两国的友好合作关系发展具有十分重要的意义。一是具有继往开来的意义。《联合声明》是人类即将进入 21 世纪的前几天签署发表的，它在充分肯定了中越建交以来尤其是中越关系正常化以来的友好合作关系的基础上，着重提出和阐明了落实“16 字指导方针”的具体意见，为两国在新世纪加强和扩大合作开辟更广阔的道路。二是《联合声明》对加强和扩大两国各个领域的友好与全面合作提出了明确的方向、内容和任务，是落实“16 字指导方针”的具体体现。三是北部湾划界和北部湾渔业合作两个协定的签署，体现了两国高层领导人从两国根本利益的大局和战略高度考虑促进双方睦邻友好与全面合作的诚意，使两国渔民过去在海湾地区因捕渔经常发生的纠纷得到妥善解决。从而有利于这一地区的长治久安和中越关系长期稳定的发展。

（五）中越友好后继有人

1999年2月27日中越两国在北京签署发表的《联合声明》中强调指出："双方确认，要着眼长远，进一步加强两国党政部门、群众组织和地方之间的友好往来和多种形式的合作与经验交流，尤其是加强青少年之间的友好往来，使中越两国的友好事业全面发展，后继有人。"这是两党、两国为了确保中越两国睦邻友好与全面合作关系长期稳定发展，首次提出加强两国青少年之间的友好往来的工作。2000年12月25日中越两国签署的《关于新世纪全面合作的联合声明》中就加强两国青少年之间友好交流往来问题作了进一步的阐述，指出："加强对两国青少年一代进行友好传统的宣传教育，开展两国青少年之间的友好交流与往来，为增进两国人民之间的友谊和互信作出贡献，使两国人民的友谊、互信和合作后继有人，深入发展。"2002年2月27日至3月1日，中共中央总书记、国家主席江泽民在访问越南与越南领导人会谈时就继续推动中越关系全面发展提出了五点建议，其中第三点建议指出："要以长期友好的精神教育两国人民，特别是青少年。进一步加强青少年之间形式多样的交流，培养造就千百万中越友好事业的接班人。"两国签署的《联合声明》和高层领导的讲话，都反映了两党、两国领导人登高望远，从中越长期稳定和友好的战略高度出发，十分重视中越青少年的教育培养工作，以培养造就中越友好事业的接班人。

为了落实两党、两国在教育培养两国青少年的工作上达成的共识，两国有关部门尤其是两国共青团组织和教育部门采取了有效措施，加强两国青少年的友好交流。1. 开展“中越青年友好会见活动”。2000 年 10 月 16 日、17 日在北京举行了首届“中越青年友好会见活动”，中共中央总书记、国家主席江泽民和越共中央总书记黎可漂于 16 日分别为这次活动发来贺词和贺信，17 日中共中央常委、全国政协主席李瑞环会见了参加这次活动的中越青少年代表。这次活动拉开了“中越青年友好会见活动”的序幕。2001 年 10 月，第二届“中越青年友好会见活动”在越南首都河内举行。2002 年 9 月 23 日由越共中央委员、越南胡志明共青团中央书记处第一书记黄平均率领的越南青年代表团来华参加在北京举行的第三届“中越青年友好会见活动”。2002 年 6 月 9 日—10 日中国共青团中央和越南胡志明共青团中央联合在中国广西凭祥市举行了以“中越友谊世代相传”为主题的联欢活动，中国共青团中央书记杨岳、越南胡志明共青团中央书记处书记陶玉容出席并主持活动，广西自治区副主席张文学、自治区政协副主席陈光明出席并会见了中越青年代表。来自越南广宁、谅山、高平等三省的 80 名共青团员和来自广西各地的 400 多名共青团员参加了活动。另外，2001 年 12 月 23 日由中国共青团中央和越南、老挝、柬埔寨、缅甸、泰国的青年组织机构联合举办的“澜沧江—湄公河青年之船”正式启航并沿着澜沧江—湄公河开展友好交流活动。通过开展有声有色的友好交流活动，增进了中越两国青少年的相互了解和友谊。2、加强两国的文化交流，促进两国青少年的交往。近年来已有中国 40 多所大学和越南的 20 多所大学建立了合作交流关系，广西大学、广西民族学院、广西师范大学等每年都接收数以百计的越南各专业的留学生。中越两国留学生所学专业涉及对象国的语言、文化和历史等。随着中越睦邻友好与全面合作关系的发展，中越两国的留学生将会越来越多。他们通过学习，进一步了解对象国的文化和历史，增进彼此之间的感情。上述两国青少年的有关活动和交流，使年轻一代受到教育，从而使两国老一辈革命家精心培育的传统友谊和两国全面友好合作事业后继有人，代代相传。

（六）中越新世纪的高级会晤

20 世纪末，即 1999 年和 2000 年，中越两国举行了两次高级会晤，并分别发表了“联合声明”以后，进入新世纪，为了推动中越两党、两国睦邻友好与全面合作关系不断向前发展，中越两党、两国高层领导又举行了两次重要会晤。第一次会晤是 2001 年 11 月 30 日至 12 月 4 日越共总书记农德孟应邀访华与中国高层领导人的会晤。此次会晤是农德孟 2001 年 4 月召开的越共“九大”当选为越共总书记后不久到中国进行访问。越共“九大”是新世纪越共召开的一次继往开来的重要会议，它将勾画新世纪越南经济和社会发展的宏伟蓝图和选举产生新的越共中央最高领导人。新的越共中央最高领导人的对内对外政策令世人关注，对中越关系今后发展的考虑也令两国人民十分关心。对此，农德孟担任越共总书记伊始就在记者招待会上明确指出："我可以在这里确认，越南与中国的关系在未来将得到进一步发展。"① 还强调："两国关系一直很好，两国领导人最近就建立睦邻友好，加强合作和繁荣稳定的关系原则达成了一致。"② 农德孟对中国的访问，是新世纪初中越两党、两国关系中的重大事件，将对加强和深化21世纪中越关系产生积极的影响。中国方面对农德孟的来访十分重视，除中共中央总书记、国家主席江泽民与农德孟总书记进行会晤、会谈外，中共中央政治局常委、中国全国人大委员长李鹏，中共中央政治局常委、国务院总理朱镕基，中共中央政治局常委、国家副主席胡锦涛分别会见了农德孟。中越两国还签署发表了《联合声明》，《联合声明》肯定中越关系正常化以来两国发表的《联合公报》、《联合声明》所确定的两国关系的各项原则以及中越陆地边界条约、北部湾划界和北部湾渔业合作协定的签署。此外，《联合声明》还强调如下问题：1. 中越双方决心坚持"长期稳定、面向未来、睦邻友好、全面合作"的16字指导方针，全面贯彻落实两国《关于新世纪全面合作的联合声明》提出的明确目标和任务，不断提高中越传统友好合作关系的质量和水平。2. 双方加强投资合作，扩大经济技术合作规模。双方签署了关于中国向越南提供优惠

① 路透社河内2001年4月22日电。

② 《中越发表联合声明》，《人民日报》2001年12月3日。

贷款的框架协议和中越两国政府经济技术合作协定。3. 关于国防问题，双方认为，谋求和平、合作、发展和社会进步，已成为当今时代的潮流。双方反对霸权主义和强权政治，反对一切形式的恐怖主义。主张尊重各国的历史文化、社会制度、发展模式以及世界各种文明。赞赏东盟在维护和促进地区稳定与发展中发挥的积极作用，重申将继续致力加强中国与东盟国家的睦邻互信伙伴关系。

第二次会晤是 2002 年 2 月 27 日至 3 月 1 日，中共中央总书记、国家主席江泽民访问越南与越共高层领导人的会晤。江泽民总书记此次访越既是对越共中央总书记 2001 年 11 月访华的回访，同时表明中国党和政府对中越关系的高度重视。越共中央对江泽民总书记此次访问十分重视，除越共中央总书记农德孟、越南国家主席陈德良与江泽民总书记会见、会谈外，越南总理潘文凯、前越共中央总书记杜梅、黎可漂也分别会见了江泽民总书记。通过两国最高领导人的会见、会谈，双方一致认为“两国和两国人民要做好邻居、好朋友、好同志、好伙伴，互相信任、互帮互助、互谅互让，共同发展”。[①] 江泽民总书记还就继续推动中越关系全面发展提出了五点建议：“一是要继续发扬两党、两国高层交往的良好传统，保持双方领导人的经常接触和会晤，随时就共同关心的问题坦诚、深入地交换意见。二是要不断扩大和加深中越经贸合作，增强两国友好关系的物质基础，不断提高合作的效益和质量，扎扎实实地将两国经贸合作提升到一个新的水平。三是要以

① 《人民日报》，2002 年 3 月 2 日。

长期友好的精神教育两国人民，特别是青少年。进一步加强青少年之间形式多样的交流，培养造就千百万中越友好事业的接班人。四是要继续加深两国在边界问题上的合作，加快陆地边界和北部湾划界各项后续工作进程，把中越边界建设成为一条长期和平、稳定和友好的边界。五是要深化中越两党、两国在治党治国经验方面的交流，加强两国在国际问题上的磋商、合作与配合，以利于各自国家的建设和发展。”① 访越期间，江泽民总书记还到河内大学发表了题为《共创中越关系的美好未来》的演讲。江总书记的演讲在越南引起强烈的反响，一位越南女大学生说：“我们认为江总书记的讲话非常好，反映了两国人民的共同愿望。”另一位大学生激动地说，江总书记的演讲“很有说服力，让我们明白了为什么要发展越中友好的道理，真有‘听君一席话，胜读十年书’之感。”

上述新世纪中越两国两次高层会晤意义深远，将对新世纪中越睦邻友好与全面合作关系的不断发展起到积极的持续的推动作用。

（七）中越经济关系的新发展

自中越关系正常化以来，两国的经贸合作得到迅速恢复和发展，尤其是1999年以来，在中越两国政府的关心和推动下，经过双方有关部门及公司、企业的共同努力，两国经贸合作又取得了

① 《人民日报》2002年3月2日

长足的进展，呈现出较为强劲的发展势头。

1. 两国贸易发展迅速

据越南海关的统计数字，1999 年以后的中越两国贸易额甚为可观。（见下表）

1991 年至 2001 年中越进出口贸易金额统计表

单位：亿美元

年　份	总金额	越南出口	越南进口
1991	0.377	0.193	0.184
1992	1.274	0.956	0.318
1993	2.213	1.358	0.855
1994	4.399	2.957	1.442
1995	6.916	3.619	3.297
1996	6.692	3.402	3.290
1997	8.785	4.711	4.044
1998	9.894	4.789	5.105
1999	15.423	8.589	6.834
2000	29.570	15.340	14.230
2001	30.472		

资料来源：越南海关　越南《中国研究》2001 年第 6 期，第 38 页。

1999 年以来中越贸易发展具有以下两大特点：一是双方贸易额增长较快。1999 年双方贸易额为 14.35 亿美元，2000 年跃升至 24.66 亿美元，比上年增长 87.1%，2001 年又升至 28.15 亿美元，比上年增长 15%。中国已成为继日本、新加坡之后的越南第三大贸易伙伴，两国的贸易额在基数相对较高的情况下增长如此迅速，说明了两国的贸易合作发展势头强劲。二是两国贸易商品结构种类日趋多样化、大宗化。近年，中国向越南出口的主要是五大类200多种商品，越南出口到中国的主要是四大类100多种商品。中国向越南出口的主要商品有：水泥、制糖等成套设备，机械设备、医疗设备、精密仪器、纺织设备、运输工具、农具机械等；越南出口到中国的主要商品有：原料产品类如煤、石油、铬铁矿、药材、天然橡胶、农林产品、高级民用木器等。（2000年两国贸易较大宗的商品见下表）

2000年中国出口越南主要商品

商品名称	数量（万吨）	金额（万美元）
机电产品（另类总计）		66177
摩托车	123万套	41944
成油品	83	20029
纺织品		10506
钢坯及粗锻件	47	8220
钢材	9	2761
谷物	17	2161
摩托车及自行车零部件		2036
医药品		1712

2000 年越南出口中国主要商品

商品名称	数量（万吨）	金额（万美元）
原油	321	74900
天然橡胶	11	6640
合成纤维纱线		1011
其他植物油	2	974
铁矿砂	31	482
棕榈油	1	388

资料来源：《东南亚纵横》2001 年第 10 期，第 7 页。

此间，两国边境贸易也迅速发展，成为两国贸易中的一大亮点。据《广西统计年鉴》的统计数字，近年来，广西与越南边境的贸易额逐年上升。中越边境贸易的发展，增进了两国边民的交往和了解，促进了两国边境地区经济的发展和人民生活的改善。（1991 年以来广西边贸成交额见下表）

1991 年以来广西边贸成交额统计表

（单位：亿元人民币）

年 份	成交额
1991 年	18.9
1992 年	26
1993 年	26.03
1994 年	26.4
1995 年	26.5
1996 年	29

续表

年 份	成交额
1997 年	30.9
1998 年	27.6
1999 年	25.6

资料来源：广西统计局编：《广西统计年鉴》(1992—2000 年)，中国统计出版社。

2. 两国的投资关系

中越关系正常化 10 年来，尤其是近几年来，中国对越南的投资发展较快，为越南的经济发展作出了贡献，促进了两国经济的发展。在 10 年里，中国在越南投资项目有 150 个，其中有 27 个已经正式投产，2000 年营业收入达 1650 万美元，给 2300 个劳力创造了直接的就业机会。胡志明市的铃中出口加工区总投资 2650 万美元，是中国在越南最大的投资项目，至今该出口加工区已经吸引 32 个外国投资项目，资金总额达 1.3373 亿美元。①

目前两国投资关系具有以下特点：1. 由于两国经济发展水平还存在一定差距，越南到中国投资还比较少，主要是中国到越南投资。2. 中国对越南的投资规模还较小。在到越南投资的 60 多个国家和地区中，中国排名仅为 22 位。② 3. 投资项目和金

① （越）阮氏明恒《迈向新世纪的越中经济关系》，载戴可来主编：《21 世纪中越关系展望中越学者学术研讨会论文集》，香港社会科学出版社，2003 年 6 月版，第 171 页。

② 越南《投资报》2001 年 9 月 11 日。

额在逐年增多。仅 2001 年，中国就有 45 个新的投资项目，协议资金总额为 2.126 亿美元，注册资金为 1.26 亿美元。① 4、中国的投资近半数集中在华人较多和基础设施较好的地区，如到 2001 年胡志明市有 9 个项目，投资总额为 3990 万美元；河内市有 24 个项目，资金为 3350 美元；海防市有 8 个项目，资金为 2720 万美元。②

3. 两国的旅游合作

1994 年 4 月 4 日两国签署了《旅游合作协定》。随着两国友好合作关系的加强和两国人民生活水平的逐步提高，两国前往对方国家的游客不断增多。中国前往越南观光旅游的人数逐年增多，尤其是 1999 年以后增加更为明显，2001 年赴越南观光的中国人达 697000 人，占赴越南各国旅客的 29%。（见下表）

年份	1993	1994	1995	1996	1997	1998	1999	2000	2001
游客数量	17509	14381	62640	377555	405271	420743	480000	600000	697000

资料来源：（越）杜进森：《正常化以来的越中关系及其展望》，载戴可来主编：《21 世纪中越关系展望中越学者学术研讨会论文集》，香港社会科学出版社，2003 年 6 月版，第 23 页。

① （越）阮氏明恒《迈向新世纪的越中经济关系》，载戴可来主编：《21 世纪中越关系展望中越学者学术研讨会论文集》，香港社会科学出版社，2003 年 6 月版，第 171 页。

② （越）阮氏明恒《迈向新世纪的越中经济关系》，载戴可来主编：《21 世纪中越关系展望中越学者学术研讨会论文集》，香港社会科学出版社，2003 年 6 月版，第 171 页。

两国旅游合作的加强和两国人民往来的不断增多，不仅增进了两国人民的相互了解和促进两国传统友谊的发展，同时，也促进了两国经贸关系的发展。

4. 两国签订有关经贸合作协定

中越关系正常化以来，两国政府签署了30余个协定，其中有20多个是有关经贸和与经贸有关的，这些经贸协定包括《商贸协定》、《经济与技术合作协定》、《边境地区事务的暂行协定》、《关于成立经贸合作委员会协定》、《两国银行合作与结算协定》以及铁道、陆路、航海、航空交通合作协定等。另外，两国中央和地方政府有关部门也就双方经贸合作签署了许多协定。[①] 这些协定为两国经贸合作的发展提供了法理依据，促进了两国经贸合作的发展。进入新世纪，为了落实两国1999年签署的《联合声明》中关于进一步加强两国经贸合作的要求，2001年11月越共中央总书记农德孟访华时，在两国签署的《联合声明》中再次强调“要按照平等互利、注重实效、优势互补、形式多样、共同发展的方针，继续加强和扩大两国贸易、科技等领域合作。”两国同时还签署了《中华人民共和国政府和越南社会主义共和国经济技术合作协定》和《中华人民共和国政府和越南社会主义共和国政府关于中国向越南提供优惠贷款的框架协议》。两个协定的签署将对两国经贸合作在原有基础上不断深入发展提供法理依据和起到积极的推动

① （越）杜进森：《正常化以来的越中关系及其展望》，载戴可来主编：《21世纪中越关系展望——中越学者学术讨论会论文集》，香港社会科学出版社，2003年6月版，第23页。

作用。

（八）中越新阶段的文化、科技合作

中越关系正常化以来，尤其是 1999 年两国签署《联合声明》后，在文化、科技方面的合作发展加快，体现了中越在各领域多方面的合作逐步扩大和深入。

文化合作：中越关系正常化后，1992 年 12 月 2 日两国签署了《文化协定》，提出了要在文艺、体育、新闻、广播、影视、图书等方面加强交流与合作。自此，中越文化交流日益增多。此后，两国又签署了《越中文化协作实现计划》、《2000—2001 年文化合同实现计划》和《2002—2003 年两国文化合作章程》等协议，文化交流活动得到了迅速发展。据不完全统计，1991 年至 2000 年间，越南先后有新闻、美术、音乐、影视、摄影、体育文化等领域的 100 多个代表团前往中国进行考察、研究、表演和展览等[1]。与此相对应，中国的新闻、体育、广播、影视等部门也先后派代表团赴越南进行访问交流，而且逐年增多。

科技合作：1992 年 12 月 4 日两国签署了《科技合作协定》，此后又相继签署了一系列的科技合作协议，最近一次是 2000 年 12 月两国签署了《为和平目的使用原子能的合作协定》。一系列科技协定促进了两国科技方面的交流与合作，尤其在农业科技

① 越南《共产杂志》2000 年第 12 期，第 58—59 页。

方面的合作更为明显。近年来，两国在农产品、建设高科技农业新产品生产区等领域的合作不断加强（如高质量蔬菜水果与杂交水稻等）。同时，在社会科技领域两国的交流与合作也得到逐步加强，越南社科与人文中心同中国社科院及广东、广西社科院签署了合作交流协定，两国的社会科学专家学者的互访交流不断增多。2000 年 6 月，由中国社科院和越南社科与人文中心在北京联合举办了《社会主义—普通与特殊》学术研讨会和 2000 年 11 月在河内联合举办了《社会主义—越南的经验、中国的经验》学术研讨会，两国专家学者就社会主义的理论与实践进行了深入的交流和探讨。这表明两国在社会科学领域的合作交流在逐步深入地开展。

二、中国—东盟自由贸易区的启动与中越关系

自 20 世纪 90 年代初，特别是 90 年代末以来，中国与东盟在政治与经济等各方面关系日益密切，为中国—东盟自由贸易区的提出和建立打下了坚实的基础。

中国—东盟自由贸易区的设想是中国国务院总理朱镕基于 2000 年 11 月 25 日出席在新加坡举行的第四次中国—东盟领导人会议上提出的。中国和东盟领导人决定成立经济合作专家组，探讨包括在中国和东盟间建立自由贸易区的可行性等问题，进一步加强中国与东盟的经济贸易关系。

2001年11月6日，中国国务院总理朱镕基出席在文莱举行的第五次中国—东盟领导人会议上正式提出在未来10年内建立中国—东盟自由贸易区，并得到东盟领导人的同意。

2002年11月4日，第六次东盟与中国领导人会议在柬埔寨首都金边举行，中国国务院总理朱镕基出席会议并在讲话中提出启动中国与东盟自由贸易区进程的建议。朱镕基总理和东盟10国领导人签署了《中国与东盟全面经济合作框架协议》，决定到2010年建成中国—东盟自由贸易区。

该协议的签署奠定了中国与东盟全面开展经济合作的里程碑，此举将成为促进中国与东盟共赢的历史步骤，中国—东盟自由贸易区的启动，标志着中国与东盟关系，特别是有山水相连的中越两国关系进入了一个全面密切合作的发展阶段，具有重大历史意义，其前景是十分乐观的。

（一）中国—东盟自由贸易区启动的历史背景

从国际关系理论看，国家与国家的关系和一个国家与一个区域性国际组织的关系是否密切，政治互信是前提，经济互利是基础，中国与东盟能签署建立自由贸易区是在这样的历史背景下完成的。

政治上的互信是建立中国—东盟自由贸易区的基础。众所周知的原因，在冷战时期，中国与东盟的关系处于对立状态。在20世纪90年代以前，虽然中国与个别东盟成员国建立了外交关系，但中国不承认东盟组织，与东盟没有建立官方关系。

冷战结束后，中国与东盟为了各自的战略利益都有建立合作关系的愿望，中国实行改革开放需要一个和平、稳定的周边环境，东盟也需要正在发展的中国这样的大国来平衡其对外关系中的与各大国的关系，谋求与中国合作发展经济。在这样的背景下，中国与东盟开始接触并进一步深入发展。1991 年 7 月 19 日，中国外交部部长钱其琛以马来西亚政府客人的身份参加了在吉隆坡举行的第二十四届东盟外长会议，在会上，他表达了中国与东盟合作的意向。这是中国首次与东盟接触，自此，中国外交部长每年都出席东盟外交部长会议，中国谋求与东盟合作的善意得到了东盟的积极回应，双方同意进行高官级别的政治和安全磋商。1996 年 7 月，在第二十九届东盟常设委员会议上，东盟同意将中国成为全面对话伙伴国。此后，中国出席了一系列与东盟有关的协商会议，如东盟部长会议、东盟地区论坛、东盟与中国高级官员联合合作委员会会议、东盟与中国商务委员会会议等。通过上述一系列接触交流，到 90 年代末，中国与东盟关系迅速发展，双方全面对话与合作机制形成。到 2000 年，中国已经和所有东盟国家签署了《建立面向二十一世纪的睦邻互信伙伴关系》的协议。政治上的互信进一步推动了中国与东盟的睦邻互信伙伴合作关系向前发展，双方在亚太经合组织、亚欧会议和联合国等地区和国际组织中进行了非常密切的合作。

睦邻友好的政治关系，为发展双方经贸合作奠定了坚实的基础。政治与经济是相辅相成和互相促进的，中国与东盟在政治上的互信关系得到空前的提高，从而促进了双方经济合作关系的发展，经济上的密切合作又促进了政治上的互信。随着中国与东盟在政治上互信关系的发展，双方的经贸合作全方位发展，双边贸易持续增长。自1995年至2002年，虽然1997年遭受亚洲金融危机的冲击，中国与东盟的双边贸易额仍以年均15%的幅度增长。据中国海关统计，双边贸易额2001年达到416亿美元，2002年中国与东盟双边贸易额历史性地突破了500亿美元，达548亿美元。同时，东盟成为中国吸引外资的重要地区之一。据中国对外贸易经济合作部统计，截至2002年9月底，东盟国家来华直接投资项目共19281项，合同外资金额577.65亿美元，实际利用外资286.82亿美元。随着中国经济的高速增长和企业实力的增强，中国企业到东盟国家投资也逐年增长。截至2002年9月底，中国企业在东盟国家投资项目共769项，总投资1.62亿美元，其中中方投资6.9亿美元[①]。此外，中国与东盟在许多领域进行了卓有成效的合作，如农业、科学技术、货币与金融、劳工服务与项目承建、交通与海上运输、邮政与通信、人力资源开发、环境保护、文化与教育、体育、旅游以及次区域与小区域合作和反对毒品走私等。

谈到中国—东盟自由贸易区启动的历史背景，我们不能不谈到中国对缓解1997年亚洲金融危机所作出的重要贡献。亚洲金融危机对东盟老成员国的政治、经济造成了严重冲击，并

① 《国际经贸消息报》2002年12月19日。

在一些国家引发了剧烈的社会动荡。而历来竭力支持东盟的美国、日本却无能为力，并没有出手相助。作为世界第二经济大国、亚洲第一经济强国的日本，其外汇储备长期列居世界首位，当时东南亚一些国家曾希望日本能伸出援助之手，化解金融危机，日本不但不给予任何援助，反而在东南亚国家金融形势稍有好转的时候，又任由日元大幅度贬值，从而引发了新一轮的金融动荡，致使东南亚一些国家雪上加霜。他们对日本的作法深感失望，舆论界公开批评日本是“不负责任的大国”，认为“日本没有为摆脱危机而发挥作用。”① 作为世界头号经济大国的美国，用袖手旁观来形容其对化解东南亚金融危机的态度也不过分，美国对阻止东南亚金融危机没有做任何帮助。而此时的中国，虽然经济还不太发达，但却抱着积极应对的态度，通过实施各种间接和直接的措施，千方百计协助东南亚国家摆脱危机。首先是在当时周边国家货币竞相贬值，对中国造成很大压力的情况下，中国坚持人民币不贬值的政策，对阻止东南亚金融危机进一步恶化起到了积极作用。其次是雪中送炭，对东南亚一些国家提供力所能及的援助，中国通过国际货币基金组织操作预算和双边渠道向泰国、印度尼西亚等受灾国提供了45亿美元的援助，还通过双边渠道向印尼等国提供无偿药品援助，并与东南亚一些国家商讨在双边贸易中扩大贸易的变通方式，减轻这些国家对外贸易支付美元的压力。上述措施，充分体现了中国谋求加强周边国家睦邻友好关系和促进共

① 《人民日报（海外版）》1998年7月17日。

同繁荣的政策，得到了东南亚国家普遍好评，他们从经济日益发展和对外推行和平友好政策的中国看到了希望。中国的无私支持缓解了这些国家因遭受金融危机而带来的压力，已经成为包括东盟国家在内的整个东亚经济的重要拉动力量。与此同时，经济全球化和区域经济一体化已成为当今世界经济发展的两大主要趋势。以欧盟、北美自由贸易区为代表的一批区域经济组织在国际贸易和世界发展中已发挥越来越重要的作用，而亚洲还没有这样一个自由贸易区。20 世纪 90 年代末中国与东盟经济合作快速发展，经济相互依赖的情况不断增长。双方都需要建立一个自由贸易区，通过自由贸易和市场调节机制实现最大的贸易利益。所以，由中国主动倡议的建立中国—东盟自由贸易区一提出，自然得到东盟各国的一致同意，并签署了建立自由贸易区的协议。

（二）中国—东盟自由贸易区的启动

1. 协议的签署为中国—东盟自由贸易区奠定了法律基础

2002 年 11 月 4 日，在柬埔寨首都金边举行的第六次中国—东盟领导人会议上，中国国务院总理朱镕基代表中方与东盟各国领导人签署了一系列重要的文件和协议，其中最重要的是签署了《中国—东盟全面经济合作框架协议》，决定在未来 10 年内建立中国—东盟自由贸易区。这一协议的签署，标志着建立中国—东盟自由贸易区的进程正式启动。协议是未来中国—东盟自由贸易区的法律基础，共有 16 项条款，规定了自由贸易区的目标、范围、措施、起止时间，先期实现自由贸易的“早期收获”方案，经济技术合作领域的具体安排，给予当时还不是世界贸易组织成员的越南、老挝、柬埔寨3个国家以多边最惠国待遇的承诺以及在货物、服务和投资等领域的未来谈判等内容，总体确定了中国—东盟自由贸易区的基本架构。根据协议，中国—东盟自由贸易区将包括货物贸易、服务贸易和经济合作等内容。其中货物贸易是自由贸易区的核心内容，除涉及国家安全、人类健康、公共道德、文化艺术保护等世界组织允许例外的产品以及少数敏感产品外，其他全部产品的关税和贸易限制措施都应逐步取消。关于货物贸易的谈判从2003年开始，2004年6月30日前结束。同时，服务贸易和投资也将逐步实现自由化，关于服务贸易和投资的谈判也从2003年开始。在经济合作方面，双方商定将以农业、信息通讯技术、人力资源开发、投资促进和湄公河流域开发为重点，并逐步向其他领域拓展。协议还对未来自由贸易区涉及的贸易规则，如原产地规则、争端解决机制等内容做出了原则规定。据了解，有关消减关税的“初期贸易让步”主要涉及农产品，共包括600多种商品，这些商品可归入以下门类：动物活体、肉和可食下水、鱼类、奶制品、其他动物产品、植物活体、可食蔬菜、可食水果和坚果等等。中国和东盟已同意最迟从2004年1月1日起，在3年时间内取消上述产品的关税。越南，老挝、柬埔寨和缅甸这4个刚入东盟的国家，在完全取消各自关税上，可推迟3～4年。关于实施协议的时间，中国与东盟从2003年起正式举行有关签订自由贸易协定的谈判，中国与原东盟6国（新加坡、泰国、马来西亚、印尼、菲律宾、文莱）的期限为10年，与东盟4个新成员国（越南、老挝、柬埔寨、缅甸）为15年。

中国—东盟自由贸易区的签署，体现了中国和东盟领导人加强睦邻友好合作的政治意愿，也是中国和东盟经济联系不断深化的结果，堪称发展中国家南南合作的典范和中国与东盟关系史上的一个里程碑，它也为推进世界多极化和改革不合理的国际经济秩序提供了新的实践机会。

2. 其他协议的签订是中国—东盟自由贸易区启动的保证

建立一个自由贸易区，需要有一个稳定的安全环境。在2002年11月4日举行第六次中国—东盟领导人会议期间，中国国务院总理朱镕基与东盟领导人发表了《中国与东盟关于非传统安全领域合作联合宣言》和签署了《南海各方行为宣言》，这是中国与东盟在政治上互信深化的体现，也是完成建立自由贸易区和进一步促进经济合作的保证。

中国与东盟领导人发表《中国与东盟关于非传统安全领域合作联合宣言》，启动了中国与东盟在非传统安全领域的全面合作。《联合宣言》确定了双方在这一领域合作的重点内容和组织机制。主要内容是："一、目标。根据各方的共同需要，制定非传统安全领域的合作措施和方法，提高各方应对非传统安全问题的能力，促进各方的稳定与发展，维护地区和平与安全；二、合作重点和形式。（一）现阶段合作重点为打击贩毒、偷运非法移民包括拐卖妇女儿童、海盗、恐怖主义、武器走私、洗钱、国际经济犯罪和网络犯罪等；（二）在深化其他的多边和双边合作基础上，1. 加强信息交流；2. 加强人员交流与培训，促进能力建设；3. 加强在非传统安全领域的务实合作；4. 加强对非传统安全问题的共同研究；5. 探讨其他合作领域和方式。三、参与和组织。（一）中国与东盟将尽可能利用现有的机制，包括东盟打击跨国犯罪部长会议和高官会，开展合作，并根据联合宣言的宗旨和原则制定中长期合作规划，指导双方合作；（二）通过上述机制，在中国和东盟成员国主管部门支持下，就相关领域合作设立专门工作组，实施有关行动计划；四、其他。为落实本联合宣言，可根据联合宣言的宗旨和原则，制定具体的合作协议。”[①]《联合声明》的发表，对促进中国与东盟关系的全面和长远发展具有重要意义，表明中国在继续与东盟加深经济合作的同时，顺应时代的变化和双方的需要，开拓新的合作前景。

值得一提的是，此次会议，中国与东盟签署了《南海各方行为宣言》，提出了旨在加强双方信任的多项措施，包括国防和军事官员、相互通报军事演习、妥善对待海难人员，和平解决可能出现的争端。同时还主张通过一系列的合作来为全面和最终解决争端创造条件。双方将在海洋环境保护、海洋科学研究、海上通讯安全以及打击国际刑事犯罪和海盗等具体领域合作。多年来，南中国海问题一直是中国与东盟关系最敏感的问题，一些西方国家利用这个问题制造“中国威胁论”，挑拨东盟与中

① 摘自《人民日报》2002年11月14日刊登的《中国与东盟关于非传统安全领域合作联合宣言》。

国的关系。中国在这个问题上表现了真诚善意，以邻为善，谋求共同发展，经过近 3 年的谈判，中国与东盟就制定《南海各方行为宣言》最终达成一致并签署。《宣言》签署后，国际舆论好评如潮，法新社说："东盟和中国解决南中国海问题上取得突破性进展，避免了该地区的紧张关系升级。"[①] 美国《华盛顿邮报》2002 年 11 月 5 日报道说，协议的签署"旨在避免双方在有领土争议的南中国海地区发生公开冲突，同时也是为了在今后 10 年内建立世界上最大的自由贸易区"。[②] 该《宣言》的签署并不表示中国放弃了在南中国海问题上的立场。正如中国外交部副部长王毅在签署《宣言》后于 2002 年 11 月 5 日接受中国随行记者采访时说："中国在南海问题上的主权立场是明确和一贯的，有关领土争议应通过双边谈判和平解决。签署这一宣言的积极意义在于向外界发出一个明确的信号，即本地区各国完全可以通过对话处理好相互间存在的分歧，通过合作共同维护南海地区的和平与稳定。

如果说建设自由贸易区标志着中国与东盟的经济合作迈上新台阶的话，签署有关南海的行为宣言则标志着中国与东盟的政治信任发展到了新水平。"

3. 发展前景

从中国与东盟建立对话关系，特别是进入 21 世纪以来，中国与东盟在各方面关系密切，并进行了卓有成效的合作，尤其

① 《参考消息》2002 年 11 月 3 日。
② 《参考消息》2002 年 11 月 7 日。

是在2002年11月4日举行的第六次中国与东盟领导人会议上签署的一系列重要协议和2003年10月在印度尼西亚巴厘岛举行的第七次中国—东盟领导人会议宣布建立面向和平与繁荣的战略伙伴关系，中国签署加入《东南亚友好合作条约》文件的情况看，我们对建立中国—东盟自由贸易区应持乐观态度，发展前景看好。首先，目前中国与东盟在政治上的互信已达到了一个新高度，双方都愿意和平相处，做好邻居，好伙伴，这就为建立自由贸易区打下了坚实的基础。其次，建立自由贸易区有利于双边或多边的合作，是一个平等、互惠互利、双赢的协议，它适应了中国与东盟国家共同繁荣发展的需要。建立自由贸易区是中国主动倡议的，中国充分考虑到了东盟各国的差别和利益，作出了最大让步，用实际行动消除东盟一些国家对"中国和东盟将是双赢"的前景的担忧。应该看到，随着中国加入WTO和经济实力的增强，中国商品不会冲击东盟市场。目前东盟多数国家关税已经低于中国，一直以来中国对东盟国家的贸易有较大的逆差。据中国海关统计，自1998年中国与东盟产生13亿美元逆差以来，每年都有不同程度的贸易逆差。1999年达27亿美元，2000年与2001年分别达到48亿美元，2002年前8个月已达42亿美元。2004年中国与东盟的贸易逆差额高达200.8亿美元。随着东盟国家进一步降低关税，中国对其出口会有所增加，但远不至于达到冲击东盟市场的程度。此外，东盟最担心的中国会成为东盟引资的主要竞争对手的情况也不会出现。据世界银行的一份统计数据，1998年世界各国引进外资占 GDP 的平均比重为 3.8%，其中，美国为 4.6%，欧盟 6.1%，巴西 3.2%，泰国 2.1%，中国只占 1.3%，仅比低收入国家（0.9%）高出 0.4 个百分点[①]。从这份数据可以看出，东盟国家在引进外资方面的主要竞争对手，过去不是今后也不会是发展中国家或东亚各国，更不会是中国。中国外经贸部国际贸易经济合作研究院亚非部主任徐长文先生特别指出，“目前和今后外资流入中国的主要原因，是看重中国的廉价劳动力资源和经济持续稳步增长下的、巨大的国内市场，而这部分外资即便不流入中国，也不会流向东盟或其他国家。从这个意义上说，中国也不构成东盟国家引进外资的对手。”[②] 可以预见，中国不仅不会成为东盟国家引资竞争的对手，反而会增加对东盟国家的投资。随着中国经济的发展，对外开放的扩大和企业经营能力的提高以及东盟国家的开放，东盟国家将成为中国企业投资的主要地区之一。第三，根据中国与东盟国和双方关系方面的利益与特点，在建立自由贸易区的进程中，采取了稳步渐进的方针。以 10 年为期限分阶段逐步完成。到 2010 年前，在中国与东盟原 6 个比较发达的国家，即新加坡、马来西亚、印尼、泰国、菲律宾和文莱建成贸易区，对东盟的越南、老挝、柬埔寨和缅甸这 4 个东盟新成员国可以推迟到 2015 年完成贸易自由化。用这样长的时间来建设，既稳妥，又易被各国所接受。第四，东盟国家多年来在建立东盟自由贸易区进程中积累了比较

① 《国际经贸消息报》2002 年 11 月 8 日。

② 《国际经贸消息报》2002 年 11 月 8 日。

成熟的经验，中国与东盟可以借鉴比较成功的经验和结合新的情况来建设自由贸易区，使其架构与运行机制更加符合当今经济全球化和区域一体化的需要，更能体现多方利益，便于调动多方面的积极性，因而会获得各国的一致赞同，自由贸易区将会如期完成。第五，对东盟一些欠发达国家提了力所能及的援助，便于参与大湄公河次区域经济合作。自1992年至2002年的10年间，大湄公河次区域经济合作机制通过亚洲银行融资约20亿美元，在交通、能源、电讯、环境、旅游、人力资源开发、贸易便利化和投资等8个重点领域开展了近100个项目的合作[①]。2001年第十次部长级会议通过了《大湄公河次区域经济合作未来10年战略框架》，提出了建设重要交通走廊、电信骨干网、电力联网与投资、贸易、旅游等11大标志性项目。2002年11月3日，首次大湄公河次区域经济合作领导人会议在柬埔寨首都金边举行。会后发表《大湄公河次区域合作国家报告》，有关国家签署了《在湄公河次区域便利运输协定》谅解备忘录、《大湄公河次区域便利运输协定》中方加入书和《大湄公河次区域政府间电力贸易协定》，启动了中国与东盟湄公河开发的全面合作。

综上所述，尽管在建立中国—东盟自由贸易区的进程中还会碰到许多困难和复杂局面，但机遇与挑战并存，中国和东盟之间，共同利益远大于分歧，合作机遇远大于挑战，只要双方真诚合作和努力，前途是十分光明的。到2010年，一个拥有17

① 《人民日报》2002年11月4日。

亿消费者、2万亿美元国内生产总值、1.2万亿美元贸易总额的当代世界上最大的自由贸易区必将建成。

（三）建立中国—东盟自由贸易区的历史意义

《中国—东盟全面经济合作的框架协议》的签署，是中国与东盟国家领导人高瞻远瞩的重大战略决策，具有深远的历史意义，必将对中国和东盟乃至当今世界的国际经济关系都会产生重大的影响。

1. 政治上有助于进一步密切中国与东盟的传统友好关系，对中国和东南亚地区安全和稳定提供了有力的保障

该协议的签署和发表《关于非传统安全领域合作联合宣言》及制定《南海各方行为宣言》，是中国与东盟国家关系史上一个重要里程碑。在21世纪，中国和东盟关系将更加密切，双方关系不仅在经济合作方面，而且在政治和地区安全合作方面将上升到一个层次更高、范围更广、程度更深的新发展阶段。这不但有利于双方的经贸发展，更有利于地区政治安全环境的改善，有利于打击严重危害地区安全的恐怖势力，促进南海主权纷争的缓和与逐步解决。从中国对外战略看，在新世纪错综复杂的国际形势下，中国共产党十六大已提出到2020年把中国建成一个全面小康社会的宏伟纲领，因此，中国外交在新时期的主要任务是为国内经济建设提供和平的国际环境，尤其是良好的周边环境。东盟是中国周边最大的发展中国家集团，与东盟建立睦邻互信伙伴关系完全符合双方根本利益。

2. 经济上有利于适应新世纪经济全球化与区域一体化的发展大潮，符合本地区各国的共同利益

当今世界经济发展的实践证明，经济全球化与区域化是相辅相成的，区域化、集团化是促进地区发展，实现共同繁荣和融入世界经济体系的成功之路。中国倡议与东盟建立自由贸易区是经过深思熟虑的战略选择。日益发展的中国在加入世贸组织后为应对国际竞争也需要一个经过适当整合的地区经济体作为平台和依托，中国不再游离于区域经济合作之外，而应与时俱进，以比以往任何时候都更加积极、主动的姿态参与区域经济合作，以改变目前我国在出口市场方面过分依靠欧美发达国家市场状况的不利地位。而东盟国家也同样需要中国这个大市场来发展经济，改变在出口市场方面过分依靠欧美发达国家市场的状况。中国与东盟建立自由贸易区，不仅有利于双方的经济合作，也会对整个东亚和世界经济的持续发展作出贡献，适应了经济全球化的潮流，应对了全球化带来的挑战，符合本地区各国的共同利益。

3. 有利于共同发展，增强中国与东盟国家的综合国力

目前中国正处在经济腾飞的繁荣兴旺时期，中国是一个更加开放、自信、负责任的大国，对外奉行谋求共同发展和共同繁荣的政策。中国主动倡议建立中国—东盟自由贸易区充分体现了这一政策，正如中国国务院总理朱镕基在 2002 年 11 月 4 日举行的第六次中国与东盟领导人会议上指出："中国加入世贸组织将近一年。事实表明，中国经济的发展并没有以损害其他国家的发展为代价，相反已成为东亚经济的重要拉动力量。今年头三个季度，中国与东盟贸易额达385.5亿元，同比增长27.1%。其中东盟对华出口增幅达27%，一些国家增长近50%。中国在对东盟国家提供市场的同时，对东盟各国的投资也在逐步增长。我相信，中国投资将成为促进东盟国家经济发展的新的重要因素。”与此同时，2002年11月3日，在柬埔寨首都金边举行的第六次中国与东盟领导人会议上，中国决定自2004年1月1日起，柬埔寨、老挝和缅甸向中国出口的部分产品将享受零关税待遇；签署了中国向老挝提供援助的《经济技术合作协定》和《中华人民共和国政府和老挝人民民主共和国政府关于建设昆曼公路老挝境内部分路段项目的议定书》；朱总理郑重宣布了中国政府决定减免越、老、柬、缅等国对华的所有到期债务；签署了中国向柬埔寨提供无偿援助和无息贷款以及帮助柬修复桔井—上丁公路的协议。上述表明，中国真诚与东盟各国谋求共同发展，造福于各国人民。据中国与东盟联合研究小组初步分析，中国—东盟自由贸易区建成后，中国对东盟的出口将增加106亿美元，增幅为55.1%，国内生产总值增量为22亿美元，使GDP增长0.2%。东盟对中国的出口将增加130亿美元，增幅为48%，使东盟GDP增长0.9%[①]。这一数字还只是通过静态模型得出的初步结果，如果考虑到其他动态因素，随着中国与东盟经贸合作关系的进一步发展，双方的益处将会不止这个数字。

---

① 《人民日报》2002年4月26日。

总之，中国与东盟签署全面经济合作的框架协议，是新世纪现代化发展进程和经济全球化与区域化大潮中的一件具有深远历史意义的重大事件，对于它的意义不能低估，应给予高度肯定的评价。

（四）中国—东盟自由贸易区与中越关系

越南已是东盟成员国，建立中国—东盟自由贸易区必然涉及到越南。因此，中国—东盟自由贸易区的建立必将对中越关系产生深刻的影响。

1. 建设中国—东盟自由贸易区有利于中越关系持续稳定发展

自1991年中越关系正常化以来，两国的传统友好、互信、平等、互利关系在各个领域都得到了迅猛发展。1999年两国领导人确定了面向21世纪中越关系的指导方针——长期稳定、面向未来、睦邻友好、全面合作。2000年12月，两国领导人签署了《关于新世纪全面合作的联合声明》。2001年11月30日～12月4日越共新任总书记农德孟访华，2002年2月27日～3月1日中共中央总书记、国家主席江泽民访越，把中越关系推进到一个新的发展阶段，“双方一致认为，两国和两国人民要做好邻居、好朋友、好同志、好伙伴，互相信任，互相帮助，互谅互让，共同发展。”[①] 要全面落实中越两国领导人达

① 《人民日报》2002年2月28日。

成的共识和协议，中越两国在21世纪建立一种可持续发展的新型合作伙伴关系，需要中越两党、两国政府和两国人民付诸实际行动，作出不懈的努力。建立中国—东盟自由贸易区是进一步推进中越两国向更深层次、范围更广的关系的发展机遇。当今世界和平与发展已成为时代主题，在经济全球化和区域一体化的背景下，中越两国可以通过建立自由贸易区进行全方位、多领域和多层次的合作。从目前和在今后相当长的时间内，中越两国在政治上的友好关系将会继续发展下去，这是中越友好关系的大前提。但应看到经济是政治的基础，国与国关系能否持续不断地发展下去，增强两国友好关系的物质基础非常重要，只有两国经济合作不断深化和扩大，增强双方的综合国力，两国的关系才能变得越来越密切，因此，建立自由贸易区有利于推进中越双边关系的持续稳定与发展，它顺应了当代世界求和平和谋发展的潮流，从而为共同营造一个极具经济活力的合作区域，推动本地区的共同发展与繁荣作出贡献。

2. 越南作为中国进入东盟各国最便利的“桥头堡和门户”，中越关系也因这一个客观因素而更加密切

从地理说，越南处于中国与东盟各国之间，可以称得上是山连山、水连水，成为中国通向东盟各国的“便捷之路”。正如越南国会主席阮富仲2007年4月10日在来华访问时对中国记者说：“我们也认为越南在中国—东盟自由贸易区当中发挥着一定的作用，从地缘的角度来看，越南与中国毗邻，占有得天独厚的地理优势，越南是中国—东盟实现经贸合作的重要桥梁。”

而中国正在实施西部大开发战略，又值在未来 10 年内要建立中国—东盟自由贸易区之际，作为与东南亚、主要是与越南有山水相连的中国广西和云南两省区将会从中发挥地缘优势，加强交通基础设施建设，越南也将从中受益。经过多年努力，广西在建设西南出海通道的基础设施方面已初具规模，形成了陆路、铁路、海路和航空现代化的交通网络，特别是 2002 年 12 月动工到 2006 年建成的南宁至凭祥友谊关高速公路，将是中国通往越南乃至东南亚地区最便捷的陆上大通道，此路与越南公路网连接后再与老挝、柬埔寨、泰国公路网连接起来，中国与东南亚大陆就连在一起了。中国政府还决定全面改造和修建云南省境内昆明至河口的铁路，以支持泛亚铁路早日贯通。中国和越南都是大湄公河次区域经济合作的成员国，中国将参与越南境内航道等基础设施的建设。中越两国还可以利用地缘优势，在边境主要口岸地区设立一些中国与东盟的经济合作区，先试行一些中国与东盟自由贸易的政策，充分发挥越南作为中国进入东盟的门户作用。这样两国的经济关系将进一步扩大和深化，经济的全面合作也必将推动各个领域的交流与合作，使中越关系更加密切。

3. 中国—东盟自由贸易区的建立，在有利于中越两国的经济发展的同时，也将有利于巩固两国的共同事业，即社会主义制度的巩固和加快社会主义现代化建设

中越两国都是共产党领导的社会主义国家，都面临着捍卫和发展社会主义事业的重大问题。中越两国吸取了原东欧和前苏联社会主义国家崩溃的教训，坚决维护和坚持发展社会主义共同事业，致力于经济建设，真正把经济搞上去，不断增强两国的综合国力，提高人民生活水平，牢固地捍卫和发展了社会主义事业，在20世纪90年代末期到21世纪头两年世界经济不景气的情况下，中越两国经济却高速发展。政治与经济是紧密相连的，在某种意义上来说经济也是政治问题，把经济搞上去，人民生活提高了，人民从社会主义建设中得到了实实在在的切身利益，看到了社会主义的希望，人民就会拥护和走社会主义道路，巩固社会主义就有牢固的物质基础和群众基础。

中国—东盟自由贸易区的启动，对中越两国来说又是一次新的机遇和挑战，尽管在建立自由贸易区进程中还会遇到复杂多变的国际和地区形势及各种不确定因素，但是，中越两国有相同的社会制度和发展道路及相似的传统历史文化背景与价值观，为了两国的共同利益，相信两国会充分认清国际形势的发展趋势，面对挑战，克服前进中的障碍，加强信任与合作，共同发展繁荣，不断推动两国关系发展，并将为世界社会主义事业特别是为在新世纪推进社会主义的发展作出贡献。

三、中越关系的发展前景

进入21世纪，国际形势发生许多新的变化，尤其是2001

年美国的“9·11”事件发生后，恐怖主义危害上升，反恐斗争更加严峻复杂。某些西方国家以反恐为名继续推动霸权主义和强权政治，天下并不太平，国际形势呈现出错综复杂的局面。尽管21世纪初发生了美国入侵伊拉克的战争，但和平与发展仍然是我们这个时代的主题。世界格局多极化和经济全球化、区域化势不可挡，未来国际间综合实力的竞争将会越来越激烈，而经济实力则是综合实力竞争最为重要的因素。“中国将在更大范围和更深程度上参与国际经济技术合作和竞争，继续与世界各国和地区发展平等互利的经济关系，促进各国共同发展和繁荣”[①]。在未来和平与发展的国际形势下，中越两国都将为继续谋求本国以经济发展为中心的综合实力的增强而努力，这就要一方面继续推进各自国家的经济建设，加快经济发展，另一方面积极参与经济全球化、区域化进程，加强国际间、地区间的经济合作。中国经过15年的艰苦努力，终于在2001年11月加入世贸组织，这标志着中国的对外开放进入了一个新的阶段，同年11月在文莱首都斯里巴加湾举行的中国与东盟10+1会议上，双方决定在10年内建成中国—东盟自由贸易区，2002年11月4日在柬埔寨首都金边，中国与东盟签署了《中国与东盟全面经济合作框架协议》，决定到2010年建成中国—东盟自由贸易区。越南于1995年加入东盟，正努力争取加入世贸组织。在和平与发展的国际形势和中越两国积

① 《共同促进世界的和平与发展》，2002年新年贺词，《人民日报》2002年1月1日。

极参与世界经济全球化、区域化进程情况下，中越只有发展长期友好合作关系，积极参与国际竞争和融入国际社会，才能顺应世界和平与发展的潮流，两国才能相互支持，相互促进，共同发展。从上述形势发展趋势看，中越关系的发展前景将维持长期稳定的局面。这是因为：

（一）营造和平国际环境，促进中越两国经济和社会的全面进步

中越两国都要集中精力进行国内的经济建设，需要创造一个长期稳定的国际和平环境，中越建立睦邻友好与全面合作关系对两国营造周边国际和平环境至关重要。中越为发展国内经济，振兴国家，都制定了经济发展战略。中国方面，1978 年召开的党的十一届三中全会制定了以经济建设为中心的基本路线，提出了“三步走”经济发展步骤，到 21 世纪中叶经济达到中等发达国家水平，基本实现现代化。20 多年来，中国经济快速发展，综合国力迅速增强，国际地位和影响力不断提高。2002 年 11 月召开的中共“十六大”进一步提出了新世纪的经济发展战略目标。越南方面，1986 年召开的越共党的“六大”标志着越南开始致力于推进革新开放事业。为发展经济，越南也制定了经济发展战略，目标是实现越南国家的工业化、现代化。革新开放 10 多年来，越南经济也发展很快，人民生活水平不断改善，国际地位不断提高。2001 年 4 月召开的越共“九大”进一步明确了越南在新世纪的经济发展战略目标，即2001—2010年发展战略目标是：加快工业化、现代化，使越南脱离不发达状态，为2020年实现工业化奠定基础，基本确定社会主义市场定向的经济体制，国内生产总值2010年比2000年翻一番。为实现中越两国新世纪经济发展战略目标，中共“十六大”和越共“九大”都各自制定进一步扩大对外开放和继续坚持和平外交的政策。其中，周边国家是两国外交的重点。中越是近邻，两国关系的好坏对各自营造的国际和平环境尤为重要。1991年两国关系正常化以来，经过共同努力，两国友好合作关系在新的形势下得到稳步发展，这为两国的经济建设提供了良好的外部环境。面向21世纪，中越两国的经济建设任重而道远，两国都将从本国经济发展战略这一基本国策出发，登高望远，不断促进和加强两国的睦邻友好与全面合作关系。

（二）两国需要加强治党治国经验的交流

中越两党两国面临的加强共产党领导地位、巩固和发展社会主义制度的重大课题，需要两国建立长期友好合作关系。中国共产党的领导地位、中国走社会主义道路，是中国人民经过长期革命斗争所确定和选择的；越南共产党的领导地位、越南走社会主义道路也是越南人民经过长期革命斗争所确定和选择的，这是两国历史发展的必然。但两党两国现在和未来很长时期都共同面临来自内部和外部两方面的挑战。在国内，两国都面临着如何通过发展经济和社会的全面进步来进一步体现社会主义制度的优越性，从而以此来巩固和加强党的领导地位的重大问题。新中国成立后，由于对什么是社会主义认识有偏差，长期“以阶级斗争为纲”，致使在党的十一届三中全会之前经济发展缓慢，甚至停滞不前。改革开放20多年来，中国经济迅速发展，但社会主义的优越性尚未得到充分体现。越南由于长时期抗法、抗美斗争无法集中精力进行经济建设，1975年后因柬埔寨问题和经济建设上执行高度集中的计划经济，经济发展也很缓慢，1986年后越南进行革新开放，经济有较快发展，但由于革新开放起步较晚，越南经济与中国相比还要落后些。因此随着两国未来的改革开放和经济建设的不断深入发展，更加需要双方建立友好合作关系，以利于相互学习、相互借鉴、共同发展。两国通过经济的迅速发展使人民更加感受到社会主义的优越性，从而更加坚信共产党的领导和社会主义制度。在外部，由于前苏联解体和东欧剧变，世界社会主义运动处于低潮，以美国为首的西方势力不会因为“9·11”事件而改变从政治、经济、文化等方面对中越两个社会主义国家进行渗透，两国面临的“和平演变”形势仍将是严峻和复杂的。因此，中越两国在未来的新形势下需要进一步加强合作，共同抵制西方的“和平演变”，以确保两国继续沿着社会主义道路前进。

（三）珍惜当前两国来之不易的友好合作关系

自古以来，中越两国就有着传统的友好往来，尤其是19世纪中叶西方列强东渐以后，在反对外来侵略、在民主革命的年代、在越南抗法和抗美战争以及在社会主义建设的事业中，中越两国人民互相鼓舞，互相支援，取得一个又一个的胜利。但到20世纪70年代下半期，由于两国在柬埔寨问题上发生了严重分歧，致使两国关系处于极不正常状态达10多年，这对两国都不利，尤其是越南因连年战争，经济陷入困难的境地。到80年代末90年代初，国际形势发生了重大变化，苏联解体，东欧剧变。随着柬埔寨问题的解决和1991年末中越关系实现正常化，此后至今10多年来，经过两国领导人的努力，两国的关系愈来愈好，各自国内的经济迅猛发展，两国人民的生活不断得到改善，两国的领土等问题的分歧也得以逐步解决。正反两方面的历史经验说明，中越两国睦邻友好则互利双赢，反之则于两国不利。现今全面友好合作的中越关系来之不易，中越两国领导人和两国人民定将重视和珍惜这一难得的良好关系，并继续努力不断为它的巩固和发展而奋斗。

（四）未来的中越经贸关系将继续扩大和加深

两国关系实现正常化10多年来，两国的经贸合作发展较快。进入新世纪，中越两国的经贸关系将会在现有基础上继续不断发展。因为：一是两国都在集中精力进行国内经济建设，两国都强调了要进一步加强长期友好合作关系的愿望。中越两国是邻邦，发展长期稳定的睦邻友好关系是两国人民的愿望和根本利益所在，是两党两国政府长期坚持的方针。2002年2月

27日中共中央总书记江泽民访问越南时，进一步阐述了指导新世纪中越关系发展的“16字指导方针”的内涵，进一步表达了中国党和政府对发展中越两国关系的良好愿望，越共中央总书记农德孟也强调了越南党和政府同样的愿望，并强调，越南“视发展越中睦邻友好合作关系为优先方向和长久政策”。二是中国入世和中国与东盟建立自由贸易区将有力推动中越经贸关系不断发展。2001年11月中国加入世贸组织，入世后的中国经济发展将对亚洲各国乃至世界许多国家产生积极影响。这些国家在投资流向和类似产品对第三国市场出口问题上面临中国的竞争。但同时，中国的经济发展需要进口大量的初级产品和中间产品，如“今年（2002年）前6个月，中国进口增加了10.3%，增到1285亿美元，其中很大部分商品（几乎占1/3）是从周边国家或地区进口的。”[①] 这就为许多国家，特别是周边国家提供机会。作为毗邻中国的越南，中国入世后既带来挑战，又带来机遇，但机遇大于挑战。因为许多发达国家的企业为避免投资过分集中在中国带来的风险，维持并加强在东盟的贸易与投资。越南具有更为优越的条件：政局稳定，资源丰富，工资低廉，地理上处于中国和东盟其他国家之间，可在越南针对中国和东盟两个市场展开生产和经营活动，越南有可能成为亚洲最佳的生产基地之一。因此越南只要进一步完善开放的有关政策和改善投资环境，就能吸引更多的外资。东南亚其他国家出口到中国的产品，越南也占据地理上的优势，越南较东南亚

① 《中国是亚洲增长的发动机》，德国《商报》2002年7月16日。

各国距离中国最近且交通最为便利。2001 年 10 月 19 日，中国国家主席在上海会见越南总理潘文凯时，潘文凯表示："越南祝贺中国加入世贸组织"，"这方面将帮助越南靠近辽阔而有潜力的中国市场"。诚然，越南还要进一步调整出口的产品结构，提高产品的竞争力，才能在中国市场赢得更多的机会。2001 年 11 月，中国与东盟在文莱宣布，双方将在 10 年内建成中国—东盟自由贸易区。中国与东盟在经过一年的磋商和交换意见，最终达成共识的基础上，2002 年 11 月 4 日，在柬埔寨首都金边举行的第六次中国与东盟领导人会议后，中国国务院总理朱镕基与东盟 10 国领导人签署了《中国与东盟全面经济合作框架协议》，决定到 2010 年建成中国—东盟自由贸易区。《中国与东盟全面经济合作框架协议》是"中国与东盟全面经济合作的里程碑，它的签署标志着中国与东盟经贸合作进入了崭新的历史阶段"①。这表明中国不仅谋求自身的发展，而且努力促进中国和东盟各国一道共同发展与繁荣。中国入世和中国与东盟建立自由贸易区，将会进一步促进中越经贸合作的发展，从而两国友好关系的基础也将更加牢固。

（五）关于台湾问题

这里所说的台湾问题是指越南与台湾的经贸往来问题。众所周知，中国政府对台湾问题的政策和主张是非常明确和

① 《人民日报》2002 年 11 月 5 日。

一贯的，那就是：台湾自古以来就是中国领土不可分割的一部分，两岸和平统一问题是中国内政，不允许别国干涉，不允许别国与台湾当局发展官方或半官方性质的关系。然而台湾当局为了达到其所谓的“两个中国”或“一中一台”或“一边一国”的政治图谋，积极推行“金钱外交”和“南向政策”，目的就是“以经促政”，摆脱对中国大陆的依赖，阻碍中国的统一大业。

世界上绝大多数国家都承认中国对台湾拥有主权，坚持一个中国的原则，在发展与台湾经贸关系和非官方关系上，都非常注意这一敏感问题，发展与台湾地方的经贸关系注意界定在非官方关系范围内。但我们要警惕陈水扁上台后台湾当局为了“台独”的图谋而推行的“新南向政策”。其目的就是加大对东南亚经济合作和经济援助的力度，在东南亚寻找“国际生存空间”的突破，以达到“以经促政”的目的。台湾一直以来都比较重视和加强与越南的经贸合作，台湾对越投资一直排列在越南引进外资的前位，且有进一步发展之势。尽管如此，我们还是有理由相信越南在台湾问题上仍然会坚持一个中国的原则，越南会警惕台湾在发展台越关系上的“以经促政”发展实质性官方或半官方关系。这是因为：1. 中越关系是越南对外关系中优先考虑的双边关系之一，越南不会因台湾问题而影响中越友好合作关系的大局；2. 中越两国关系正常化以来两国所签署的一系列《联合公报》和《联合声明》中，越南都一再重申：“越南承认中华人民共和国政府是代表全中国的唯一合法政府，台湾是中国领土不可分割的一部分。越南同台湾只进行非官方经贸往来，绝不同台湾发展官方关系。”① 3. 继续奉行一个中国的政策符合越南长远的国家利益。尽管台湾能够在经济上满足越南眼前的需要，但中国在亚洲乃至世界的作用和影响力是台湾无法比拟的。因此，相信越南会从战略高度和国家利益上出发处理好与台湾的关系。

（六）关于海上问题

这里所说的海上问题是指南沙群岛主权分歧问题。南沙群岛主权分歧问题是影响中越两国关系发展的一个问题。在南沙群岛问题上，虽然在两国关系正常化初期有过一些摩擦，但两党、两国最高领导人能登高望远，从中越两国和两国人民的根本利益出发，采取克制态度，没有使之影响中越友好合作的大局。中越关系正常化10多年来，通过两党、两国最高层领导经常性会晤、交换意见和两国有关部门的友好协商，两国在南沙群岛主权分歧问题上已达成了重要共识。目前为止，双方达成的重要共识集中反映在2001年11月30日至12月4日越共中央总书记农德孟应邀访华时与中方共同发表的《中越联合声明》上。《联合声明》阐明：“双方同意，继续维持现有海上问题谈判机制，坚持通过和平谈判，寻求一项双方都能接受的基本和长久的解决办法。在问题解决前，双方本着先易后难的精神，

① 《中越发表联合声明》，《人民日报》2001年12月3日。

积极探讨在海上，诸如海洋环保、气象水文、减灾防灾等领域开展合作的可能性和措施。在此同时，双方均不采取使争端复杂化和扩大化的行动，不诉诸武力或以武力相威胁。对产生的分歧应及时进行磋商，采取冷静和建设性的态度，予以妥善处理；不因分歧而影响两国关系的正常发展。”这反映了中越两党、两国政府一是对海上问题的高度重视，二是表明双方所达成的共识是解决海上问题的具有长效的法律。

中越两国在解决海上问题上所达成的重要共识并不意味着中国政府放弃坚持对南沙群岛拥有主权的立场。南沙群岛自古以来就是中国领土不可分割的一部分，中国对南沙群岛及其海域拥有无可争辩的主权。中国最早发现、命名南沙群岛，最早并持续对南沙群岛行使主权管辖。对此中国有充分的历史和法理依据，国际社会也长期予以承认。中国政府在认识到南沙群岛主权归属问题一时还难以解决的情况下，提出了“搁置争议，共同开发”的主张，目的就是在主权归属问题解决之前，提出主权要求的有关国家搁置主权纠纷，可以先考虑共同开发南沙群岛及其海域资源，以造福这些国家的人民。这充分表明了中国政府对解决南沙群岛问题的诚意和耐心。然而中国这一主张，目前还未得到有关国家的积极回应。主要原因是有关国家对中国这一主张的理解以致最终达成共识还需有一个过程。为了让东盟及东盟有关国家逐步理解中国的诚意，中国政府一直积极与东盟及有关国家就南沙群岛问题进行友好协商，积极寻求解决南沙群岛主权纠纷的办法。2002 年 11 月 4 日中国与东盟各国外长及外长代表在柬埔寨首都金边签署了《南海各方行为宣言》，中国政府总理朱镕基和东盟各国领导出席签字仪式。“宣言确认中国与东盟致力于加强睦邻互信伙伴关系，共同维护南海地区的和平与稳定。宣言强调通过友好协商和谈判，以和平方式解决南海有关争议。在争议解决之前，各方承诺保持克制，不采取使争议复杂化和扩大化的行动，并本着合作与谅解的精神，寻求建立相互信任的途径，包括开展海洋环保、搜寻与求助、打击跨国犯罪等合作。”[①]“这一宣言是中国与东盟签署的第一份有关南海问题的政治文件，对维护我国主权权益，保持南海地区和平与稳定，增进中国与东盟互信有重要的积极意义。”[②]中国与东盟国家签署《南海各方行为宣言》，再次表明了中国政府致力于发展与东盟各国友好互信和合作关系以及解决南沙群岛问题的诚意。我们有理由相信，随着东盟国家对中国的诚意逐步加深理解，随着经济全球化、区域化步伐加快和人类科学技术的进一步发展，中国提出的“搁置争议，共同开发”的主张，将被东盟有关国家所接受，成为各方都能接受解决南沙群岛问题的正确主张。

① 《人民日报》2002年11月5日。
② 《人民日报》2002年11月5日。

结 束 语

一、中越关系的特点

1. 山水相连，同种同文。中越两国不仅山水相连，有漫长的陆地和海上边界。而且中越两国的主体民族又有同种同文的渊源关系。

2. 遭遇相同，友谊深厚。进入近代，随着西方列强的东渐，中越两国人民面临共同的遭遇，在长期反抗列强的侵略，进行民主革命和社会主义建设的事业中，两国人民互相支持，互相帮助，结下了极其深厚的革命友谊。这种友谊历史之久、范围之广、程度之深在中外关系史中是无与伦比的。这种友谊是中越两党、两国和两国人民的宝贵财富。

3. 国情相似，利于交流。在历史上，中越两国的经济、政治和文化的发展有许多相似之处。到了 20 世纪 50 年代以后，两国不仅经济基础和发展模式近似，而且又都是实行社会主义制度的国家。这种状况使两国的交往易于沟通，利于发展友好合作关系。

4. 互相影响，共同发展。无论是中国或越南，一方的政治和经济发生的重大变化，都较快地为另一方的人民群众所接受。其中，中国对越南的影响尤为突出。

二、当代中越关系发展的三个阶段

1991年中越关系实现正常化以来，中越关系的发展经历三个阶段：

1. 磨合阶段（1991年底—1995年7月）

在这期间，中越关系经历从不正常到正常这样一个大的转变，由于历史原因和不正常时期留下的未解决的问题较多，加上有些人的思维一时跟不上形势，以致因领土问题、岛屿归属问题、海湾划分问题和捕鱼问题等不断地发生纠纷。但中越两党和两国政府充分认识到，处在冷战结束，社会主义事业处于低潮的国际环境中，中越关系的发展关系到两国人民长远和根本的利益，两国的最高领导来往频繁，在三年多的时间里发表了三个“联合公报”，公报总的精神是要发展中越的友好合作关系，努力寻求解决现存分歧的途径，同时积极发展两国的经济和文化关系。那几年，除两国党政部门领导人频繁互访以外，两国的经贸、科教、交通、邮电、政法、文艺、报社等数十个单位组团互访或解决两国间有关业务的交流问题。仅三年多的时间，中越两国的进出口总额从1992年的12740万美元到1995年的69160万美元，增长4倍多。这一阶段中越关系的特点是，分歧点不少，但朝解决的方向发展；共同点更多，而且在不断巩固和扩大。

2. 互信深化阶段（1995年7月—1999年）

在这期间，中越关系经历三件事：一是越南加入东盟；二是中越边界领土问题的谈判；三是亚洲金融危机。

关于越南加入东盟。中国对越南发展同东盟的关系，一开始就持充分理解和欢迎的态度。越南加入东盟以后，中越关系的范围扩大了，中越两国之间除双边关系以外，中国同东盟的关系也含有中越关系的内容。如上文所述，越南加入东盟后，中越的友好合作关系不仅没有负面影响，而且不断地向前发展。有意思的是，当时国际上都有一些消极的议论。究其原因：一是作为社会主义的越南加入资本主义集团，当时在世界上还是罕见之事。二是思想跟不上形势，还以冷战时期中越关系曾出现不正常状态来看待问题。三是对中越之间存在遗留问题解决的难度估计过高，同时对中越两国真诚谋求睦邻友好和加强合作的愿望估计过低。四是对经济全球化、区域化的发展趋势认识不足。

中越两国解决陆地边界的实际问题的谈判主要是在越南加入东盟后的4年里。在这之前，即1992年至1995年的那一段时间，两国经过几次最高级会谈，发表了3个联合公报，对边界领土问题的解决仅在原则方面达成谅解，也签署了协议。但具体解决每一个有分歧的边界地段还是在1995年以后。这段时间里，两国虽然没有像前段发表那么多的联合公报，但两国的有关部门和专家在两国政府的领导下，为建立一条和平的、友好的边界而扎扎实实地工作，他们逐个对有分歧的地段认真地进行磋商，互谅互让，终于全部解决所有复杂的敏感的问题，这充分体现了中越两国谋求加强互相间睦邻友好与合作关系的真诚愿望。

越南加入东盟不久，亚洲发生了金融危机，这场风暴对亚洲许多国家的经济造成了不同程度的冲击，同时也是对有关国家的对外关系的一次考验。在这场危机中，中越两国互相帮助和支持，抵御了危机的影响，保持了各自国内的经济发展。

对中国为缓解金融危机和稳定本地区经济作出的贡献，越南给予高度的评价。

由此可见，从上述三个问题的发展看，应该说，越南加入东盟后的4年里，中越关系经历加深互信的阶段。

3. 长期稳定阶段

1999年2月下旬，越共总书记黎可漂访问中国的时候，于2月27日两国发表《联合声明》，声明中提出中越两党、两国关系在继续遵循正常化以来发表的联合公报所确定的原则和达成的共识基础上，“建立长期稳定、面向未来的中越睦邻友好与全面合作关系”，这标志中越两国关系进入长期稳定阶段。也就是说，从此直到可预见的未来，中越的友好合作关系将稳定地向前发展。中越关系之所以能够长期稳定是由如下因素所确定的。

（1）分歧问题获得解决或取得突破性进展。1999 年 12 月 30 日中越两国签署的《中国和越南陆地边界条约》和 2000 年 12 月 25 日签署的《北部湾领海、专属经济区和大陆架的划界协定》，对中越两国具有法律效力，对长久建立两国睦邻友好与全面合作关系具有重大意义。关于海上问题，2002 年 11 月 4 日，中国和东盟签署了《南海各方行为宣言》。宣言虽不具法律效能，但对如此复杂的问题能够达成避免在该地区呈现紧张关系的共识，确是一次突破性的进展，这无疑有利于增进中国同东盟的互信关系，尤其有利于中越两国关系的长期稳定。

（2）中越两国的传统友谊和全面友好合作事业后继有人。1999 年初以来，中越发表的三个联合声明都提到上述问题，同时也多次组织两国青少年友好交流的活动，说明两国都重视把老一辈革命家精心培育的传统友谊和友好合作事业一代一代传下去。

（3）中越两国的许多共同点或相似点，在相当长的时间不会改变。这些共同点和相似点包括：注意发展各自国内的经济；需要和平的国际环境；实行社会主义制度；对外政策重视相互间的关系等等。

（4）中越两国对地区和国际问题的看法取得广泛共识。这些看法包括：谋求和平、合作、发展和社会进步，已成为当今时代的潮流；两国和两国人民渴望世界持久和平，渴望过上长期稳定安宁的生活，渴望建立公正合理的国际新秩序，渴望促进各国共同繁荣和发展；在国际事务中反对霸权主义和强权政治；反对一切形式的恐怖主义；主张尊重各国历史文化、社会制度、发展模式以及世界各种文明。两国对上述问题在可预见的未来不会发生看法相左。

三、维护和平，共同发展

1. 维护和平，共同发展在中国和越南

在研究中越关系实现正常化以后的过程中，不难发现十多年来中越两国和平相处、友好合作，关系愈来愈好，经济发展迅猛，社会的各个方面都获得显著的进步。仅就经济而言，20世纪70年代末中国实行改革开放以后，经济建设的发展加快，80年代国内生产总值年均增长9.35%，90年代年均增长10.13%，经济总量已居世界第六位。越南1986年开始实行革新开放，由于连绵战争，经济发展速度还不快，社会总产值1989年（3711.146亿盾）比1986年（3251.170亿盾）[①] 年均增长4.6%。1991年中越关系实现正常化以后，越南国际环境大为改善，经济发展加快，期间虽受亚洲金融危机的不利影响，国内生产总值仍有一个较高的增长率，“1991年至2000年年均增长7.6%”。[②] 上述两国的经济发展，中国在世界上是独占鳌头，越南在东南亚是一支独秀。

人们记忆犹新，20世纪80年代末至90年代初那几年，东

① 《2000年越南社会经济——目标、方向及主要对策》，广西人民出版社，1992年11月版，第241页。

② 《东南亚纵横》，2002年第10期，第29页。

欧剧变，苏联解体，社会主义事业顿时处于低潮。是期，越南经历了困难的时刻。1989 年春夏之交中国发生的“政治风波”，是国际大气候和中国小气候所掀起。然而，曾几何时，社会主义不仅依然屹立于东方，而且更加完善和稳步发展，显示了社会主义强大的生命力和无比的优越性。

2. 维护和平，共同发展

中国对外始终奉行独立自主的和平外交政策，这一政策的宗旨是维护世界和平，促进共同发展。若干年来，这一宗旨在中国同包括越南在内的东盟的关系中有明显的体现。

体现之一：伸出援手，共渡难关。1997 年爆发了亚洲金融危机，中国以极其负责的态度，经受巨大的经济压力，采取一系列内外措施，同时对危机的重灾国给予援助，为缓解危机，为亚洲许多国家实现经济复苏作出了贡献。对此，不仅亚洲国家给予好评，而且国际上也予以广泛的赞誉，如法国总统希拉克所说：“由于中国负责和合作的态度，亚洲危机才没有进一步蔓延”。“如果不是中国决定维持其货币的汇率，主动承受这样做给社会和经济带来的严重制约，亚洲危机将对整个世界造成灾难性打击”。

体现之二：平等互利，共同繁荣。20 多年来，中国的经济持续快速发展，并已加入世贸组织。有人担心，国际投资将更多地流向中国，中国的产品将进一步席卷东南亚，从而导致东盟各国产业处于“空心化”。事实上，中国并非民族利已主义者，以损害别国的发展来换取自身的发展，而是平等互利，共同繁荣。情况表明，“中国市场已使得东亚区内贸易量增至总贸易量的38％，中国已成了东亚繁荣的推动者”。[①]“东盟企业打入中国市场的活动越来越频繁，比如马来西亚汽车生产厂家英雄汽车公司同中国汽车零部件生产厂家在中国设立了合资公司”[②]。中国加入世贸组织后，“2002年前10个月，中国与东盟双边贸易额达434.6亿美元，同比增长28.3％。其中中国出口188.2亿美元，进口246.4亿美元，同比分别增长27.6％和28.9％”。“截至2002年9月底，东盟国家来华直接投资项目共19281项，合同外资金额577.66亿美元，实际利用外资286.82亿美元。中国企业在东盟国家投资项目共769项，总投资11.62亿美元，其中中方投资6.9亿美元。中国公司在东盟国家签订工程承包和劳务合作合同3420份，总金额12.8亿美元，完成营业额13.8亿美元”。[③] 由此可见，中国在对东盟国家提供市场的同时，对东盟各国的投资已成为促进东盟国家经济发展新的重要因素。新加坡总理吴作栋强调指出：“中国经济今后仍会持续增长，不久将拥有巨大的经济力量。必须利用中国的发展来促进我们的发展”，“该总理强调了中国—东盟同时繁荣的主张”。“为了与从人口规模来说是世界最大市场的中国这条巨龙共同繁荣，东盟现已开始摸索新的道路。”[④] 由此可见中国的经

① 香港《亚洲周刊》2003年3月9日一期文章，题为《中国市场瓦解中国威胁论》。

② 日本《读卖新闻》2002年11月1日报道，题为《东盟开始摸索如何实现与中国的共同繁荣》。

③ 《东南亚纵横》，2003年第2期，第30页。

④ 日本《读卖新闻》2002年11月1日报道，题为《东盟开始摸索如何实现与中国的共同繁荣》。

济发展，已成为东南亚乃至亚洲经济的拉动力量。正如最近一期英国《经济学家》杂志的社论说，“中国经济的成长并非威胁，而是全球共同的福祉和机会”。①

体现之三：区域合作全面展开。2002年11月在柬埔寨金边中国同东盟签署的《中国与东盟全面经济合作框架协议》，表明在经济全球化和区域一体化的时代潮流中，中国和东盟在组织上初步勾画世界上最大自由贸易区的篮图，可谓中国和东盟经济合作的里程碑。西方一媒体对此描述为东盟将“与崛起的中国一起坐在同一辆战车上，与邻国同享繁荣”。与此同时，在金边召开了大湄公河次区域经济合作领导人会议，会后中国和缅甸、老挝、泰国、柬埔寨和越南5国签署了一系列有关大湄公河次区域经济合作协定。表明中国和东南亚5邻国将凭借上下游天然水脉的联系，共开发，同受益，经济合作的路子越走越宽。自由贸易区和湄公河开发计划的启动，进一步说明中国对外维护和平，共同发展的政策在东南亚开了花结了果。而中国和邻国经济合作的扩大和深化，不仅会促进整个地区的经济发展，而且将促进中国同区域各国的互信互谅，有利于地区的长期稳定。

① 香港《亚洲周刊》2003年3月9日，题为《中国市场瓦解“中国威胁论”》。

附：中越关系大事记

（1991 年 11 月 5 日—2002 年 12 月）

1991 年

11 月 5 日～10 日，越南共产党总书记杜梅、越南部长会议主席武文杰率领越南高级代表团访问中国。5 日下午，中越两国领导人举行会谈，双方一致认为，这次高级会晤标志着两国关系实现了正常化。10 日，中越发表联合公报。期间，两国政府于 7 日下午签署了《中华人民共和国政府和越南社会主义共和国政府贸易协定》和《中华人民共和国政府和越南社会主义共和国政府关于处理两国边境事务的临时协定》。

12 月 19 日，越南外交部发言人胡彩兰在河内举行的新闻发布会上谈到越中关系时说，越南高级代表团今年 11 月对中国的友好访问使越中关系进入一个新时期，双方一致同意在和平共处五项原则的基础上建立新的关系。

1992 年

1月23日，中国外交部发言人在新闻发布会上答记者问时说，中国政府曾多次声明，中国对南沙群岛及其附近海域拥有无可争辩的主权。为了维护东南亚地区的和平、促进南海周边国家的合作，我们主张通过和平方式解决这一争端，并提出共同开发的建议。“中国政府的上述立场是坚定不移的。我们希望有关方面不要做使这一问题复杂化的事情。”

2月13日～15日，中国国务委员兼外长钱其琛访问越南。越南部长会议主席武文杰、越共总书记杜梅、越共中央顾问阮文灵分别会见了钱其琛；钱其琛同越南阮孟琴外长举行会谈。14日，中越两国外长在河内联合举行的记者招待会上一致表示中越双方认为两国关系发展良好。同日，中越两国政府经济合作协定和互免签证协定在河内签署。

3月7日～9日，宋平同志和中共中央总书记江泽民先后会见到中国访问的以越共中央政治局委员、中央组织部部长黎福寿为团长的越南共产党代表团。这是中越关系正常化以后越南派来中国访问的第一个代表团。

3月8日，中越两国政府在北京签署关于交通、运输和邮电合作的4项双边协定。同日，中国朱镕基副总理会见了参加签字仪式的越南交通运输和邮电部部长裴名流。

5月3日～19日，越南共产党中央顾问阮文灵访问中国。

访问期间，中共中央总书记江泽民、李鹏总理和钱其琛外长分别会见了阮文灵一行。

6月6日，中共中央政治局常委乔石会见到中国访问的越南人民最高法院院长范兴。

7月2日，中国外交部发言人在记者招待会上说，中国一直致力于维护南沙及整个亚太地区的和平与稳定，提出了搁置争议、共同开发南沙的主张。其他有关国家均表示愿意通过谈判解决争端。我们相信，在各方的共同努力下，南中国海地区不仅会保持和平，而且有关各方之间还有望开展广泛的互利合作。他重申，中国对南沙群岛拥有无可争辩的主权。

9月5日，中国外交部发言人在答记者有关越南要求中国的两艘石油钻探船撤出北部湾的问题时说，“中国石油钻探船的活动是在北部湾海域中心线的中国一侧，属中方管辖的海域。中国船只进行钻探并不是新的行动，而是过去一个时期以来勘探工作的继续。中越之间就北部湾海域的划分有不同认识，我们一贯主张双方通过谈判和平解决，中国的这一立场没有任何变化。”

9月18日～20日，中国外交部徐敦信副外长访问越南。期间，徐敦信副外长同越南外交部武宽副外长举行自中越两国关系正常化以来的首次副外长级磋商。

11月24日，中国全国人大常委会委员长万里会见到中国访问的越南国会卫生和社会委员会主席阮氏亲一行。

11月15日～20日，越南省委书记代表团到中国参观访问。

11月30日～12月4日，中华人民共和国国务院总理李鹏访问越南。这是从已故总理周恩来1971年率领中国政府代表团访问越南以来，中国总理首次访越。访问期间，李鹏总理同越南武文杰总理举行正式会谈；越共中央总书记杜梅、国家主席黎德英分别会见李鹏总理；李鹏总理分别会见越共中央顾问范文同和阮文灵。2日，李鹏总理在河内举行了记者招待会。同日，中越两国《投资保护协定》、《经济技术合作协定》等4项协定在河内签署。4日，中越双方就李鹏总理访问越南发表联合公报。

12月9日，中共中央总书记、中央军委主席江泽民会见由越南国防部长段奎率领的越南军事代表团。

1993年

4月10日，中共中央总书记、国家主席江泽民会见越南客人武元甲和夫人。

4月19日，越共中央委员邓春奇率领马列主义和胡志明思想研究院代表团访问中国。访问期间，中共中央政治局委员李铁映会见了该团。

5月13日～21日，中国国务委员兼国防部长迟浩田上将对越南进行正式友好访问。14日，越南国防部长段奎大将同迟浩田举行了会谈。15日，越共中央总书记杜梅、越南国家主席黎德英分别会见了迟浩田。

5月底，中国驻越南胡志明市总领事馆正式开馆，越南在中国广州的总领事馆也相应恢复。

6月4日，中国边防部队在广西中越边境展开大规模排雷活动。

6月21日，越南老战士协会主席陈文光上将率领的越南老战士协会代表团对中国进行为期两周的访问。中国国防部长迟浩田在北京会见了陈文光一行。

7月15日，越南政府对中国决定在中国领土西沙群岛修建机场作出反应，重申其对西沙和南沙群岛拥有所谓主权。

8月6日，中共中央政治局常委胡锦涛会见由阮德平率领的越共中央思想文化工作领导干部代表团。

8月24日～29日，由唐家璇副外长率领的中国政府代表团和武宽副外长率领的越南政府代表团就解决两国陆地边界和划分北部湾问题的原则在北京举行第一轮谈判，并签署《会谈纪要》，会谈取得积极成果。28日，中国钱其琛副总理会见了武宽一行。

9月16日，中国全国人大常委会委员长乔石在北京会见以副院长陈玉轩为团长的越南胡志明国家政治学院代表团。

9月21日～27日，以副总编辑武春河为团长的中国《人民日报》代表团对越南进行友好访问。访问期间，越共中央政治局委员阮德平会见了武春河一行。

10月13日，中共中央政治局常委、全国政协主席李瑞环会见以副主席兼秘书长范文秸为团长的越南祖国阵线代表团。

10月18日～21日，唐家璇副外长率领中国政府代表团访问越南。访问期间，越南副总理陈德良会见唐家璇一行。19日，中国政府代表团团长、外交部副部长唐家璇和越南政府代表团团长、外交部副部长武宽在河内正式签署了《关于解决中华人民共和国和越南社会主义共和国边界领土问题的基本原则协议》。

11 月 9 日～15 日，越南国家主席黎德英访问中国。9 日，中国国家主席江泽民与黎德英举行会谈。10 日，中国总理李鹏和中国全国人大常委会委员长乔石分别会见黎德英。

11 月 18 日，中国总理李鹏会见了越共政治局委员、越南河内市委书记范世阅率领的河内市代表团。

11 月 29 日～12 月 5 日，以中共中央政治局委员、书记处书记丁关根为团长的中国共产党代表团对越南进行正式友好访问。29 日，中国共产党代表团同以书记处书记阮德平为团长的越南共产党代表团举行会谈。30 日，越共中央总书记杜梅会见了中国共产党代表团。

12 月 3 日，中国人民解放军总政治部主任于永波上将率领军队代表团对越南进行正式友好访问。访问期间，越南人民军总政治部主任黎可漂上将同于永波举行会谈。越共总书记杜梅会见了于永波。

1994 年

2 月 21 日～3 月 1 日，农德孟主席率领越南国会代表团访问中国。访问期间，中国人大常委会委员长乔石和中国国家主席江泽民先后会见了农德孟一行。

4月10日～11日，中国中央军委副主席刘华清、中国全国人大常委会委员长乔石先后会见越南人民军参谋长陶庭练。

4月22日，中国全国人大常委会委员长乔石会见越共中央书记红河一行。

5月9日，中共中央政治局常委胡锦涛会见由主任杜光胜率领的越共中央检查委员会代表团。

7月1日，中越陆地边界联合工作组第二轮会谈自6月25日至7月1日在北京举行，并签署了这一轮会谈的会议纪要。

7月4日，中国外交部发言人就7月2日越南海军抓扣在北部湾公海中国传统渔场作业的中国3艘渔船一事答记者问时说：中国外交部已向越方提出严正交涉，要求越方立即释放被抓扣的中国渔船和渔民。

7月7日，中国外交部发言人在记者招待会上答记者问时，就6月23日在越南第九届国会第五次会议上通过的“关于批准1982年联合国海洋公约的决议”中，越方再次对中国的西沙群岛、南沙群岛提出主权要求一事发表谈话时说，中国的立场是一贯的、明确的。中国对西沙群岛、南沙群岛及其附近海域拥有无可争辩的主权，中国政府完全不能接受越方的上述领土要求。同时，从维护两国关系的大局和本地区的和平与稳定出发，中方愿意在南沙问题上“搁置争议、共同开发”，并愿通过双边谈判解决存在的争议。

8月11日～18日，中国外交部唐家璇副部长率领中国政府代表团访问老挝和越南。访问越南期间，唐家璇同越南副外长武宽举行了中越政府级第二轮边界谈判。

9月22日～29日，越南副总理潘文凯访问中国。访问期间，中国李鹏总理和荣毅仁副主席先后会见潘文凯；中国朱镕基副总理同潘文凯举行会谈。24日，中国外经贸部副部长李国华同随潘文凯来访的越南贸易部副部长梅文桑就中越双边经贸事宜举行了会谈。

11月19日～22日，中共中央总书记、中华人民共和国主席江泽民访问越南。20日上午，江泽民主席分别会见越共中央顾问阮文灵、范文同和越南总理武文杰。20日下午，江泽民同越共中央总书记杜梅、越南国家主席黎德英举行会谈并就解决一些分歧的原则达成一致。22日，中越两国政府签署《关于成立经济贸易合作委员会的协定》等3项协定。同日，《中越联合公报》在北京、河内同时发表。

12月1日～6日，王汉斌副委员长率领中国人大代表团访问越南。

1995年

2月2日，中共中央电贺越南共产党成立65周年。

4月20日，中共中央政治局常委胡锦涛会见以越共中央书记、中央科教部部长阮庭肆率领的越共中央科教部代表团。

5月17日～19日，越南外长阮孟琴访问中国。访问期间，中国李鹏总理会见阮孟琴。中国副总理兼外长钱其琛同阮孟琴举行会谈。17 日，中越签署两国政府关于对所得避免双重征税和防止偷税漏税的协定。

5 月 18 日，中国副总理李岚清会见由黄碧山主任率领的越南国会外委会代表团。17 日，中国全国人大外事委员会主任委员朱良同代表团举行了会谈。

5 月 22 日～27 日，中越陆地边界联合工作组第五轮会谈在河内举行，并取得一些进展。

7 月 28 日，中国副总理兼外长钱其琛率领中国政府代表团赴文莱出席第 28 届东盟外长会议。30 日，钱其琛在文莱同东盟外长举行对话时发表讲话指出，中国提出的“搁置争议、共同开发”的主张，是目前处理南沙争议最现实可行的途径。钱其琛指出，中国同东盟永远是好朋友。29 日至 30 日，钱其琛分别会见了与会的有关国家外长、部分东盟外长、越南外长等。在这次东盟外长会议上，越南加入东盟成为第 7 个成员国。

8 月 7 日，中国—东盟经济贸易联委会首次会议在雅加达举行。

9 月 18 日～25 日，以越共中央政治局委员陶维松为首的越南共产党代表团访问中国。访问期间，中共中央总书记江泽民和中共中央政治局常委胡锦涛先后会见了陶维松一行。

11 月 13 日～15 日，中越海上问题专家小组第一轮会谈在河内举行。并就今后通过双边谈判解决南沙争议的工作程序问题达成一致。会议签署了《会谈纪要》。

11 月 26 日～12 月 2 日，越共中央总书记杜梅访问中国。访问期间，中共中央总书记江泽民同杜梅举行会谈，并就双边关系和共同关心的问题取得广泛的共识；中国李鹏总理、中国全国人大常委会乔石委员长和中国全国政协李瑞环主席分别会见杜梅。28 日，中国吴邦国副总理会见随同杜梅来访的越南副总理陈德良。同日，中国副总理兼外长钱其琛同随同杜梅来访的越南外长阮孟琴举行了会谈。12 月 2 日，中越《联合公报》在北京发表。

12 月 21 日，中国国家副主席荣毅仁会见由黄德宜主任率领的越南民族和山区委员会代表团。

12 月 16 日，中共中央对外联络部副部长戴秉国同越共中央对外联络部副部长杜文才举行工作会谈。18 日，中共中央政治局委员、书记处书记尉健行和中联部部长李淑铮分别会见杜文才一行。

1996 年

2 月 12 日，凭祥—同登的中越铁路恢复通车。14 日，中越双方分别在凭祥和同登举行通车仪式。同日，越南总理武文杰致电表示祝贺。

6 月 27 日，中共中央政治局常委、中国总理李鹏率领中共高级代表团赴河内出席越共八大。28 日，李鹏向大会递交了中共中央致越共八大贺词，并在大会上发表重要讲话。在河内期间，越共中央总书记杜梅、越共中央顾问阮文灵和范文同分别会见了李鹏。28日，李鹏离开河内回国。6月30日，中共代表团代理团长温家宝接受越南记者采访。7月1日，温家宝向越共八大转交了中共中央总书记江泽民致杜梅当选越共中央总书记的贺电。7月2日，温家宝一行离开河内回国。

7月19日，中国中央军委主席江泽民、中央军委副主席刘华清和中央军委副主席、国务委员兼国防部长迟浩田分别会见到中国访问的越共中央政治局委员、越南人民军总参谋长范文茶中将和由他率领的越南高级军事代表团。同日，中国人民解放军总参谋长傅全有同范文茶进行会谈并达成广泛的一致。

7月21日，中国唐家璇副外长就中国成为东盟对话国一事回答了记者的提问。

7月22日、24日、25日，中国副总理兼外长钱其琛在雅加达出席第三届东盟地区论坛会议和东盟与对话伙伴国会议期间，分别会见有关国家领导人和外长，其中也会见了越南外长。

7月23日，中越两国农行在北京签署《边境贸易合作协议》等几项协议。

9月17日～20日，中越政府第四轮边界谈判在河内举行，并取得积极进展。19日，越南副总理陈德良会见了与会的中国代表团团长唐家璇及其一行。

10月31日，中国国防部部长迟浩田会见到中国访问的由越南国防部副部长阮泰蓬率领的越南高级军事代表团。

10月21日～11月3日，中国全国政协代表团访问越南、老挝和泰国。

11月17日～21日，中国全国人大常委会委员长乔石访问越南。访问期间，乔石分别同越南总理武文杰和国会主席农德孟举行会见和会谈；乔石还会见了越共中央总书记杜梅，分别看望了越共中央顾问范文同和阮文灵。

12月30日，中国全国政协副主席王兆国等前往越南驻华使馆吊唁于本月24日因病逝世的越南祖国阵线中央名誉主席阮友寿。中国国家领导人乔石、李瑞环和荣毅仁分别送了花圈。李瑞环在阮友寿逝世后发了唁电，以示哀悼。

1997年

2月18日～28日，越南共产党中央政治局常委阮晋勇一行访问中国。访问期间，中国共产党总书记江泽民和中共中央政治局常委胡锦涛分别会见了阮晋勇。

2月26日，中国—东盟联合合作委员会在北京成立，并于26日至27日举行首次会议。中国和东盟秘书处以及东盟7国的外交、经贸、科技等有关部门的官员80余人与会。27日，会议发布联合公报强调，双方应逐步扩大在经济、贸易、科技和旅游等领域的合作。26日，中国副总理兼外长钱其琛会见了与会的东盟秘书长辛格。

4月4日，中共中央总书记江泽民会见越共中央政治局委员、内务部长黎明香一行。

4月7日，中国国务委员兼国务院秘书长罗干自3月17日至4月17日访问越南、柬埔寨、缅甸、孟加拉国和印尼。

4月17日～18日，第三次中国—东盟高官政治磋商在黄山举行，并取得了广泛的共识。

5月13日，中共中央政治局常委胡锦涛会见越南胡志明国家政治学院代表团。

5月14日，中国全国政协主席李瑞环会见越南祖国阵线中央委员会主席黎光道一行。

7月14日～18日，越共中央总书记杜梅访问中国。14日下午，中共中央总书记、国家主席江泽民同杜梅举行会谈。15日，中国李鹏总理、全国人大常委会乔石委员长、全国政协李瑞环主席分别会见杜梅。

8月12日，中国香港遣返一批越南船民和难民。至此，已有11025名越南船民和难民返回自己的国家。

8月15日，中国副总理兼外长钱其琛会见以副外长武宽为团长的越南政府边界谈判代表团全体成员。12日，中国唐家璇副外长同武宽举行中越第五轮政府级边界谈判，并取得广泛共识。

10月23日～25日，中国吴邦国副总理访问越南。越共中央总书记杜梅、越南国家主席陈德良、越南政府总理潘文凯分别会见了吴邦国。

12月7日～10日，中共中央政治局常委、中国全国政协主席李瑞环对越南进行正式友好访问。7日，李瑞环同越共中央政治局常委黎可漂举行会谈。8 日，越共中央总书记杜梅、越南国家主席陈德良、越南总理潘文凯和越南祖国战线中央主席团主席黎光道分别会见李瑞环。

12 月 29 日，中共中央总书记江泽民致电黎可漂，祝贺他当选为越共中央总书记。

1998 年

1 月 24 日，中国外交部发言人朱邦造就越南外交部发言人本月 19 日对中越陆地边界纠纷发表谈话及越南广宁省副主席就此答记者问一事发表评论。

4 月 3 日，由中共中央政治局候补委员、中央书记处书记曾庆红率领的中共代表团访问越南。

4 月 28 日，中共中央总书记江泽民和总理李鹏分别电唁越南老一辈革命家、中国人民的老朋友阮文灵逝世。

6 月 10 日，中国国家主席江泽民会见越南国防部长范文茶上将和由他率领的越南高级军事代表团。同日，中国国防部长迟浩田同范文茶举行会谈。

7 月 25 日～8 月 3 日，唐家璇外长率领中国政府代表团出席在马尼拉举行的东盟地区论坛会议、东盟与对话伙伴国会议及中国—东盟对话会议。唐家璇外长 28 日下午在马尼拉举行的中国—东盟对话会议上发表讲话时强调，中国将一如既往地与东盟国家同舟共济，携手共进。

9月17日～22日，中共中央政治局常委、书记处书记尉健行和由他率领的中国共产党代表团对越南进行正式友好访问。

9月25日～26日，中越两国在河内举行第六轮边界谈判，并取得广泛共识。

10月19日～23日，越南总理潘文凯访问中国。19日，中国总理朱镕基与潘文凯举行会谈。同日，中越签署两国政府边贸协定等3个文件。20日，中国全国人大常委会委员长李鹏会见潘文凯。同日，中国国家主席江泽民会见潘文凯。

11月4日，中共中央政治局常委李岚清会见越南体育代表团。

12月16日，中国国家副主席胡锦涛在河内出席东盟—中国非正式会议并发表重要讲话。

12月17日～19日，中国国家副主席胡锦涛对越南进行正式访问。越南国家主席陈德良、越共中央政治局常委范世阅、越南国家副主席阮氏萍、越南总理潘文凯、越共中央总书记黎可漂分别会见了胡锦涛。

1999年

2月25日～3月2日，越共中央总书记黎可漂访问中国。25日，中共中央总书记、国家主席江泽民在北京人民大会堂同黎可漂举行会谈，同日，中越签署两国经济技术合作协议。26

日，中国全国人大常委会委员长李鹏、全国政协主席李瑞环、国家副主席胡锦涛、副总理李岚清分别会见黎可漂。27 日，中越发表联合声明。

4 月 5 日～6 日，第五次中国—东盟高官磋商在昆明举行。

4 月 5 日～11 日，中国—东盟新闻研讨会先后在北京和深圳举行。5 日，中国唐家璇外长会见与会代表。

4 月 14 日，中国国家副主席胡锦涛和国防部长迟浩田分别会见由范青银率领的越南人民军总政治局领导干部代表团。

7 月 27 日，中国外长唐家璇代表中国政府在新加坡与东盟举行对话。

8 月 26 日，中共中央政治局常委胡锦涛会见越南胡志明共青团代表团。

10 月 9 日～14 日，中国全国人大常委会委员长李鹏和全国政协主席李瑞环分别会见越共中央政治局常委范世阅和他率领的代表团。中共中央政治局常委胡锦涛和范世阅举行会谈。

12 月 1 日～4 日，中国总理朱镕基访问越南。2 日，朱镕基同越南政府总理潘文凯举行会谈。3 月，朱镕基分别会见越共中央总书记黎可漂和顾问杜梅。同日，中越双方就两国陆地边界谈判达成共识，并确认中越陆地边界存在的问题已全部得到解决。

12 月 30 日，中越在河内签署两国陆地边界条约。30 日和 31 日，黎可漂等越南党和国家领导人分别会见参加签字仪式的中国外长唐家璇。

2000年

1月17日，中共中央总书记、中国国家主席江泽民，全国人大常委会委员长李鹏和国务院总理朱镕基联名致电越共中央总书记黎可漂、越南国家主席陈德良、政府总理潘文凯和国会主席农德孟，热烈祝贺中越建交50周年。同日，越南党和国家领导人黎可漂、陈德良、潘文凯和农德孟联名致电中国党和国家领导人江泽民、李鹏和朱镕基，热烈祝贺越中建交50周年。同日，越南驻华大使裴洪福在北京举行盛大招待会，庆祝越中建交50周年。18日晚，中国驻越南大使李家忠在河内举行招待会，祝贺中越建交50周年。18日晚，中国对外友协在人民大会堂举行招待会，庆祝中越建交50周年。21日，中国外交部举行招待会，庆祝中越建交50周年，中国外长唐家璇和越南驻华大使裴洪福分别在会上讲了话。

1月17日，中国全国人大常委会委员长李鹏会见由越南总检察长何孟智率领的越南检察代表团。

2月3日，中国共产党中央委员会电贺越南共产党中央委员会，热烈祝贺越南共产党成立70周年。

2月9日，中共中央政治局委员、中国社科院院长李铁映访问越南。

2月21日～22日，中越在北京举行第七轮政府级边界谈判，并签署《会谈纪要》。

2月24日～26日，越南外长阮颐年访问中国。

4月4日～10日，越南国会主席农德孟对中国进行正式友好访问。4日，中国全国人大常委会委员长李鹏与农德孟举行会谈。5日，中国国家主席江泽民会见农德孟一行。

4月24日，中共中央政治局常委李岚清会见越南教育代表团。

4月29日，中国全国人大常委会批准了《中越陆地边界条约》和《中越领事条约》。

5月2日，中国国家主席江泽民和总理朱镕基分别致电悼念越南前政府总理范文同逝世。5日，唐家璇等中国官员前往越南驻华使馆吊唁范文同逝世。

5月10日～12日，美国亚洲协会第11届企业年会在上海举行，会议期间中国总理朱镕基会见与会的越南副总理阮孟琴等外国客人。

5月22日～6月8日，中共中央政治局委员、上海市委书记黄菊访问越南、老挝、韩国和日本。

6月9日，越南第十届国会第七次会议通过了批准《越中陆地边界条约》。

6月14日，中国国家副主席胡锦涛会见越南社会科学代表团。

7月6日，中越互换陆地边界条约批准书。

7月7日，中共中央政治局常委胡锦涛会见以越共中央政治局委员、胡志明市市长阮明哲为团长的越共代表团。

7 月 12 日，中共中央政治局常委尉健行会见越共中央政治局委员、越南公安部部长黎明香一行。

7 月 26 日，中国外交部长唐家璇出席了在曼谷召开的首届东盟与中国、日本、韩国（“10＋3”）外长会议，并分别会见了韩国、泰国和越南外长。

8 月 24 日～25 日，中国—东盟“行为准则”工作组第二次磋商在大连举行。

9 月 20 日，中国总理朱镕基致电越南总理潘文凯对越南部份地区近日遭受水灾表示慰问。

9 月 25 日～28 日，越南总理潘文凯访问中国。

10 月 16 日，中共中央总书记江泽民和越共中央总书记黎可漂分别为正在北京举行的“中越青年友好会见活动”致贺词和贺信。17 日，中国全国政协主席李瑞环会见参加本次活动的代表。

11 月 10 日，中越第二次理论学术研讨会在河内开幕。

11 月 11 日，越共中央总书记黎可漂在河内会见了中共中央政治局委员、中国社会科学院院长李铁映及其率领的中国社会科学与理论工作者代表团。

11 月 12 日，越共中央总书记黎可漂在河内会见中共中央对外联络部部长戴秉国及其率领的中国共产党代表团。

11 月 25 日，第四次东盟—中日韩领导人会晤（10＋3）和东盟—中国领导人会晤（10＋1）在新加坡举行，中国朱镕基总理参加了会议。

12月25日～29日，越南国家主席陈德良访问中国。25日，中国国家主席江泽民和陈德良主席举行了亲切友好的会谈。会谈后，中越签署《关于新世纪全面合作的联合声明》、《中华人民共和国政府和越南社会主义共和国政府关于在北部湾领海、专属经济区和大陆架的划界协定》、《中华人民共和国政府和越南社会主义共和国政府北部湾渔业合作协定》、《中越两国政府和平利用核能合作协定》、《新华通讯社和越南通讯社新闻合作协定》等重要文件。

2001年

2月8日～9日，中国中央军委副主席、国务委员兼国防部长迟浩田对越南进行正式访问，越南国家主席陈德良会见了迟浩田，越南国防部长范文茶同迟造田举行了会谈。

2月26日，中国副总理钱其琛在海南会见了出席博鳌亚洲论坛的越南副总理阮孟琴。

3月10日，越共中央总书记黎可漂在河内接见中国以梁衡副总编辑为团长的人民日报代表团。

4月19～23日，受中共中央委托，中共中央政治局常委、国家副主席胡锦涛率中国共产党代表团出席了越南共产党第九次全国代表大会开幕式和闭幕式。胡锦涛在越共九大开幕式上递交了中国共产党中央委员会的贺辞，并发表了重要讲话。22日，胡锦涛接受越南媒体采访，并回答了有关提问。23日，新当选的越共中央总书记农德孟会见了胡锦涛。

4月22日，中共中央总书记江泽民致电祝贺农德孟当选越共中央总书记。

6月8日，中国国务委员吴仪在山东烟台会见越南贸易部长武宽，双方就两国经贸合作等问题交换了意见。

6月27日，中共中央政治局常委、中华全国总工会主席尉健行在北京会见越南劳动者总联合会主席瞿代厚一行。

6月30日，越共中央委员会致电中共中央，热烈祝贺中国共产党成立80周年。

7月2日，越南《人民报》、《人民军队报》、《新河内报》报道了7月1日在北京人民大会堂隆重举行庆祝中国共产党成立80周年大会的消息和中共中央总书记江泽民在大会上发表的重要讲话。

7月3日，中共中央政治局常委、书记处书记尉健行在北京会见越共中央政治局委员、岘港市委书记潘演率领的越南共产党代表团。

7月9日，中共中央政治局常委、国家副主席胡锦涛在北京会见越共中央政治局委员、河内市委书记阮富仲率领河内市高级代表团。

7月12日，中共中央政治局委员、上海市委书记黄菊在上海会见越共中央政治局委员、河内市委书记阮富仲一行。

7月24日～27日，中国外交部长唐家璇率中国代表团出席在越南召开的第八届东盟地区论坛外长会议、东盟—中、日、韩外长会议、东盟与对话伙伴国会议及东盟—中国对话会。24日，越共中央总书记农德孟、越南总理潘文凯在河内先后会见了唐家璇外长。

7月26日，越南国家主席陈德良在河内会见中国公安部部长贾春旺率领的中国公安部代表团。

8月4日，中国外交部长唐家璇在北京会见来访的越南国会副主席梅叔麟一行。

8月27日，中国全国人大常委会委员长李鹏在北京会见越南国会副主席武庭炬率领的越南国会代表团。

9月7日～10日，应越共中央和越南国会的邀请，中国全国人大常委会委员长李鹏对越南进行正式访问。访越期间，李鹏委员长先后与越共总书记农德孟和越南国会主席阮文安举行会谈，还分别会见了越南国家主席陈德良、越南总理潘文凯、原越共中央顾问杜梅、前越共中央总书记黎可漂和越中友协主席阮景营。

9月12日，中国外经部副部长孙振宇率团出席在河内举行的第四次东盟和中、日、韩（“10＋3”）经济部长会议。

9月20日，越南外交部发言人潘翠青表示，越南欢迎中国加入世贸组织，还说中国入世既给越南提供新的机会，同时给越南带来新的挑战。

10月11日，2001年“中越青年友好会见”活动在越南河内开幕。

10月11日，中国全国人大常委会副委员长布赫在北京会见越南文化和新闻部部长范光毅率领的越南文化代表团。

10月13日，越南副总理阮功丹率领越南政府及企业家代表团对中国海南省、广东省、云南省和广西壮族自治区进行工作访问。

10月19日，中国国家主席江泽民在上海会见前来出席上海亚太经合组织会议的越南总理潘文凯。

11月2日～3日，越南国家人文社会科学中心与越南谅山省政府在越南谅山联合举办了“越中关系10年回顾与展望”研讨会。中越两国有关官员和学者80多人参加了研讨会，中国驻越南大使齐建国也参加了会议。

11月5日，中国总理朱镕基在文莱出席第五次东盟与中、日、韩（“10+3”）领导人会议。6月，朱镕基亲切会见了越南总理潘文凯。

11月14日～16日，中国政府边界谈判代表团团长、外交部副部长王毅同越南政府边界谈判代表团团长、外交部副部长黎功奉在河内举行中越第八轮边界谈判。15日，越南外交部部长阮怡年会见了王毅一行，并出席了中越第八轮政府级边界谈判《会谈纪要》签字仪式。

11月20日，越南总理潘文凯在河内会见以中国国家经贸委副主任张志刚为团长的中国政府经贸代表团。

11月30日～12月4日，越共中央总书记农德孟应邀对中国进行正式友好访问。30日，江泽民同农德孟举行了会谈。12月1日，中共中央政治局常委李鹏、朱镕基、李瑞环、胡锦涛分别会见了农德孟。12 月 2 日，中越双方在北京发表了联合声明。

12 月 17 日，中国全国政协主席李瑞环会见了来华访问的以越南祖国阵线中央委员会主席范世阅为团长的越南祖国阵线代表团。18 日，中国全国人大常委会委员长李鹏会见了范世阅一行。

12 月 19 日，越共中央政治局委员、书记外书记、中央思想文化部部长阮科恬率越共中央高级代表团来华访问。19 日，中共中央政治局委员、书记处书记、中宣部部长丁关根会见阮科恬一行。20 日，中国全国人大常委会委员长李鹏会见阮科恬及其率领的代表团。

12 月 24 日，中共中央政治局委员、中央政法委书记罗干在北京会见来华访问的越南最高人民法院院长郑洪洋一行。中国最高人民法院院长肖扬和最高人民检察院检察长韩杼滨也分别会见了郑洪洋等越南客人。

12 月 27 日，在中国广西防城港市东兴和越南芒街口岸分别举行中越两国陆地边界第一块新界碑揭幕仪式，这标志着《中国和越南陆地边界条约》实地勘界立碑工作的正式启动。

2002 年

1 月 3 日，由最高人民检察院检察长韩杼滨率领的中国最高人民检察院代表团抵达河内开始对越南访问，4 日，越共中央总书记农德孟亲切会见了韩杼滨一行。

1 月 13 日，越共中央书记处书记武宽在河内会见了来访的以全国政协秘书长郑万通为团长的中国政协代表团。

2 月 27 日至 3 月 1 日，中共中央总书记、国家主席江泽民应越南共产党总书记农德孟和越南国家主席陈德良邀请对越南社会主义共和国进行正式访问。

4 月 2 日，越共中央政治局委员、书记处书记、中央纪律检查委员会主席黎红英会见了由中共中央纪律检查委员会常务副书记、监察部高级监察专员曹庆泽率领的中国监察部代表团。

4 月 13 日，中国国务院总理朱镕基会见前来中国海南省出席博鳌亚洲论坛首届年会的越南副总理阮孟琴。

4 月 14 日至 22 日，越南国会主席阮文安对中国进行正式访问并出席在中国召开的亚洲议会和平协会第三届年会。15 日，中国全国人大常务委员会委员长李鹏、国务院副总理李岚清会见了阮文安一行。

4 月 17 日，越南胡志明共青团中央访问团在南宁参观考察，与共青团中央、共青团广西区委就进一步开展活动，加强中越两国青年之间的交流和友谊问题进行了商谈。

5 月 2 日至 5 日，越南国家主席陈德良对朝鲜进行为期 4 天的访问，这是 40 年来首位访朝鲜的越南最高领导人。

5 月 7 日，越南国会副主席武庭炬会见了在越南访问的以全国人大常委会委员、全国人大财经委员会副主任委员为团长的中国全国人大财经委员会代表团。

5月8日、9日，越南祖国战线中央主席团范世阅、越南总理潘文凯分别会见了在越南访问的中国全国政协副主席陈锦华。

5月13日，越共中央总书记农德孟、越南总理潘文凯在河内分别会见了来访的由中国外经贸部部长石广生为团长的中国政府经贸代表团。

6月6日，中共中央政治局常委、国家副主席胡锦涛在北京会见了来华访问的越共中央书记处书记、中央内政部部长张永仲一行。

7月13日，中国与越南陆地边界河口—老街界碑立碑仪式分别在中国云南省河口口岸和越南老街口岸举行。

7月24日，越南国会主席阮文安、政府总理潘文凯，25日，越共中央总书记农德孟分别会见了访问越南的中共中央政治局委员、中国全国人大常委会副委员长姜春云一行。

9月11日，中共中央政治局常委、国家副主席胡锦涛会见了来访的越南共产党中央政治局委员、书记处常务书记潘演一行。

9月22日，在丹麦出席第四届亚欧首脑会议的中国国务院总理朱镕基会见了越南总理潘文凯。

9月23日，由越共中央委员、越南胡志明共青团中央书记处第一书记黄平均率领越南青年代表团来华参加第三届“中越青年友好会”活动。

10月16日，中共中央政治局委员、书记处书记、中央军委副主席张万年会见了来访的越共中共书记处书记、人民军总政治局主任黎文勇。中央军委委员、总政治部主任于永波与黎文勇举行了会谈。

11月8日，越南共产党中央委员会发来贺信，热烈祝贺中国共产党第十六次全国代表大会召开。

11月16日，越共总书记农德孟发来贺电热烈祝贺胡锦涛当选中国共产党第十六届中央委员会总书记。

12月2日，越南政府总理潘文凯在河内会见了中国卫生部部长张文康率领的中国政府卫生代表团。

12月21日，越南祖国阵线中央委员会主席团主席范世阅在河内会见了由会长陈昊苏率领的中国人民对外友好协会代表团。

编 后 语

1991 年底，中越两国关系正常化以来，尤其是 1995 年越南成为东盟成员国，1997 年 12 月中国与东盟 9 国领导人非正式会晤，江泽民发表《建立面向 21 世纪的睦邻互信伙伴关系》的讲话后，在东盟这一背景下，中越关系将会如何发展？1998 年，广西东南亚经济与政治研究中心把中越关系研究列为重点课题之一。由张雪牵头成立了课题组，课题组主要成员包括郭明（原广西社科联副主席、广西东南亚经济与政治研究中心干事长）、韦树先（广西东南亚经济与政治研究中心主任）、何天林（原广西东南亚经济与政治研究中心研究人员）、罗金友（广西东南亚经济与政治研究中心研究人员）、马金案（原广西东南亚经济与政治研究中心研究人员）等。在美国福特基金会的资助下，2000 年《中越关系新时期》课题正式启动。期间，由于张雪的工作变动，该课题由郭明负责。2003 年，在统稿的过程中，郭明不幸逝世，为课题付出最后的心血。2007 年，在张雪的主持下，完成了《中越关系新时期》一书的编辑、出版工作。

《中越关系新时期》的第一章、结束语和大事记由郭明执笔，第二章由何天林执笔，第三章第一节和第四章第二节由马金案执笔，第三章第二、三节由罗金友执笔，第四章第一、三节由韦树先执笔。全书由张雪审稿、定稿。

在《中越关系新时期》一书中，我们总结了中越关系的特点：中越两国，山水相连、同文同种；遭遇相同、友谊深厚；国情相似、利于交流；互相影响、共同发展。提出了当代中越关系发展的三个阶段：1991年底至1995年7月为磨合阶段；1995年7月至1999年为互信深化阶段；1999年以来为长期稳定阶段。为了便于读者查阅和掌握资料，我们在书中收入了1991年至2002年的中越关系大事记，记载一个时期中越关系的发展情况，期冀对中越关系的深入研究有所助益。

广西东南亚经济与政治研究中心

《中越关系新时期》课题组

2007年6月于南宁

图书在版编目（CIP）数据

中越关系新时期/郭明主编．—北京：时事出版社，2007.9
ISBN 978-7-80232-084-0

Ⅰ．中… Ⅱ．郭… Ⅲ．中越关系—研究 Ⅳ．D822.333.3

中国版本图书馆 CIP 数据核字（2007）第 150030 号

出版发行：时事出版社
地　　址：北京市海淀区万寿寺甲 2 号
邮　　编：100081
发行热线：（010）88547590　88547591
读者服务部：（010）88547595
传　　真：（010）68418647
电子邮箱：shishichubanshe@sina.com
网　　址：www.shshishe.com
印　　刷：北京昌平百善印刷厂

开本：787×1092　1/16　印张：19.125　字数：195 千字
2007 年 11 月第 1 版　2007 年 11 月第 1 次印刷
定价：39.00 元